| 博士生导师学术文库 |

A Library of Academics by
Ph.D.Supervisors

语言生态研究

——·——

冯广艺 著

光明日报出版社

图书在版编目（CIP）数据

语言生态研究 / 冯广艺著 .－－ 北京：光明日报出版社，2019.10

（博士生导师学术文库）

ISBN 978－7－5194－5062－5

Ⅰ.①语… Ⅱ.①冯… Ⅲ.①语言学—生态学—研究 Ⅳ.① H0-05

中国版本图书馆 CIP 数据核字（2019）第 274124 号

语言生态研究

YUYAN SHENGTAI YANJIU

著　　者：冯广艺

责任编辑：杨　娜　　　　　　　责任校对：赵鸣鸣
封面设计：一站出版网　　　　　责任印制：曹　净

出版发行：光明日报出版社
地　　址：北京市西城区永安路 106 号，100050
电　　话：010-63139890（咨询），63131930(邮购)
传　　真：010-63131930
网　　址：http://book.gmw.cn
E － mail：yangna@gmw.cn
法律顾问：北京德恒律师事务所龚柳方律师

印　　刷：三河市华东印刷有限公司
装　　订：三河市华东印刷有限公司
本书如有破损、缺页、装订错误，请与本社联系调换，电话：010-63131930

开　　本：170mm×240mm
字　　数：230 千字　　　　　　　印　　张：15.5
版　　次：2020 年 1 月第 1 版　　印　　次：2020 年 1 月第 1 次印刷
书　　号：ISBN 978－7－5194－5062－5
定　　价：93.00 元

目 录
CONTENTS

导　言

　　生态文明是当前学术界讨论的一个热门话题，它和物质文明、精神文明、政治文明等一样，是构建社会主义和谐社会的重要组成部分。在生态文明建设中，有一个值得注意的问题，即语言生态问题。认真对待语言生态，正确处理语言生态中的各种复杂难题，探索构建良好的语言生态环境的规律，抓好语言生态文明建设，发挥其在社会主义和谐社会建设中的作用，是我们义不容辞的责任。

　　语言生态学（ecology of language）是现代语言学中常用的一个术语，人类语言学、人种语言学和社会语言学等学科常常涉及语言生态问题。众所周知，生态学主要研究自然界各类生物的生存环境及相互关系，研究它们和谐相处和共同发展的基本规律。语言生态学作为生态学的一个分支，是"人种语言学（ethnolinguistics）、人类语言学（anthropological linguistics）和社会语言学（sociolinguistics）等学科领域中对语言和环境——即使用它的社团——之间的互相作用进行研究的一门学问"①。语言生态和生态文明有着密切的联系，和谐的语言生态是生态文明建设的重要组成部分。胡锦涛同志在党的十七大报告中提出了生态文明建设的具体内容和要求，他指出："建设生态文明，基本形成节约能源和保护生态环境的产业结构、增长方式、消费模式。循环经济形成较大规模，可再生能源

---

① 劳允栋. 英汉语言学词典，[M]. 北京：商务印书馆，2004：198.

比重显著上升。主要污染物排放得到有效控制，生态环境质量明显改善。生态文明观念在全社会牢固树立。"① 这里，总书记给我们提出了保护生态环境、改善生态环境，牢固树立生态文明观念等要求。我们认为，语言生态问题，也是一个值得重视的问题，语言生态文明建设是社会主义生态文明建设的一个重要支撑点。语言作为一种社会现象，与社会存在着一种"共变"关系，古往今来，语言学家们对语言与社会的关系做过很多论述，他们的观点主要包括以下几个方面：首先，语言依存于社会，语言随着社会的产生而产生，随着社会的发展而发展，随着社会的进步而进步；其次，语言是社会的一面镜子，语言反映社会面貌，社会上的一切，都可以在语言中打下它们的烙印，语言又反作用于社会，在一定的环境中发挥出它对社会的约束作用；再次，人是语言的主人，又是社会的主人，语言与社会的联系，依赖于人的作用，因此，无论语言的情形如何，社会的面貌怎样，真正起决定作用的是人。从以上几点看，语言的生态环境首先依赖于社会的生态环境，语言的生态面貌反映社会的生态面貌，语言的生态文明对社会的生态文明具有一定的影响作用，在社会主义生态文明建设与和谐的语言的生态构建中，我们应该发挥每一个人的作用。

良好的自然生态、社会生态是人类赖以生存的环境，生态文明建设是社会主义和谐社会和小康社会建设的基础。在《语言和谐论》一书中，我们指出："从人与自然和谐相处的角度看，人类要正确地处理好人与自然的关系，必须顺应自然，尊重自然，尊重科学，不要盲目破坏自然，违反一般自然规律。随着人类社会的发展、现代化进程的加快，人类必然会对自然有一定的利用和改造，这种利用和改造必须是科学的、符合自然规律的，否则就会伤害自然，造成人与自然的不和谐。当今社会的气温变暖、冰川融化、水土流失、空气污染等，在很大程度上都是人类破坏自然造成的，也可以说，是人类没有处理好与自然的关系，自然对人类的'回报'。人类如果不及时扭转这种局面，长期下去，必然会自食恶果。"② 可以说，

① 胡锦涛.高举中国特色社会主义伟大旗帜 为夺取全面建设小康社会新胜利而努力奋斗！——在中国共产党第十七次全国代表大会上的报告 [N].人民日报，2007-10-15.

② 冯广艺.语言和谐论 [M].北京：人民出版社，2007：120.

没有良好的自然生态，人类是无法生存的，人类社会也是无法发展的。我们认为，生态文明建设的宗旨，是"人类要利用自己的力量，最大限度地保护自然，热爱自然，美化自然，通过与自然的和谐相处，陶冶情操，净化心灵，使人融于自然，享受自然，达到与自然和谐统一的目的"①。自然生态好了，人类的生存环境改善了，人与自然的关系和谐了，生态文明建设才有可能，和谐社会和小康社会的建设才有必需的条件。同样，作为研究"语言与环境"的关系的学科，语言生态学也十分关注人、语言与各种外部环境的关系，如人与自然的关系、人与社会的关系、人与语言的关系、人与人的关系、语言与社会的关系、语言与语言的关系、语言与方言的关系、语言与社团的关系、语言与民族的关系、语言与国家的关系等，正确地处理这些关系，使这些关系和谐、融洽，是语言生态学的基本任务。

在社会主义生态文明建设中，我们不可忽视语言生态问题。因为语言生态是社会生态的一部分，构建和谐的语言生态是生态文明建设的重要组成部分。当前，语言生态问题是非常突出的，大致包括如下方面：1. 语言与语言的不平等越来越严重。英国语言学家戴维·克里斯特尔（David Crystal）说："一个近乎明显的事实就是所有语言都是为了表达语言使用者的要求而发展起来的，因而从某种意义上说所有语言都是平等的。但是现代语言学上的这一信条常常遭到否认，因此仍有必要为之进行辩护。"②之所以说"所有语言都是平等的""这一信条常常遭到否认"，是因为现实社会里存在着语言不平等的问题。如在国际上，英语作为"强势"语言和其他语言的关系就是不平等的关系。这种现实，对我国的语言生活有很大的影响，甚至干扰人们正常的语言运用。例如，2004年6月在我国上海交通大学召开的第四届全球华人物理学家大会，尽管参加会议的都是大陆学者和海外华人学者，他们的母语都是汉语，但会议却要求与会者都必须说英语。③ 在说汉语的环境里，不让人们说汉语而改说其他语言，这实际上违

---

① 冯广艺. 语言和谐论 [M]. 北京：人民出版社，2007：121.

② [英] 戴维·克里斯特尔. 剑桥语言百科全书 [M]. 中译本，北京：中国社会科学出版社，1995:8.

③ 戴昭铭. 全球化：英语霸权和中国的语言政策 [M]// 语言问题论丛（第一辑）. 北京：生活·读书·新知三联书店，2006：206.

反了语言运用的一般规律，也破坏了语言的生态环境。2.濒危语言现象值得重视。自然生态中，不少动、植物受生存环境和人为因素的影响，已经灭绝，有些正处于濒危状态。语言生态和自然生态有一定的相似之处。在世界范围内，濒危语言越来越多，形势越来越严重，"有的语言学家估计，世界上现有的六千多种语言中有三分之二的语言将在21世纪消亡"①。这已引起一些国家政府和语言学家的广泛关注。濒危语言多了，且逐渐消亡了，语言的数量越来越少，不同语言的功能也会发生变化，语言生态环境也随之改变。当前我们应该积极探索濒危语言的基本特征和规律，尽快地记录保存濒危语言，预测由于语言濒危、消亡后，不同语言功能变化的规律，制定相应语言政策，保护我们的语言生态环境。3.语言污染依然存在。现实生活中环境污染的问题严重地影响了自然生态，而语言领域里的语言污染也较普遍。在语言学界，语言污染早就是学者们研究的课题，陈原先生认为"洋泾浜"英语是语言污染的顶峰，他指出："20世纪风行一时的'洋泾浜'英语（pidgin English）是语言污染登峰造极的例子。'洋泾浜'一类东西，已经粗暴地破坏过原来的民族语，这是殖民主义扩张政策的罪恶产物。当时，殖民主义者伙同他们的代理人（买办），跟奴仆（西崽）对话，就是采用这种'混合'语加上手势语来表达的。这是殖民主义强加于被侵略的民族头上的最原始而低级的交际工具。殖民主义者不屑学习当地人民（他们叫'土著民'）的语言，而被侵略的老百姓当然也不愿学习外来压迫者的语言。结果就产生了三不像的'混合'语——即'洋泾浜'英语。随着当代历史潮流的冲击，尽管国外还有个别'学者'力图维护类似的'协和'语的生存，但是，人民是不要这种污染了的语言的。"②类似"洋泾浜"英语这样对语言生态造成破坏的语言污染现象至今仍然存在。现代汉语内部的语言污染问题仍不可忽视，如语音、词汇、语法等方面的不和谐，语用中的假话、大话、空话、套话、脏话等，不时侵害语言"肌体"，影响语言的正常生态。4.语言权利受到伤害的情况时有发生。在现实社会中，人的语言权利应该是平等的，国家与国家、民族与民族、个人与个人

---

① 戴庆厦.中国濒危语言个案研究[M].北京：民族出版社，2004：1.

② 陈原.陈原语言学论著：卷一[M].沈阳：辽宁教育出版社，1998：57–58.

都在同等、公平的前提下进行言语交际，达到一定的目的。在我国，维护公民的语言权利已经形成法律、法规，《中华人民共和国通用语言文字法》第四条明文规定："公民有学习和使用国家通用语言文字的权利。"但在实际语言生活中，仍存在语言权利受到伤害的现象。如有的少数民族地区，歧视民族语言的运用和流通，方言区在处理方言和普通话关系上，存有片面排斥方言的做法等。在我国，少数民族语言和现代汉语、方言和普通话是共生共存的，它们互相影响、互相作用，在中华民族大家庭里发挥着各自不同的功能，无论伤害哪一方，都是对良好的语言生态环境的破坏。5. 语码混用带来影响语言生态环境的新问题。在一个开放的社会语境中，语言的接触是不可避免的，不同的语言互相影响，互相借贷，会产生你中有我、我中有你的现象。社会语言学、语用学中对这种现象有深入的研究，有学者将"两种或多种语言（包括语言变体）之间进行个别词语或局部结构的转换，从而形成两种或多种语码之间的混合使用"称为"语码混用"（code-mixing），认为它和语码转换（code-switching）一样，涉及社会文化、认知、心理、交际目的、特定语境等多种因素。① 我们考察汉语和英语"语码混用"现象发现，语用中，汉语和英语实际上是不对等的，一般以汉语混用英语为常见，英语混用汉语少见，这种现象无节制地发展下去，势必造成汉语语用中英语的成分越来越多，从而使汉语的自然生态受到影响。6. 语言竞争引发的社会问题令人关注。同自然生态一样，世界范围内的语言存在着激烈的语言竞争，"物竞天择，适者生存"这一条法则也适应于语言领域。例如，在加拿大的蒙特利尔市，法语和英语就存在着这方面的问题，"这个地方的 EC（即 English Canadian，指操英语的加拿大人，有时指加拿大英语）和 FC（即 French Canadian，指操法语的加拿大人，有时指加拿大法语）之间的关系，长期处于紧张状态，目前冲突十分尖锐，所以魁北克省的某些 FC 政治领袖郑重其事地讨论让该省独立问题"②。由于英语和法语的竞争，造成蒙特利尔市讲这两种语言的人们之间

---

① 冉升平 . 语用学：现象与分析 [M]. 北京：北京大学出版社，2006：149-150.

② [美] 华莱士·兰伯特 . 双语现象的社会心理 [M]// 祝畹瑾 . 社会语言学译文集 . 北京：北京大学出版社，1985:268.

的矛盾和冲突，甚至引发魁北克省的"独立"问题。我国是一个多民族的统一的国家，正确处理不同语言之间的关系，也是保护语言生态环境所面临的一个重要问题。7. 片面地对待普通话和方言。在对待普通话和方言的问题上，有两种极端的观点：一种极端的观点是只允许普通话存在，不让方言存活。普通话是我国的"国语"，我国《宪法》明文规定："国家推广全国通用的普通话。"但国家推广普通话并不是排斥方言，消灭方言，推广普通话的目的是为了更好地发挥普通话的功能，同时，方言仍在一定的范围内运用（如在家庭里，在一些特殊的领域里等），方言所承载的地域文化也是普通话难以替代的，方言中的一些有效成分还可以充实到普通话中。另一种极端的观点是"唯方言"论，它抵制普通话，阻止普通话的推广，在个别地方，很难听到普通话，有的电视台方言节目越来越多，营造的是方言语境，而不是运用普通话、推广普通话的语境。上述两种极端的观点都是错误的。普通话和方言在现阶段是共存的，它们发挥着各自的作用，目前这是一种和谐的语言生态，极端的观点对这种和谐的语言生态有破坏性，不足为取。8. 语言规范意识淡薄。语言规范是语言得以健康、纯洁地发展的基本保证。语言规范要求人们使用语言必须符合语言的基本规则，在语音、词汇、语法等方面都不要超出规范、违反规范。但是现实语用中，还是存在着各种各样的违反规范的现象，如违反语音规律、生造词语、滥用词语、不顾语法规则乱造句子等，这些现象如果泛滥下去，势必使语言变得不健康、不纯洁，使语言处于一个不好的生态环境里，久而久之，语言就会畸形发展，语言的生态当然遭到破坏。以上我们粗略地概括了当前语言生态所面临的八个方面的问题，这些问题理应引起人们的高度重视。

抓好生态文明建设这一伟大工程，构建良好的语言生态环境是其中的一项重要工作。我们认为，构建良好的语言生态环境应该处理好如下几个关系：第一，生态文明建设和良好的语言生态构建的关系。上文已经谈到，构建良好的语言生态环境是生态文明建设的重要组成部分，因而它们之间的关系是纲、目关系，总、分关系，即生态文明建设是"纲"，良好的语言生态环境的构建是"目"，所谓"纲"举"目"才能"张"，亦即只有抓好生态文明建设这个"纲"，良好的语言生态环境这个"目"才能"张"。当前，生态文明建设是我国的一项战略任务，良好的语言生态环境的构建是落实这项战略任务的重要方面，是支撑生态文明建设的重要支点，因此，我们必须做好良好的语言生态环境的构建工作，为生态文明建设服务。在具体工作中，抓生态文明建设而对语言生态问题熟视无睹是不对的，抓语言生态环境的构建而不从生态文明建设的大局出发也是不对的。第二，语言生态与语言和谐的关系。语言生态与语言和谐密切相关，良好的语言生态环境是语言和谐的基本条件，或者说，构建良好的语言生态环境的目的是语言和谐。良好的语言生态环境包括两大方面，即语外环境和语内环境，语外环境即语言外部的各种关系，如人与自然的关系、人与社会的关系、语言与人的关系、语言与社会的关系、语言与文化的关系、人与人的关系、语言与语言的关系、语言与方言的关系、语言与民族的关系、国家与国家的关系等，语内环境即语言内部几个要素（语音、词汇、语法、语义）之间的关系，这些关系都处于良好的、有序的、和谐的状态中，语言和谐就有了保障。哪一种关系没有处理好，直接影响良好的语言生态环境的构建，也直接影响语言的和谐。因此，正确处理上述各种关系，是构建良好的语言生态环境的十分具体而又十分重要的工作。如在我国，少数民族语言在当前的语言生态环境中，存在着三个方面的语言关系的处理问题：1.处理好同汉语的关系。新中国成立以来，我国政府一直重视汉语同少数民族语言的关系问题，《中华人民共和国通用语言文字法》《民族区域自治法》等法律文件都有十分明确而具体的规定，汉语和少数民族语言发挥各自应有的功能，关系融洽、和谐。2.处理好少数民族语言同少数民族语言的关系。少数民族语言之间的关系也很重要，在民族地区，特别是多民族杂居地区，有一些少数民族不仅会说自己的民族语言，还会说其他少数民族的语言。如普米族一般都能说两三种语言，有人还会说四五种，他们说本民族语言，兼用白语、傈僳语等，形成语言的"兼用性"。在兼用中，处理好不同少数民族语言之间的关系就显得尤为重要。我们认为，只要坚持语言平等的观念，反对语言歧视，根据具体语境，充分发挥不同少数民族语言自己特有的功能，不同少数民族语言就会和睦相处。3.处理好少数民族语言自身内部的各种关系。不论是什么语言，其语言结构都是一个有机的整体，语音、词汇、语法、语义等相互作用、相互配合，它们各自发挥不同的职能。少数民族语言也是如此。我们通常说语音是语言的物质外壳，词汇是语言的建筑材料，语法是语言的结构规律，语义是语言的实体内容。如果这样的职能分工被打乱，势必造成语言内部的不平衡，从而影响语言内部语言各要素之间的和谐，这一点也应引起高度重视。第三，语言生态环境中语言竞争与语言和谐的关系。同自然界一样，语言领域里存在着激烈的竞争，竞争的法则是自然生态中的一条重要法则，也是语言生态环境中的一条重要法则。竞争是一个过程，和谐才是归宿。关于语言竞争与语言和谐的关系，著名语言学家戴庆厦先生说得十分清楚，他深刻地指出："不同的语言共存于统一的社会中，由于语言功能的不一致，必然出现语言竞争。语言竞争是语言关系的产物，是调整语言适应社会需要的手段。语言竞争虽是语言演变的自然法则，但可以通过国家的语言政策、语言规划来协调。处理好的，就会出现语言和谐，不同的语言'各尽所能，各守其位'；处理不好的，就会激化语言矛盾，并导致民族矛盾。"[①] 第四，语言生态环境中语言变异与语言规范的关系。变异是自然生态环境中的一种重要现象，语言也一样存在着变异。语言生态环境中的变异有历时的，也有共时的，它同语言规范、语言和谐等紧密相连。在《语言和谐论》一书中，我们指出："从历时的角度看，随着时代的前进、社会的进步，各个历史时期的语言面貌不同，其语言规范也会有不同的要求，语言和谐的总特征自然不同。……从共时的角度看，人们的性别、年龄、阶层、行业以及不同地域、不同民族等因素的影响，都会引起语言变异，从而产生不同的语言变体，这些变体，相对于规范的语言而言，有可能是不规范的，在某种程度上会影响语言的和谐，因此必须予以高度重视。"[②] 语言变异和语言规范是一对矛盾的统一体，语言生态环境中的语言变异必须服从语言规范，语言规范也必须根据语言变异的具体情况适时调整，把正常的语言变异同语言的滥变、乱变严格区分开来，通过语

① 戴庆厦.语言竞争与语言和谐[J].语言教学与研究，2006（2）.

② 冯广艺.语言和谐论[M].人民出版社，2007：188–189.

言规范达到语言和谐的目的。

　　生态文明建设中的语言生态问题是一个值得深入研究的问题，它涉及的范围广，探讨的难度大，特别是在构建社会主义和谐社会的今天，这个问题又被赋予了新的时代内涵和时代意义。在研究工作中，我们要运用人类语言学、人种语言学和社会语言学的理论和方法，更重要的是要以构建社会主义和谐社会的思想为指导，将语言生态问题的研究与社会主义和谐社会的理论研究结合起来，真正使我们的研究工作获得实质性的进展。

第一章　语言生态和语言生态学

语言生态学或生态语言学（ecology of language，ecolinguistics）是一门全新的交叉学科，也是一门具有广阔前景的学科。20世纪以来，尤其是当人类社会跨入生态文明建设新时代以来，人类物质文明和精神文明高度发达，生存条件和社会环境急剧嬗变，人类语言的网络系统不断变革，语言世界中的各种问题日显复杂和突出，人们呼唤构建良好的语言生态环境，语言生态学就是在这样的大背景下产生的。语言生态学虽然是语言学和生态学的交叉学科，但它不是这两门学科简单的加合，它涉及的问题很多。虽然学术界对语言生态学进行了多年的探索，但其完整的学科体系还没有真正建立起来。到目前为止，我国还没有一本真正普通语言学意义上的语言生态学著作，因此，需要学术界筚路蓝缕，拓荒创新，在这个领域里勤奋钻研，努力推出具有中国特色的语言生态学研究成果。

讨论语言生态学这门学科必然涉及和它紧密相关的一些概念，如生态、语言生态、语言生态学等。

一、生态

在当代社会里，"生态"是一个使用频率很高的词，由它和其他词语构成的一些富有时代特征的新词语常常见诸报端，如：生态系统、生态工程、生态危机、生态平衡、生态中国、生态西部、生态农业、生态工业、生态旅游、生态食品、生态加工、生态对策、生态文明、生态文艺、生态经济、生态哲学、热爱生态、保护生态、享受生态、珍惜生态，等等。《现代汉语词典》对"生态"一词的解释是："指生物在一定的自然环境下的生存和发展状态，也指生物的生理属性和生活习性。"（第5版，第1220页）这个定义中有几个关键词语值得我们注意：一是"生物"，"生物"是自然界中所有具有生长、发育、繁殖等能力的物体，包括动物和植物等；二是自然环境，自然环境是生物赖以生存和发展的最基本的条件；三是生物自身的生理和生活习性，这是一生物区别于另一生物的特性，或者说是生物的基本性质。这三点也是构成"生态"的基本点。由第一点我们可以认识到，自然界的生物都是不断发展和变化的，各种生物的生长、发育和繁殖都具有自身的规律。例如"人"，人是能制造工具并使用工具进行劳动的高等动物，从呱呱坠地到长大成人，从咿呀学语到能说会道，从看图识字到能写会算，"人"具有其他任何动物无法达到的条件，那就是"人"具有高度发达的大脑、健全的四肢和灵活的发音器官。正因为"人"这样的优越条件，所以"人"在生长、发育和繁殖的过程中，就可以通过自己的努力，不断改善、优化，使自身朝着更好的方向发展。由第二点我们可以认识到，自然环境对于生物的重要性。任何生物都是在一定的自然环境中生存和发展的，环境可以决定一切，改变一切。汪永晨在《今日三峡》说："……为了保护长江上游珍稀和特有鱼类，减免工程对生物多样性的影响，国家设立了长江合江—雷波段珍稀鱼类国家级自然保护区。可是，继三峡大坝修建后，又开始的金沙江一期工程，即向家坝、溪洛渡水电站工程实施后，将使长江上游河道与水文情势等发生一系列的变化，保护区内与渔业生态环境密切相关的各水文要素发生巨大改变，主要是水流流速减慢，洪峰削弱，库区泥沙增加，水体污染自净能力减弱，坝下河道冲刷加剧，水温降低等。这些生态变化对长江合江—雷波段珍稀鱼类国家级自然保护区生态环境产生严重影响。这些变化直接导致许多珍稀鱼类产卵场被破坏，合适的栖息生境大规模缩小，从而对长江合江—雷波段珍稀鱼类国家级自然保护区的生态环境带来严重的不利影响。"（《随笔》2008（1期））"物竞天择，适者生存"，这是一条自然法则。食草动物的大迁徙、候鸟根据气候的变化而转移等都是动物为了生存而根据自然环境的变化所采取的适应性手段。"人"的语言习得和语言运用水平的提高，则依赖于一定的社会环境，没有一定的社会环境，"人"要获得语言能力、提高语用水平也是不可能的。《孟子·滕文公上》中就谈到了这方面的问题：

> 孟子谓戴不胜曰："……有楚大夫于此，欲其子之齐语也，则使齐人傅诸？使楚人傅诸？"曰："使齐人傅之。"曰："一齐人傅之，众楚人咻之，虽日挞而求其齐也，不可得矣；引而置之庄岳之间数年，虽日挞而求其楚，亦不可得矣。……"

这个例子充分地说明了一定的社会环境对"人"掌握语言的重要性。由第三点我们可以认识到，不同的生物具有不同的特性，它们所依赖的生态环境也是不同的，它们对生态环境都有特定的要求，如果忽视这一点，就有可能破坏生物的生态平衡，打乱生物的生存空间和生存周期，造成不良后果。还是以汪永晨《今日三峡》中所谈到的现象为例。文章中说："随着长江干流葛洲坝和三峡水电站以及沿江堤、闸工程的建设，生活在长江的河海间洄游的鱼类如鲟鱼、鲥鱼等珍稀鱼类已大为减少。国家一级保护动物中华鲟原产卵地在上游合江至屏山，长约800km，原有16处产卵场，葛洲坝电站建成后，虽然在葛洲坝下游形成了人工产卵场，但符合中华鲟产卵的三个条件，即9—13m水深、稳流与产卵场面积大大缩小，仅为原有的1%—2%。国家一级保护动物白鲟产卵场原分布于金沙江下游和重庆以上的长江干流，产卵季节为3—5月，习惯在河滩砾石间产卵。国家二级保护动物胭脂鱼产卵场在长江上游岷江和嘉陵江等支流，卵具微黏性，散布在石块缝隙中发育，幼鱼可随江漂流到中下游及通江湖泊。若在这些河段建设水库，河滩将被淹没，原有的产卵场被破坏，将直接影响这些珍稀鱼类栖息地和洄游通道。长江里的四大家鱼——草鱼、青鱼、鲢鱼、白鲢都具有半洄游性。现在已有8个四大家鱼的产卵场被淹掉了。2004年夏天我曾经采访过长江委的专家，那时得到的数字是，四大家鱼的鱼苗锐减了80%。三年之后，2007（四期《中国国家地理》上的数字，四大家鱼锐减的数字上升到了97%。"（《随笔》2008（1期）文中谈到的中华鲟、白鲟以及四大家鱼都对自己生存的生态环境有特定的要求，由于葛洲坝和三峡水电站等工程的建设，改变了它们生存的生态环境，破坏了它们的生存空间，使它们锐减，这是值得我们深思的。语言的情况何尝不是如此呢？濒危语言的产生，正是其生存和发展的语言环境发生改变或遭到破坏所造成的。例如，作为濒危语言，仙仁土家语使用功能衰退的主要原因是"使用人口减少、使用范围缩小、使用频率降低、语言传承的断代、第一语言能力与年龄大小成正比、语言本体状态呈衰退趋势"以及"土家族历史上长期接受汉语汉文化教育、周围汉语区对土家语中心区的包围和冲击、经济转型导致了土家族语言选择的改变、民族意识不强、第一语言观念淡薄"等，其中语言环境的改变尤其突出。（戴庆厦《中国濒危语言个案研究》，民族出版社，2004：24页）生态学所研究的最主要的问题是生物之间、生物与非生物环境之间的相互关系问题，而这一点为我们研究语言之间、研究语言与社会环境之间的相互关系无疑提供了可资借鉴的经验。

二、语言生态

"语言生态"（Language Ecology）这个术语是豪根（Haugen，Einar）于1971年提出来的，他所说的"语言生态"是指"特定语言与环境之间的相互作用关系"（Haugen，Einar .1971. The Ecology of Language. The Linguistic Reporter，Supplement 25.19—26.Reprinted as Haugen 1972，324—39. 又，1972.The ecology of language. ed.by Anuar Dil. Stanford University Press）。从豪根的这个简单的定义我们可以看到，他很明显地借用了"生态"一词的基本含义，且特别强调语言和环境的互动关系，这是我们研究语言生态必须牢牢把握的一个基本点。语言生态与自然生态既有相通之处，也有不同之点。相通之处主要体现在以下几个方面：第一，自然生态环境中的各种生物之间存在着一种互相依赖、互相影响、互相制约的复杂关系。例如自然生态环境中的生物有一个特殊的"生态链"，这个"生态链"中不同的生物之间的关系就是互相依存的关系。非洲大草原上的狮子等食肉动物靠猎杀食草动物生存，食草动物必须依赖大量的青草才能活下来，如果没有食肉动物对食草动物繁衍量的控制，食草动物无限增长，有可能把草原上的草啃个精光。自然界的这种生态环境本身就是一个生态平衡器，它能够自动地调整自然生态，维持自然生态平衡。语言生态系统中，语言与语言之间的关系也是互相联系、互相影响的关系。荷兰学者艾布拉姆·德·斯旺说："尽管语言四分五裂，人类还是联系在了一起，因为有人能说不止一种语言，不同集团也因此可以相互交际。正因为有这种多语现象，原本被语言隔开的人们，又连成了一体。语言集团（language group）之间由兼通多语之人建立的这种联系，非但不是没有一定之规，还构成了一个超强高效的网络。直接或间接地把地球上的60亿居民连为一体。这种神奇的联系方式构成了全球语言系统。"（艾布拉姆·德·斯旺《世界上的语言——全球语言系统》，广东省出版集团、花城出版社，2008：3页）斯旺认为全球语言构成了一个互相联系的网络，构成了语言自身的生态系统。

第二，自然生态环境中的各种生物始终处在一个动态的发展过程之中，语言生态系统中的各种语言也是如此。强调自然生态环境的动态发展，主要是因为它是变化不定的，在某一时期、某一地域，会因为某些原因它会朝着好的方面发展变化，也会朝着别的方面甚至不好的方面发展变化，而这些发展变化，直接影响一个国家或地区的社会经济。例如："黄河流域在数千万年前，曾是气候温暖湿润、生态环境极好的地方，在这一片黄土地下埋藏着巨大的煤炭资源和亚洲象、犀牛等大量大型的古动物化石即是这种良好的古生态环境的证据。而黄河流域也是我们中华民族的发源地。数千年来，虽然气候渐变干旱，再加上战争不断，造成生态环境严重破坏，但是在一千年前黄河流域生态环境依然不错，仍是中国经济发展中心，从《清明上河图》中可见到当时中原繁华市井之一斑。时过境迁，由于黄土高原植被被严重破坏，黄河挟带大量泥沙淤积河床，黄河泛滥、改道成了家常便饭，致使黄河流域生态环境急剧恶化，随之经济发展受到严重破坏。中国经济发展中心也就从黄河流域转移到生态环境良好的长江流域东部和珠江流域东部。"（高崇明、张爱琴《生物伦理学十五讲》，北京大学出版社，2004：325页）人类进行生态文明建设的目的是使自然生态环境朝着人们所希望的好的方面发展。语言作为一种社会现象，更是与社会环境息息相关，始终处在动态的发展变化之中。英国学者布赖恩·福斯特（Brian Foster）在《变化中的英语》（*The Changing English Language*）一书的开始就通过讲故事的方式说明语言的发展变化。他说："1914年，一个叫莫妮卡·鲍德温的年轻姑娘进了一座修道院，过着与世隔绝的隐居生活，直到1941年她才从许下的愿言中解脱出来，重新回到外界生活之中。在这二十八年的岁月里，欧洲经历了多次的战争和革命；她的叔父，斯坦利·鲍德温，曾一度执掌国家的命运；社会生产技术的发展几乎完全改变了人们日常生活的面貌。但是，所有这一切简直丝毫没有涉及她曾栖身于其中的那一个小小的宗教团体。1949年，鲍德温小姐出版了她重返世俗后最初几年迷惑不解的印象记。在当时社会上汽车已代替了马和马车，名媛淑女已在画眉涂唇，裸腿而行。令她吃惊的不仅是这些新奇的景象，而人们的言谈更使她茫然不知所云。在一次乘火车旅行时，她听不懂'luggage in advance'（行李先行托运）这个说法，于手足无措之中，她只好央求搬运工看着办。读起报纸来，她感到如堕五里雾中，因为写评论和社论的人用了诸如 Jazz（爵士乐）、Gin and It（甜味苦艾酒和杜松子酒的混合饮料）、The Unknown Soldier（无名阵亡的战士）、Lend—lease（租借法）、Hollywood（好莱坞）、Cocktail（鸡尾酒）、Striptease（脱衣舞）和 Isolationism（孤立主义）等词语。对鲍温德小姐来说，这些以及别的许多词语都是无法理解的。当朋友们说'It's your funeral'（这是需要你操心的事）或'Believe it or not'（信不信由你）时，她也同样地感到莫名其妙。"（布赖恩·福斯特《变化中的英语》，辽宁人民出版社，1982：1—2页）语言在社会环境中的变化是十分复杂的，语言与语言之间的关系也会因为社会环境的不同而发生变化，语言的生态环境也因此而有所改变，这正是语言生态学要关注的问题。第三，自然生态环境中，各种生物时时处处都存在着激烈的竞争，语言生态系统中的各种语言同样竞争激烈。达尔文在《物种起源》中谈到自然界的"物竞天择，适者生存"的法则时说："让我们以狼为例弄清楚自然选择如何起作用。狼捕食各种动物，有些是用智谋获取的，有些是用体力获取的，也有些是用敏捷的速度获取的。我们假设：在某个时期因为某些原因，狼的其他食物减少了，而只是最敏捷的鹿的数量增加了。在这样的情况下，只有速度最敏捷和身躯最细长的狼才有最好的机会——捕食鹿，因而被保存或被选择下来。这正如人类通过仔细、有计划的选择，或者无意识的选择（人们试图保存最优良的狗但完全没有想到来改变这个品种），就能够改进长躯猎狗的敏捷性是一样的。补充一下：据皮尔斯先生说，在美国的卡茨基尔山栖息着狼的两个变种，一种类型像轻快的长躯猎狗那样，它们追捕鹿；另一种身体躯干较粗，腿较短，它们常常袭击牧人的羊群。"（达尔文《物种起源》，北京出版社，2007：37—38页）语言生态系统中的语言竞争是与语言和谐紧密相连的。著名语言学家戴庆厦先生曾对这个问题做过深刻而全面的阐释，他指出："不同事物共存于一个系统中，除了有统一的一面外，还有对立的一面。这是由于事物存在差异，有差异就有矛盾，有矛盾就有竞争。不同的物种有竞争，不同的人有竞争，不同的语言也有竞争。这是普遍规律，是不以人的意志为转移的。不同的语言共存于一个社会中，相互间普遍存在着相互竞争的语言关系，可以说，语言竞争是语言关系的产物，是调整语言协调于社会需要的手段。比如，英语在世界上是一个影响力较大的语言，在一些国家里，与本国语言在使用上存在竞争，如在菲律宾、马来西亚、新加坡等国，英语是这些国家的官方语言，而这些国家的居民还有自己的母语，二者在语言地位、语言使用范围上存在竞争。"（戴庆厦《语言竞争与语言和谐》，载《语言教学与研究》2006（2期）第四，无论是自然生态环境，还是语言生态系统都受"人"的主观制约，也就是说，"人"是影响自然生态环境和语言生态系统的决定因素。恩格斯在《自然辩证法》一书中对这一点曾做过深刻的论述。他在谈到人和其他动物的不同时说："动物仅仅利用外部自然界，而人则通过他所做出的改变来使自然界为自己的目的服务，来支配自然界。这便是人同其他动物的最后的本质的区别，而造成这一区别的还是劳动。"在这一段话的后面，恩格斯紧接着说了一段富有现代生态学意义的话，也是生态学家门常常引用的一段话："但是我们不要过分陶醉于我们对自然界的胜利。对于每一次这样的胜利，自然界都报复了我们。每一次胜利，在第一步都确实取得了我们预期的结果，但是第二步和第三步却有了完全不同的、出乎预料的影响，常常把第一个结果又取消了。美索不达米亚、希腊、小亚细亚以及其他各地的居民，为了想得到耕地，把森林都砍完了，但是他们梦想不到，这些地方今天竟因此成为荒芜不毛之地，因为他们使这些地方失去了森林，也失去了积聚和贮存水分的中心。阿尔卑斯山的意大利人，在山南坡砍光了在北坡被十分细心地保护的松林，他们没有预料到，这样一来，他们把他们区域里的高山畜牧业的基础给摧毁了；他们更没有预料到，他们这样做，竟使山泉在一年中的大部分时间枯竭了，而在雨季又使更加凶猛的洪水倾泻到平原上。在欧洲传播栽种马铃薯的人，并不知道他们也把瘰疬症和多粉的块根一起传播过来了。因此我们必须时时记住：我们统治自然界，决不像征服者统治异民族一样，决不像站在自然界以外的人一样，——相反地，我们连同我们的肉、血和头脑都是属于自然界，存在于自然界的；我们对自然界的整个统治，是在于我们比其他一切动物强，能够认识和正确运用自然规律。"（恩格斯《自然辩证法》，人民出版社，1971：158—159页）

三、语言生态学

在现代科学体系中，语言学和生态学早已有之。要认识语言生态学，首先必须对语言学和生态学有一定的了解。语言学是一门以语言为研究对象的学科，它的诞生和发展经历了一个漫长的时期。无论是在我国，还是在外国，语言学的诞生和发展都体现了学科形成的曲折和艰难以及学科的不断演进。在我国，古代只有所谓"语文学"，且被当作"经学"的附庸，严格意义上以语言作为研究对象的独立的语言学的诞生还是19世纪末、20世纪初的事情。西方语言学的发展也经历了从语文学到历史比较语言学再到结构语言学，从结构语言学到转换生成语言学再到交叉语言学等发展阶段，而交叉语言学这一阶段正是各种交叉学科、边缘学科层出不穷的阶段。（参阅岑运强《言语的语言学导论》，北京大学出版社，2006：27—33页）生态学是生物学的一个分支，它研究生物之间及生物与非生物环境之间的相互关系，"不仅是生物资源开发与利用的基础学科之一，而且与农、林、牧、副、渔、医都有联系"。（《辞海》，1999：4902页）因而，这门学科在自然学科中具有很重要的地位。语言学与生态学相结合，构成语言生态学（生态语言学），是语言学发展到交叉语言学阶段的必然产物。我们认为，语言生态学（生态语言学）是以语言生态或生态语言为研究对象的一门学科。它的学科归属，在一些学术论著中还没有统一的说法。R.R.K.哈特曼和F.C.斯托克合著的《语言与语言学词典》（1972）即收有"语言生态学"这个术语，认为语言生态学是"指在人种语言学（ethnolinguistics）、人类语言学（anthropological linguistics）和社会语言学（sociolinguistics）这些领域中，对语言和环境之间相互作用的研究。这些相互作用是语言集团使用的交际手段之一"。（上海辞书出版社，1981：113页）我国学者劳允栋编的《英汉语言学词典》（商务印书馆，2005年版）也收有"语言生态学"这一术语，解释与上述词典基本一致。这个定义给我们提供了几个重要的信息：第一，语言生态学既涉及语言学，又涉及生态学，无疑地它是语言学和生态学这两门学科相融合、相交叉而产生的新的学科；第二，语言生态学是人种语言学、人类语言学和社会语言学等学科的下位学科，它在某种意义上又从属于上述学科；第三，语言生态学所研究的核心问题是"语言和环境之间的相互作用"，而这个问题本身既带有一定社会的宏观特征，又带有与具体客观事物息息相关的微观特征，因而语言生态学是一门内容十分丰富且又十分庞杂的学科，人们可以从不同的角度、用不同的方法来研究它，建构它，从而形成不同的学科体系。第四，语言生态学和语言使用、语言集团等密切相关，且涉及一定的交际手段，这又使它与语言运用的实际联系在一起了，因此，语言生态学带有明显的应用语言学的特征。总之，语言生态学是一门全新的交叉学科，随着学术界对它的研究的逐步深入，人们对它的理解将会逐步加深。

语言生态学作为一门交叉学科，具有很特殊的学科属性。由于生态学是生物学的一个分支，它"研究生物之间及生物与非生物环境之间的相互关系"，具有自然科学的属性。而语言学既具有自然科学属性，也具有社会科学属性，因而语言生态学从学科性质上看，具有学科上的多重属性，即它具有社会科学属性和自然科学属性。但学术界在研究语言生态学时，对它的学科性质的看法并不完全一致。

　　学科的发展有两个大的趋势，一是随着研究工作越来越细致、深入，一个大的学科会产生若干个分支学科（或者叫二级学科），而二级学科也会不断地派生出若干个次分支学科（或者叫三级学科）等，另一个趋势是学科与学科的交叉融合，产生新的交叉学科（或者叫边缘学科），这是学科的进步。著名语言学家伍铁平先生在《语言学是一门领先的科学》的前言中说："我们只要回想一下语言学史中对各种生物主义、物理主义、个人心理主义、社会心理主义的批评（这些批评有正确的一面），就可以证明了，过去的某些学科往往只强调分门别类、互不侵犯、画地为牢。但是，现在随着学科的交叉和互相影响，仅仅在语言学领域就先后诞生了人类语言学、社会语言学、心理语言学、数理语言学（包括统计语言学、代数语言学等）、病理语言学、神经语言学、计算机语言学、发展语言学、应用语言学、认知语言学、模糊语言学、生态语言学等。"（伍铁平《语言学是一门领先的科学——论语言与语言学的重要性》前言，北京语言学院出版社，1994年版）在伍先生提到的交叉学科中，已有生态语言学（语言生态学），而语言生态学（生态语言学）是语言学和生态学这两个学科结合以后产生的新学科，因而必然具有交叉性特点。在语言生态学的研究中，人们可以运用生态学的理论、观点和方法探索世界语言系统中的语言问题，探索语言的"生态"变化及其发展情况，获取语言的生态对策，为进一步优化世界语言的生态系统而做出贡献。这样的研究不像单一的语言学内部的研究那样，仅用单一的语言学的理论、观点和方法研究语言问题。因此，语言生态学在某种程度上讲，其研究的理论和方法是开放的。

　　语言生态学的同质性是指它与邻近学科在研究内容上具有某些共同的特点。从宏观上讲，语言生态学与人种语言学、社会语言学、文化语言学、民族语言学等学科都把语言与语言之间的关系、语言与人之间的关系、语言与社会环境之间的关系作为研究的基本内容，并着重阐述它们之间的内在规律。从微观上讲，上述学科在具体研究课题上也有一定的同质特征，如研究人类的语音、词汇、语法等方面的差异问题等。例如社会语言学家拉波夫研究不同社会层次的人在发音上的差别和语言生态学中研究语言生态环境对语音的影响等具有很大的同质性。由于有了这样或那样的同质性，使人们感觉到这些学科似乎"你中有我，我中有你"，很难将它们严格区分开来，也使人们对这些学科的学科独立性产生一定的犹豫。我们认为，语言生态学与人种语言学、社会语言学、文化语言学、民族语言学等都是十分关注社会、关注人类的生存环境等问题的学科，它们具有相关性甚至同质性恰好说明它们的学科性质和特点。

作为一门交叉学科，语言生态学具有学科综合性特点。首先，语言生态学综合了社会科学和自然科学的不同的研究理论和方法，语言学从性质上说，既具有社会科学属性，如语言学中有关语言符号的社会性的相关内容等，也具有自然科学的属性，如语言学中的实验语音学的相关内容等，所以语言学从某种程度上说，本身就具有综合性。生态学属于自然科学，它和语言学融合在一起，集中两门学科的学科优势，综合研究语言生态问题，必然产生良好的学科效应。其次，语言生态学的学科视野广博，人文自然、古今中外等，凡是与语言生态有关的内容，语言生态学都予以密切的关注，因此，语言生态学从研究方法上讲，必然会采取多学科、多角度的、综合的方法来研究各种问题，以达到一定的学术目的。

语言生态学是一门应用性强的学科。语言生态学的应用性主要表现在它直接服务于的经济社会，为经济社会提出建设性的有价值的理论，给决策者提供咨询参考，解决经济社会中的具体问题。语言生态学可以解决构建良好的语言生态中的各种理论问题和实际问题，可以直接为构建和谐社会、建设生态文明服务。例如，我国是一个多民族统一的大国，国家除了推广全国通用的普通话之外，还特别重视方言，重视少数民族语言，制定了一系列语言政策，保护方言，维护少数民族的语言权利。从语言生态学的角度看，国家共同语（普通话）、方言和民族语分工合作，协同发展，这是一个很好的语言生态布局。语言生态学研究这个布局，解决布局中出现的这样或那样的问题，对于处理好共同语和方言的关系、共同语和民族语的关系，维护民族团结，促进社会和谐无疑具有重要的作用。

语言生态学具有学科前沿性。语言生态学的学科前沿性是指它将语言研究的视野直接投向广阔的社会环境和具体的语言事实，注重用新的语言生态学的理论和方法解决当前现实社会中的语言问题，尤其是世界语言系统中语言生态格局出现的新问题，例如强势语言与弱势语言问题、语言濒危与语言消亡问题、语言接触中的语码混用与语码转换问题、人们的语言态度与语言转用问题、人口迁移对语言的影响问题、社会的语言生态对策问题等。正因为如此，语言生态学成为一门与人们的语言生活密切相关的学科，它的基本走向、研究进展和学术话语也成为社会关注的热点。在世界范围内，语言生态环境是人类生存与发展的生态环境的重要组成部分，从一定程度上讲，语言生态学将世界语言生态环境作为自己的研究对象且直接为人类的生存与发展服务，是人类社会科学研究的必然趋势，也体现了这一学科的前沿性特征。

第二章　语言的生态系统及其功能

　　语言生态系统一般可分为语言的自然生态系统和语言的人为生态系统。语言的自然生态系统是指语言在不受任何人为因素影响的情况下所形成的自身系统，这个系统带有天然性、历史沿袭性和自塑性。语言的人为生态系统则是由于人为的因素的影响，在人的作用下所形成的，语言的人为生态系统相对于语言的自然系统而言，更具有复杂性、多变性。不论是语言的自然生态系统，还是语言的人为生态系统，都是语言生态学研究的对象。世界的语言到底是什么样的一个系统，不同语言之间究竟是通过什么途径构成什么样的网络，语言学界对这个问题有各种各样的说法。本文从语言生态学的角度，探讨语言的生态系统及其功能问题。

一、语言的自然生态系统

　　语言的生态系统及其功能是语言生态学的重要研究内容之一，它涉及如何对语言进行分类的问题。众所周知，语言学界对世界上的语言的分类主要有三种方法，其一是谱系分类法，这种方法的根据是语言的历史来源或语言的亲属关系，它将世界的语言先分为若干个语系，语系下面再分为若干个语族，语族下面再分若干个语支，语支下面是若干种语言。应该指出的是，谱系分类法所依据的是语言的自然生态，或者说是语言的原生态。在语言学史上，人们曾经构拟"原始共同语"，这个"原始共同语"是人类语言共同的"祖先"，而不同的语系等正是这个"祖先"的"后代"。

这是语言的自然生态系统，它好比人类社会中一个家族的诞生和传承，首先这个家族有一个共同的祖先，这个祖先的子子孙孙，一代一代地繁衍、发展，形成家族的谱系网络，而这个谱系网络中各成员之间的关系也因其所构成的关系的不同而有所不同。在一般人的眼中，语言的网络系统是自然形成的，多少年来，这个系统在不断地运转着，它维系着人类的语言交际，发挥着巨大的作用。

在谈到语言的谱系分类法的同时，我们还应该谈谈语言的类型分类法，因为它们都跟语言的自然生态系统有密切的联系。语言的类型分类法依据语言的结构共同点将世界的语言大致分为黏着语、屈折语、孤立语和多式编插语等类型，从另一个角度揭示了世界语言的结构"生态"。世界语言的不同结构类型是语言多样性在结构上的自然分布，这种分布使不同的语言富有不同的结构特点，如不同的语音组合特点、不同的构词特点、不同的语法成分组配特点等。这种情形如同自然界各种不同类型的动植物反映出来的不同结构特性，体现出动植物的多样性特征一样，是大自然的一种"生态"赐予。各种类型的语言在现实社会里虽然互有影响，发生一定的变化，但其结构"内核"却不大容易改变。

语言的谱系网络是一种语言生态网络，它表明，世界上的语言从"原生"性上讲，都是相互联系、相互影响的，语言与语言之间的关系原本就是一种具有家族特征的关系，因此正常的语言关系应该是正常的语言"生态"关系。不同语系中不同的语言由于亲属关系的不同，所形成的语言关系有直接和间接等的不同，这也是一种正常的语言"生态"关系。在现实社会里，一旦破坏了这两种正常的语言生态关系，那就影响了语言生态网络的正常运转。同样，语言的类型网络也是一种语言生态网络，不同类型的语言服务于不同的社会群体，它们之间也具有一种"生态"关系。上述两种情况，我们认为应该看作是语言的自然生态系统。在漫长的历史时期，人类社会的语言生活就是在这样的语言生态系统中度过的。

语言的功能分类法是依据语言的不同交际功能而对世界的语言进行分类的一种方法。它把世界上的语言分为国际语、区域语、族际语和民族语四种类型。很明显，这种分类法更多的是看重语言交际范围的大小、使用人数的多少以及语言在国际社会中的地位等因素。一般来说，这里的国际语是指联合国的工作语言，亦即国际社会中使用的语言，如英语、汉语、俄语、法语、西班牙语、阿拉伯语等。但是，联合国使用这几种语言的具体情形是不同的，据周有光先生的统计，具体的百分比是：英语80%，法语15%，西班牙语4%，俄语、阿拉伯语和汉语三者合计1%。[①]区域语是指在一个大的区域（这个区域可以包括不同的国家）内统一使用的语言。这种语言跨越了国界，属于同一区域的若干个国家共同使用它，如北欧的几个国家都使用的瑞典语。族际语是指在一个多民族的统一的国家内，不同民族共同使用的语言，如我国的汉语。而民族语则是一个民族内部专用的语言，如我国的一些少数民族内部大多使用自己本民族的语言。当然，有的语言具有多种属性，如汉语既是汉民族的民族语，又是我国各族人民之间进行交际的族际语；既是中国大陆和台湾、香港、澳门等地区以及新加坡等国家都使用的区域语，又是作为联合国工作语言的国际语。语言的功能分类法涉及国际社会、国家和民族等诸多复杂因素，所以会有不同的看法，而且语言的功能是一个变数，它随着国际社会、国家和民族等的变化而发生变化。

二、语言的人为生态系统

语言生态除了它的自然系统外，还有人为系统。语言生态的人为系统是指在现实社会里，语言生态因受到人为的社会因素，包括政治、经济、文化、教育等的影响而被"人为"地构建的语言生态系统。语言生态的人为系统与不同的人、不同的政治立场、语言观念、语言态度、学术观点有直接的联系。正因为如此，语言生态的人为系统与语言生态的自然系统是具有明显不同特征的系统。语言的人为系统是从语言的"生态位"（niche）和功能值的角度划分出来的。丹麦学者斯旺在《世界上的语言——全球语言系统》一书中指出："全球语言系统是'世界系统'（world system）的重

---

① 周有光 . 百岁稿：从"华语热"谈起 [J]. 香港：语文建设通讯 . 总第83期。

要组成部分。世界人口可归入近两百个国家，纳入由各种国际组织构成的网络，这是世界系统的政治层面；一连串的市场和公司担负着调节功能，这是经济层面；在无所不容的全球文化层面，电子媒体起着联系作用；人'与自然一起新陈代谢'，又构成了全球生态系统。全球人类社会（global human society）这个概念的确构成了一个世界规模的系统，近年来再度引起很多关注。不过，人类因语言众多而分隔开来，又由操多语者交错构成的体系连在一起，还构成了一个自成一体的语群（language constellation），成为世界系统的又一层面。"①斯旺在这里从政治层面、经济层面、文化层面和生态层面、语言层面等方面分析了世界系统，认为全球语言系统是世界系统的重要组成部分，他对世界的语言进行了划分，我们认为他的划分是人为地对世界语言的一种语言生态划分，代表了当今社会一部分学者的观点。

斯旺认为世界的语言是一个"星座"，各种不同的语言在这个"星座"中分别处在不同的位置，分属不同的类别。实质上，他是依据世界不同的语言在语言生态系统中的地位和作用的不同而对语言进行的分类。他将"全球语言系统"中的语言分为四个等级：

超超中心语言（hypercentral language）；

超中心语言（supercentral languages）；

中心语言（central languages）；

边缘语言（peripheral languages）。

在斯旺的"世界语言系统"中，"超超中心语言"指的是英语，其中"language"一词用的是单数，意思是说这种语言只有一种。斯旺说："一个阿拉伯人和一个中国人相遇，一个俄罗斯人和一个西班牙人相遇，一个日本人和一个德国人相遇，几乎都会用同一种语言进行交际。该语言将各超中心语言联系起来，也因而成为世界语言系统的核心。这种超超中心语

---

① [荷兰] 艾布拉姆·德·斯旺 . 世界上的语言——全球语言系统 [M]. 乔修峰，译，宁一中，校，广州：广东省出版集团、花城出版社，2008：3.

言（hypercentral language）自然是英语。"① 在斯旺的心目中，英语无疑是世界语言中的"巨无霸"，是人为的世界语言生态系统中的主角。斯旺认为，"母语为中心语言的人，要学习另一种语言，通常选择使用更广、在语言系统中位置更高的语言。这样，大量中心语言集团便通过其多语使用者，与位于'超中心'地位的某个超大语言集团联系起来。这就便利了远距离交际和国际交际。通常，超中心语言（supercentral languages）是由殖民势力强加给殖民地的，该地取得独立后，仍用于政治、行政、司法、大企业、科技和高等教育等领域，超中心语言约有12种。它们在全球语言系统中的位置，如同由行星（中心语言）所环绕的恒星，而行星又各有各自的卫星（边缘语言）：这12种语言分别是阿拉伯语、汉语、英语、法语、德语、印地语、日语、马来语、葡萄牙语、俄语、西班牙语和斯瓦希里语。"② 关于中心语言，斯旺指出："任意两个边缘语言集团，都由兼通这两种语言的成员联系着。但总的来说，这种联系通常呈弱化之势，或者说，这种联系正在弱化。这是因为，相邻村落居民之间的交际已经不再重要，他们越来越多地和该地区首府的商人和官员打交道。于是各边缘语言集团成员倾向于学习同一种第二语言。这种语言相对于各边缘语言集团来说，便处在'中心'的位置上。各边缘语言集团之间的所有或大多数交际，都是通过它进行的。各边缘语言簇拥着中心语言（central languages），就像卫星环绕着行星。在全球语言系统中，处在中心或'行星'位置上的语言约100种，使用人数占到了世界人口的95%。"③ 斯旺认为，"边缘语言"（peripheral languages）是"交谈和叙述的语言，不是阅读和写作的语言；是记忆的语言，不是记录的语言"。这类语言约占世界语言的98%，"尽管多达数千种，使用人数却不足世界人口的10%"。④

---

① ［荷兰］艾布拉姆·德·斯旺.世界上的语言——全球语言系统 [M].乔修峰，译，宁一中，校，广州：广东省出版集团、花城出版社，2008：8.

② ［荷兰］艾布拉姆·德·斯旺.世界上的语言——全球语言系统 [M].乔修峰，译，宁一中，校，广州：广东省出版集团、花城出版社，2008：7–8.

③ ［荷兰］艾布拉姆·德·斯旺.世界上的语言——全球语言系统 [M].乔修峰，译，宁一中，校，广州：广东省出版集团、花城出版社，2008：6.

④ ［荷兰］艾布拉姆·德·斯旺.世界上的语言——全球语言系统 [M].乔修峰，译，宁一中，校，广州：广东省出版集团、花城出版社，2008：74.

斯旺自称他的"全球语言系统"理论是"星系"理论，在这个理论系统中，英语是唯一的超超中心语言，有12种语言（含英语）是超中心语言，有100多种语言是中心语言，而占世界语言98%的语言属于边缘语言。这可以被看作是一种人为划分的语言生态系统，它所依赖的无疑是语言在世界范围内的地位（即语言的生态位）。斯旺认为英语在世界范围内具有至高无上的地位，"已经成为唯一的世界族际通用语"。值得一提的是，斯旺所说的占世界语言98%的边缘语言，多数是使用人口少的弱势语言，有的甚至是濒危语言，它们是语言生态学关注的重要对象。

在讨论某一区域或某一组织的语言情况时，斯旺将自己的"全球语言系统"说细化为将不同的语言定位在不同的层次上，即语言因其所承担的社会交际功能的不同而所处的层次也不相同。这可以之称为"语言的层次理论"。如在论述"欧盟"的语言使用情况时，斯旺说："欧盟内部有4种交际层次。首先是各成员国国内交际。各国的官方语言都是绝大多数国民的母语，用于社会各领域，并受中央政府的全面保护。这些官方语言虽然在国内位处'中心'，但也日益受到地区或少数民族语言的威胁；同时，在跨国交际中还要面对超中心语言的入侵。第二个层次为欧洲民间的跨国交际。多种语言在欧盟各地和许多交际领域角逐优势地位。在这个层次上，英语独占鳌头，这是毋庸置疑的，但在南欧还要与法语一决高下，在中欧尽管俄语几近消失，仍要同德语展开争夺。以上两个层次分别关涉国内和跨国的'民间社会'。另外两个层次涉及欧盟机构。第三层是公开的正式交际，如欧洲议会、欧盟部长理事会的官方会议，以及欧盟委员会的对外联络。根据欧盟成立时签订的条约，各成员国官方语言均为欧盟官方语言，欧盟各项决策均要用官方语言出版，因为这些决策会影响到各成员国的法律法规。第四层为欧盟委员会内部交际，官员们在日常接触和内部通信中，大多不太正式地采用几种'工作语言'。"[①]根据斯旺的观点，欧盟语群中，不同的语言都跟一定的交际功能、交际范围等联系在一起，构成不同的层次。尽管这种层次会因方方面面的原因而发生一些变化，但其格

---

① [荷兰]艾布拉姆·德·斯旺.世界上的语言——全球语言系统[M].乔修峰，译，宁一中，校，
广州：广东省出版集团、花城出版社，2008：174.

局还会维持一段时间。

英语是一种强势语言，世界上使用英语的国家较多，丹麦学者菲利普森（R Phillipson）根据这些国家的不同情况认为这些使用英语的国家可以分为两个层次。一个层次是所谓"核心英语国家"（core English—speaking countries），另一个层次是所谓"外围英语国家"（periphery English—speaking countries），前者包括英国、美国、加拿大、澳大利亚和新西兰等国家，后者包括将英语用于国际交往的国家，如日本、斯堪的纳维亚（含挪威、瑞典和丹麦）等国家，还包括曾是英国殖民地且一直在使用英语的国家，如印度、尼日利亚等。[①] 瑞典学者斯瓦特维克（J.Svartvik）和英国学者利奇（G.Leech）合著的《英语的变迁：一种语言，多种声音》（*English:One Tongue*，*Many Voices*）则将英语分为三个圈，即内圈（The Inner Circle）、外圈（The Outer Circle）和扩展圈（The Expanding Circle），内圈相当于"核心英语国家"，外圈相当于"外围英语国家"，扩展圈是指世界上将英语作为一种外语来学习并运用于一些特定领域的国家。[②] 其实，我国学者在分析现代汉语及其方言时，也考虑了"语言的生态位"，即认为现代汉语有若干个大方言，每个大方言又可以划分为若干个次方言，次方言还可以继续往下划分，这样便构成了现代汉语内部的层次系统。如现代汉语内部可以划分为北方方言、粤方言、赣方言、湘方言、闽方言、客家方言和吴方言等，方言中的北方方言又可以划分为东北方言、西北方言、华北方言和西南方言等次方言，其他大方言内部又可以分为若干个次方言，这里就不一一说明了。

三、语言生态系统的功能

语言多样性是维系语言生态系统的基本条件，也是语言的生态位和语言的功能形成一定差异的前提。语言多样性不仅要求语言的数量多，而且还要求语言的类型多种多样，语言的功能"各尽其能"，语言的地域分布"各

---

① R.Phillipson.Linguistic Imperialism[M]. 上海：上海外语教育出版社，2000：17.

② J.Svartvik & G.Leech.English:One Tongue，Many Voices[M]. 北京：外语教学与研究出版社，2010：2–5.

得其所"。在语言生态系统中，我们要特别注意如下几个与语言功能密切相关的规律。

（一）平衡规律

生态平衡是自然生态系统和语言生态系统都必须遵守的一个规律。在语言生态系统中，语言的多样性始终是和语言的统一性联系在一起的。个别语言在语言多样性的环境中生存和发展，并在生存和发展中进一步促进语言多样性；语言多样性保护个别语言，给个别语言提供广阔的生存和发展的空间，使不同的语言处于良好的语言生态环境中并不受伤害。语言生态系统中的"平衡"一方面是指不同的语言是没有优劣之分的，各种民族语言在民族社会中发挥的功能是一样的，其生态价值是同等的，对待不同的民族语言应该一视同仁，让它们得到一样的生存空间和均衡的发展走向，而不是只允许此种语言生存和发展，不允许彼种语言生存和发展。另一方面也指不同的语言在语言生态系统中由于国家、社会、民族、地域等方面原因，已形成一定的差异，这种差异使不同的语言处于不同的"生态位"上，维护不同语言的不同的"生态位"，是保持语言生态平衡的重要工作之一。

自然生态系统的平衡，依赖于生物多样性，依赖于不同生物的平衡生长，非洲大草原上食草动物的种类与数量的多少和食肉动物的种类与数量的多少具有一定的内在平衡性，一旦失去平衡，其自然生态环境就会受到严重影响，如食草动物的种类与数量过多而食肉动物的种类与数量过少，食草动物势必会因啃光了草而无法生存；食肉动物的种类和数量过多而食草动物的种类和数量过少，食肉动物也会因为缺乏食品而出现生存危机，同时还会带来草原的草类风长。大自然具有天生的生态平衡机制，如果人为地破坏这种生态平衡机制，也就破坏了自然生态系统。语言生态系统中也存在类似情况。例如，我国政府在制定语言政策时，很注意语言生态系统的平衡问题，我国的宪法明文规定"国家推广全国通用的普通话"，同时在《语言文字法》和《民族区域自治法》等法律文件中强调各民族都有使用本民族语言和文字的权利，这些法规充分体现了语言政策上"统一性和多样性相结合"的平衡原则，符合语言生态系统的基本规律。市川勘和小松岚合著的《百年华语》的结尾指出："近年来网络上讨论语言的多样性，提倡各种语言文化之间的平等，主张语言环境宜宽松的文章也在增多。看来，随着中国市场经济的进一步发展和地域的分化重整，人们已经逐渐意识到了语言是地域的，是资源的，要保护语言的自然生态，保持语言生态平衡也是绿色保护的重要方面。"①

（二）调节规律

语言生态系统的调节规律是平衡规律的具体表现。语言生态系统的调节分宏观和微观两个方面。宏观调节是指世界语言系统的调节，亦即世界上的语言在生存、发展以及相互影响中的调节。不同的语言在不同的社会条件下生存和发展的情形是不同的，有的语言可能会由弱势走向强势，由不被世人所看重到被世人所青睐，这样的语言当然是幸运的，而有的语言却可能会与之相反，它们会由曾经的辉煌慢慢走向衰败，走向濒危，甚至走向死亡。面对这样的形势，语言生态系统应该有所反应，这种反应就是进行必要的有序的调节，做到两个"尽量减少"，即尽量减少强势语言的过猛发展，尽量减少弱势语言的过早衰亡。另外，在当代社会，语言与语言之间必然发生接触，它们也会互相作用、互相影响，一种语言中所蕴含的文化会渗透到另一种语言之中，一种语言中的语音、词汇、语法等也会在另一种语言中留下借用和"侵蚀"的痕迹，反之亦然。可以说，语言和语言的"互动"在所难免，因此，人们在调整世界语言政策时，必须从语言生态系统方面予以重视，慎重对待这种情况，做好调节工作。微观调节是指一种语言内部各个要素之间的调节。语言内部的结构要素是语音、词汇和语法，它们是语言结构系统的分系统，它们之间是互相配合、互相制约的，在语言结构系统中缺一不可。在现实社会里，由于语音、词汇、语法这几个要素与社会的联系程度有差别，因而它们在某些方面会显示出不同的情况，如它们的发展、变化不平衡，词汇的发展、变化显得十分活

---

①　市川勘，小松岚 . 百年华语 [M] 上海：上海教育出版社，2008：24.

跃、迅速，语音的发展、变化较为平缓，而语法的发展、变化则比较细微，或者说语法比较稳定。在这种情况下，语言结构系统自身会做一些调节，如利用旧的语音形式标记新词，利用旧的构词规则合成新词等。这些虽然存在于语言结构系统之中，却反映出语言作为一种人类最重要的交际工具的特殊功能，体现出语言生态系统自我调节的能力。我们曾对语言系统中语音的自我调节做过分析，认为语音系统中音素与音素的配合、语流音变等都受语音的自我调节功能的支配。①

语言生态系统的调节功能和语言使用的规模（使用人口、范围、领域等）有一定联系，也就是说，使用规模大的语言其调节功能要强一些，反之，则要弱一些。张公瑾、丁石庆在《文化语言学教程》一书中说："语言使用者群落的规模越大，就越有利于对来自其他语言的新词术语、语法结构、新文化现象的适应、消化和接受。……如果使用者群落的规模太小，而又处在一个开放的社会环境当中，那么，在群落内部，对新旧文化信息的转换缺乏一个自我调节的空间，又没有足够的群体力量来抗拒外来文化对本体文化的渗透，则很容易全盘放弃母语而转用外来语。"②

（三）补偿规律

补偿常常被人们看作"语言的共时动态机制之一"，"补偿是语言工具性本质和语言系统性特征决定的，而非偶然形成的，前者决定了语言必在功利条件下对反规则活动做出妥协，在补偿中遵循信息适量准则，后者决定了语句基础、调节、目标和可接受度的提升之间存在互动关系，可接受性出现自稳定特征的振荡，并在补偿中遵循得体原则。这构成了补偿的具体运作原理。因为补偿是直接在语言工具本质和系统特征的决定性作用下形成的，所以其基本原理不仅适用于以获取强调效果为目标的表达活动，而且必然也适用于其他目的下的语言破格表达（如诗歌语体为韵律而牺牲合格性的变则用法等），因而补偿是语言中一种具有普遍意义的共时动态

---

① 冯广艺 . 语言和谐论 [M]. 北京：人民出版社，2007：136.

② 张公瑾，丁石庆 . 文化语言学教程 [M]. 北京：高等教育出版社，2004：55.

机制。"① 这里所说的"补偿"更多的是跟语言运用相关的，它既是"动态机制"，也是"动态规律"，且是在语言运用中，人们应该遵循的规律。如果换一个说法，这是语言生态系统内部跟平衡规律、调节规律相联系的又一个规律。以诗歌语言运用中的"破格表达"为例，破格的目的是什么，肯定跟诗歌的韵律有关，"破格"在某种程度上与语言的规范要求相悖，但通过"破格"取得了诗歌语言在韵律上"合格"并使之和谐优美，从而获得了"补偿"的效益。我们认为这是语言生态内部运行规律在语言运用上的具体表现。

（四）再生规律

　　语言存不存在再生？语言的再生有什么规律？这些问题是社会语言学、语言生态学感兴趣的问题。语言的再生是指一种语言在某一个历史时期，由于社会等方面的原因，在人们的语言生活中消失了，在语言生态系统中暂时"销声匿迹"，可是经过一段时间的"沉寂"之后，奇迹般地出现在人们的语言生活中，重新回归语言生态系统。对于这种现象，语言学家们解释不一。我国学者何俊芳认为一种语言的"再生"跟这种语言所依存的社会、民族、文化等有直接的联系，是"语言民族主义"的体现。她以希伯来语为例进行了详细的分析。她指出："希伯来语是古代巴勒斯坦犹太人的民族语言。但随着古巴勒斯坦犹太人的三次大流散，特别是公元2世纪进入失国离乡的世界大流散时代以来，希伯来语除了在祈祷和书面创作中被使用之外，在犹太人的口语中已经逐渐消失，成为一种'死亡的语言'。19世纪末叶，以重建犹太国家、复兴犹太民族为宗旨的锡安主义（或称犹太复国主义）运动兴起后，被誉为"现代希伯来语之父"的埃利泽·本－耶胡达（Elieser Ben-Jehuda，1858—1922）于1870年就提出，复兴犹太民族文化最重要的莫过于在犹太人中复活作为日常交际语言的希伯来语。1881年他从出生地立陶宛举家移民巴勒斯坦后，力主在当地犹太人的家庭、幼儿园及学校中推广使用希伯来语，并在自己的家庭身体力行。

---

① 马清华. 补偿：语言的一种共时动态机制 [J]，上海：修辞学习，2008（4）.

他执教于世界犹太人联盟办的耶路撒冷学校，使之成为巴勒斯坦第一所使用希伯来语教学的学校。1884年他又创办了一份标准化的希伯来语定期出版物《哈维茨》周刊，1910年改为《哈奥尔》日报；1890年他又和别人一起创办了今以色列希伯来语科学院的前身——希伯来语协会。1904年他编出了在希伯来语言史上具有划时代意义的第一本《现代希伯来语辞典》。有志者事竟成，到1916年，巴勒斯坦犹太人中已有约40%的人把希伯来语作为主要语言使用，儿童中这一比例更是高达70%（潘光等，1998：60）。20世纪20年代巴勒斯坦成为英国委任统治地后，希伯来语和阿拉伯语、英语一起成为当地官方语言，同时希伯来语成为当地犹太人最盛行的语言。希伯来语的复活成为以其为载体的犹太民族文化复兴的一个显著标志。1948年以色列国建立后，希伯来语又自然成为该国国语。①应该说，希伯来语的"再生"是一个奇迹，这个奇迹有力地批驳了将语言等同于自然界的一般生物的自然主义观点，也说明这样一个道理：语言与社会的关系密不可分，语言在社会中获得交际功能，这种交际功能决定了语言的兴衰。

---

① 何俊芳. 语言人类学教程 [M]. 北京：中央民族大学出版社，2005：86.

第三章　生态文明建设与语言生态构建的互动

　　"建设生态文明"是党的"十七大"提出的新的任务。在社会主义生态文明建设中，我们不可忽视语言生态问题。构建良好的语言生态环境是生态文明建设这一伟大工程中的一项重要工作。[①] 语言生态学（ecology of language，ecolinguistics）作为一门研究语言与社会生态环境关系的学科，必须将学科定位于现实社会之中，阐释并解决语言生态环境中出现的一系列问题，努力使良好的语言生态环境和生态文明形成良性互动关系，为现实社会的生态文明建设服务，从而在生态文明建设中起到它应有的作用。

一、构建良好的语言生态环境的必要性

　　随着人类社会的不断发展和进步，人们的精神境界、文明素养等都得到了不断提升，语言作为人类社会必不可少的交际工具，也变得越来越纯洁、优美，越来越规范、和谐。在中国进入全面建设小康社会、构建和谐社会的今天，"建设生态文明"这一战略决策的提出，具有重大的现实意义和深远的历史意义。语言生态作为社会生态的重要组成部分，语言文明作为社会生态文明的重要支撑点，在生态文明建设中举足轻重，不可忽视。语言生态是社会生态的映射，语言生态与社会的政治、经济、文化、

---

　　① 冯广艺. 生态文明建设中的语言生态问题 [J]. 贵州社会科学，2008（4）.

教育等紧密相连。

　　构建良好的语言生态环境是社会主义生态文明建设的需要。一个社会的生态文明，既包括社会的政治、经济方面的内容，也包括社会的文化、教育方面的内容；既包括对自然生态环境的保护、利用、改造和美化，也包括对社会的人文资源的存储、积淀、优化和刷新；既具有物质层面上的共享性，也具有精神层面上的公约性。所以，社会的生态文明建设是一个系统工程，在这个系统工程中，上述各个方面都具有一定的地位和作用，都是不可或缺的重要因素。语言在这个系统工程中充当着十分重要的角色，这是由语言的本质所决定的。语言是人类最重要的交际工具，是一个社会须臾不可离开的符号体系，它的功能是无与伦比的。语言与社会的关系是一种水乳交融的"共变"（covariance）关系，即社会的变化会引起语言发生变化，语言的变化也会映现社会的变化面貌。生态文明建设和良好的语言生态环境的构建也是如此。生态文明建设依赖于社会的各个方面有一个和谐的共生共长的生态环境和文明环境，社会全体成员每时每刻都在使用的语言，如果处在一种恶劣的生态环境里和极不和谐的状态中，就会导致思想交流和社会交际的混乱，影响社会的文明进程，使社会的生态文明建设受阻。社会主义生态文明建设需要有一个良好的语言生态环境。

　　构建良好的语言生态环境是构建社会主义和谐社会的需要。良好的语言生态环境是和谐语言产生的基本条件，而和谐语言又是和谐社会的重要支撑点。如果没有良好的语言生态环境，和谐的语言是很难生存和发展的。例如一个国家在选择"国语"上无所适从，在民族语言政策的制定上独断专行，在语言态度上歧视弱小民族和少数民族，在语言规范和语言规划上盲目、随意等，都是对语言生态环境的破坏，这种破坏的结果必然导致语言自身的不和谐和语言与语言之间关系的不和谐。而语言自身的不和谐和语言与语言之间关系的不和谐势必影响国家的安定和民族的团结等，这种环环相扣的关系恰好说明做好语言生态环境的构建工作，不仅是构建和谐语言的需要，更是构建社会主义和谐社会的需要。

　　构建良好的语言生态环境是人类语言自身的生存和发展的需要。语言从它产生之日起，就和一定的社会生态环境紧密相连，语言生态环境是社会生态环境的一部分，它对语言的生存和发展影响很大。在一个良好的语言生态环境里，语言会健康地成长并获得长足的发展。秦始皇统一全国，实行了"车同轨、书同文"等政策，改变了原来"言语异声、文字异形"的不和谐的语言生态环境，形成了全国统一语言文字的局面，当时的语言文字获得了实质性的进步并发挥了巨大的社会功能。中华人民共和国成立以后，积极推行符合民意的语言政策，推广普通话，制定《汉语拼音方案》，实行汉字规范化，正确地对待少数民族语言，语言生态环境比以往任何时期都好，因而汉语和少数民族语言和谐相处，共生共长。反之，语言生态环境不好，语言不仅得不到发展，而且连生存都很困难。如日据时期的台湾就是如此。日本侵略者强迫台湾人民运用日语，抛弃自己的语言，台湾地区的语言生态环境变得十分恶劣，民族矛盾变得十分尖锐，台湾人民的语言（尤其是汉语）的生存受到极大的威胁，哪里还谈得上发展自己的语言呢！

构建良好的语言生态环境是人们正常的语言生活的需要。在现实社会里，人们每时每刻都在使用语言，良好的语言生态、和谐的语言生活是人们对语言环境的起码要求。一个人的语言生活和他享有的语言权利及承担的义务是联系在一起的，大致包括以下几个方面：一是他享有国家赋予他的语言权利，有使用语言、遵守国家有关语言文字的法纪法规、执行国家的语言政策的权利和义务；二是在语言运用中，在国家政策允许的情况下，他有选择使用语言和文字的自由，有表达他的思想情感、与人交流的自由；三是在维护国家语言尊严和个人语言尊严方面，个人的语言行为必须服从国家的利益；四是人与人、语言与语言等都是平等的，人与人之间的言语交际是在平等互惠的前提下进行的，语言与语言之间也是在和睦相处、协同发展的状态下接触和交流的；五是人所从事的与语言相关的一些活动，应注意遵守语言规范和社会公约等。上述几点如果其中的一点出了问题，人们正常的语言生活就失去了平衡，在语言生活的某个方面就会产生不和谐的音符。因此，良好的语言生态环境是人们正常的语言生活的保障。

二、构建良好的语言生态环境的可行性

语言生态是一个复杂的概念，自从20世纪70年代美国学者豪根（E. Haugen）提出这一术语以后，不少学者即开始从事这方面的研究，人们关注的是语言与环境之间的相互作用关系，有的是从语言学的角度研究，有的是从生态学的角度研究，语言学和生态学这两门类属不同的学科就有了结合的可能，于是语言生态学和生态语言学就应运而生了。但至今这方面的研究还是很不够的。实际上语言生态学或生态语言学就是环境科学，即研究语言生态环境的科学。弄清语言生态的类型、语言的多样性、语言的功能定位、语际关系等问题，对构建良好的语言生态环境是十分必要的。

从历时和共时两个角度看，语言生态具有不同的类型。从历时上看，语言生态有原始生态和人为生态两大类型。语言的原始生态是人类社会在初始阶段或人类某一种群、部落、民族等处于原始社会状态下的语言生态面貌。这种状态下的语言虽然是单一的、单纯的（如没有文字、没有语言之间的接触等），但它能够满足当时、当地的人们的交际的需求，所以从生态学的意义上讲，这是一种未被污染和破坏的原生态。如远古时期初民的语言生活、18世纪以前的美洲印第安部落的语言生活即是这种语言生态环境中的语言生活。语言的人为生态则是人类社会发展到一定阶段，通过人类的一系列决策和行为，改变原始语言生态所形成的语言生态现实。分两种情况：一种是破坏性的，即语言的人为生态破坏了语言原始生态系统，造成人类语言的不和谐分布。例如，在国家政权产生，殖民主义、霸权主义、种族主义等横行于世以后，语言的自然生态环境改变了，在很多国家和地区形成了人为的语言生态环境，有很多殖民地和半殖民地国家，在官方语言的选择等问题上服从于它们的宗主国，以宗主国的语言为尊，自己的民族语言的地位退居其次。历史上，法语、英语、西班牙语、葡萄牙语等语言大多是通过这种途径得到扩张和传播的。18—19世纪，由于种族主义者大肆虐杀印第安人，美洲印第安部落的语言遭到了严重的破坏，以致美国当时的一些人类学家、语言学家呼吁要保护印第安部落，抢救印

第安语。另一种是建设性的，即语言的人为生态对社会、对语言的自身发展和人类语言的和谐相处起到了很好的作用。如前所述，我国历史上秦始皇统一全国之后所采取的语言政策就是如此。五四时期的语言运动改变了几千年汉语"言文不一致"的不合理的汉语生态面貌，使汉语做到了"言文一致"，促进了汉语的发展。当前我们提出的构建良好的生态环境也是从积极的意义上讲的语言的人为生态，它是为社会主义生态文明建设服务的，是具有建设意义的。从共时上讲，一个社会的语言生态可分不和谐型语言生态和和谐型语言生态两大类型。不和谐型的语言生态的主要特征是语言与语言之间的关系不融洽，语言自身的发展受阻，语言法规不健全，语言政策不合理，语言规范没有明确统一的标准，语言选择无所适从，语言运用混乱、语言污染严重等。这种不和谐的语言生态必然影响社会的和谐，影响社会的生态文明建设。和谐型的语言生态是一种良好的语言生态，它的特征正好与不和谐型的语言生态相反。在这样的语言生态环境里，语言关系、语言发展、语言法规、语言政策、语言规范、语言运用等都是和谐的。这是我们追求的语言生态环境，这种语言生态环境对生态文明建设无疑是有益的。

　　语言的多样性是语言生态的基础，对于构建良好的生态环境十分重要。正如在自然生态环境里生物的多样性是形成良好的自然生态环境的重要条件一样。从生态学的角度看，单一的生物种群不具备真正生态学意义上的生态环境，只有在生物具有多样性的条件下，各种生物之间才能形成各种不同的"关系"，它们才能共生共长，协同进化，并在这种"关系"的网络里，找到各自的合情合理的归宿。语言生态与自然生态惊人地相似。目前世界上的语言有五千余种。根据谱系分类法，世界的语言可以分为若干个语系，每一个语系可分为若干个语族，每一个语族又可分为若干个语支，每一个语支又可分若干种语言。根据类型分类法，世界的语言可分为屈折语、黏着语、孤立语和多式编插语等，这表明世界的语言是多种多样的，而不是同类单一的，这为形成一定的语言生态提供了必要条件。

以我国境内的语言为例。根据最新资料①，我国境内的语言有129种，分属汉藏、印欧、阿尔泰、南岛和南亚等不同的语系，我国各族人民在语言的使用上呈现出多样性的特点，单语的、双语的、多语的语用者皆有之，民族地区采取了灵活的语言政策，如单语制、双语制、多语制等，这使得民族地区的人们在语言运用上自由多变，语言生态环境宽松、灵便，人们运用语言时心情舒畅，灵活度大。语言的多样性还要求一个国家或地区应有一定的语言保护政策。为了维护自然界生物的多样性，人类制定了很多法律和规定，如野生动物保护法、植物保护法等，这是保持良好的自然生态环境所做的必要的工作。对待语言问题亦应如此，世界上的语言已经消亡和正在消亡的形势十分严峻，濒危语言越来越多，长此以往，语言的数量必将大大减少，语言的多样性必将受到威胁。我国的语言状况亦是如此，有许多语言已经消亡了，还有很多语言处于濒危状态。根据戴庆厦先生《中国濒危语言个案研究》②一书的调查和分析，如果对语言濒危的情形不采取相应的有效的措施，其后果是濒危语言走向消亡，而我国境内语言的多样性将会大打折扣。我们呼吁像制定动、植物保护法，保护自然生态环境一样，制定语言保护法，挽救和保护濒危语言，维护语言的多样性，使语言生态环境处于一个较好的状态之中。我国政府目前的语言政策是将语言的多样性和语言的统一性结合起来，即在"国家推广全国通用的普通话"的同时，保证不同民族有使用自己的民族语言和文字的自由。

语言的功能定位是影响语言生态环境的重要因素。交际功能是语言的本质功能，不同的语言在交际功能上有不同的职能分工，通过职能分工体现出它们在功能上的差异性。据此，功能分类法将世界的语言分为国际语、区域语、民族共同语和民族语等，每一种语言的功能定位决定了这种语言的职能范围、交际领域、使用环境和运用群体，虽然有一些交叉情况，但在通常的情况下，不能"越俎代庖"，如在联合国，一般只使用联合国的六种工作语言（即国际语），其他语言在未经许可的情况下，是不能在联合国使用的。语言的功能定位使不同的语言各就其位，各尽所

---

① 孙宏开，胡增益，黄行. 中国的语言 [M] 北京：商务印书馆，2007.

② 戴庆厦. 中国濒危语言个案研究 [M]. 北京：民族出版社，2004.

能，使不同的语言处在一个井然有序的境况中，给良好的语言生态环境创造了条件。语言的功能定位不准确，必然造成语言生态环境的混乱。我国是一个多民族多语种的国家，"普通话"是我国的"国语"，也是民族共同语，它是我国各级各类学校的教学语言，是各级各类机关的工作语言，是新闻、媒体的宣传语言，也是人们日常交往的交际语言。我国境内少数民族使用的语言是他们在民族内部进行交际的语言，是民族语，不同的少数民族有不同的民族语，他们的民族语言受法律的保护。汉语是世界上使用人数最多的语言，它的功能具有多重性，即它既是国际语（汉语是联合国的工作语言之一），又是区域语，汉语除在中国境内使用外，新加坡等国家也使用汉语（他们称"华语"）。同时，汉语既是我国的全民共同语（国语），又是汉族使用的语言。如果每一种语言的定位都准确，良好的语言生态的构建就非常顺利，如果有的语言定位不准确，良好的语言生态的构建就有阻力。如语言帝国主义、语言霸权主义者企图以自己的语言独霸天下，当然不会有良好的语言生态环境。

语际关系即语言与语言之间的关系，是构建良好的语言生态环境必须处理好的关系。语言与语言之间的关系包括一个国家和另一个国家的"国语"之间的关系，一个国家内部共同语和民族语之间的关系，民族语和民族语之间的关系等，语际关系涉及国家与国家之间的关系、国家和民族的关系、民族和民族的关系等问题，所以，它不仅是语言生态方面的问题，更是社会生态方面的问题。世界上国家与国家的矛盾、民族与民族的矛盾，很多是由语言之间的矛盾引起的。例如原捷克斯洛伐克国于1993年解体，分为现在的捷克国和斯洛伐克国，原因之一是语言上的矛盾，捷克族和斯洛伐克族都想用自己的民族语（即捷克语和斯洛伐克语）作为"国语"，各执一端，相持不下，于是引发民族之间的矛盾，最后干脆将国家一分为二。我国政府十分重视语言与语言之间的关系问题，在《中华人民共和国国家通用语言文字法》和《中华人民共和国民族区域自治法》等法律文书中对正确处理语言与语言的关系等问题都有明文规定，只要人们遵守这些法律，就不会出现语言与语言之间的矛盾。语言与语言之间没有矛盾，构建良好的语言生态环境就方便顺利多了。

三、生态文明建设和构建良好的语言生态环境的互动性

生态文明建设和语言生态构建的关系是一种互动关系。这种互动关系意味着社会的生态文明建设可以为良好的语言生态的构建创造必要的环境，反之，良好的语言生态又可以为社会的生态文明建设提供一个方面的经验和支撑。把握好它们之间的这种关系，对于做好生态文明建设工作和良好的语言生态构建工作都是十分重要的。在《生态文明建设中的语言生态问题》[①]一文中，我们指出："当前，生态文明建设是我国的一项战略任务，良好的语言生态环境的构建是落实这项战略任务的重要方面，是支撑生态文明建设的重要支点，因此，我们必须做好语言生态环境的构建工作，为生态文明建设服务。在具体工作中，抓生态文明建设而对语言生态问题熟视无睹是不对的，抓语言生态环境的构建而不从生态文明建设的大局出发也是不对的"。

生态文明建设包含的内容很广，政治的、经济的、精神的、物质的、社会的、自然的等方面都是生态文明建设的重要组成部分，这样一个大的系统工程，应该有一个宏观的、系统的、全面协调可持续发展的总体部署。仅以全球自然生态环境恶化这一点为例，要想真正解决全球生态环境恶化的八大问题，即土地荒漠化扩大、森林资源继续减少、生物多样性丧失、饮用水短缺加剧、温室效应危害极大、酸雨频降森林遭殃、南极臭氧空洞扩大、自然灾害频发等[②]，谈何容易！可见，仅这一个方面的生态文明建设工作就不是一个人、一个国家、一个短暂的时期内能够做到的，它需要全世界所有的国家和人民共同努力。我国的生态环境也不乐观，上述八点很多都可以和我国目前的生态情况对上号。"十七大"报告提出在全社会牢固树立生态文明观念的号召是完全正确的。生态文明建设和政治文明建设、精神文明建设、物质文明建设是紧密相连的，它们是一个国家兴旺、发达的标志，也是这个国家的人民的文明程度的体现。

良好的语言生态环境的构建要服从社会的生态文明建设的需要，为社

① 冯广艺.生态文明建设中的语言生态问题 [J].贵州社会科学，2008（4）.

② 高崇明，张爱琴.生物伦理学十五讲 [M].北京：北京大学出版社，2004：316.

会的生态文明建设服务。在现实社会里，语言生态环境还有很多地方不能满足社会主义生态文明建设的需要，例如有的地方普通话与方言的关系不太和谐，方言优越感和方言消亡论在不同的人群和地区都有表现，人们的语言运用中还存在着一些不文明现象，如吐脏字、说脏话的事情时有发生，语用中还有很多说假话、空话、大话、套话的情况，社会用字中时而见到不规范的汉字出现，广告用语有很多虚假成分，网络语言使用混乱等，这些现象如果任其泛滥，势必给良好的语言生态构建带来麻烦。笔者所在的城市武汉市在申报全国文明城市，市政府要做的一项重要工作就是要求市民消除"汉骂"（即武汉人骂人的口头禅）[①]，这看似一个简单的语言问题，实际上是人的文明素质的体现。消除"汉骂"，提倡说话文明、礼貌，是对一个公民的起码要求。如果连这一点都做不到，那还有什么资格谈城市文明建设！从这里我们看到，人们的语言运用涉及语言生态环境的构建问题，同时也关乎生态文明建设问题。我们应该摒弃不良的语用行为，为良好的语言生态环境的构建和生态文明建设贡献力量。

　　无论是良好的语言生态环境的构建，还是生态文明的建设，人始终是核心，通过人可以将社会的生态文明建设和语言生态环境的构建紧密地联系起来。人是一切社会关系的总和，人与自然的关系、人与社会的关系、人与语言的关系、人与人的关系等，都对良好的语言生态环境的构建和生态文明建设有一定的影响。无论与什么形成关系，人必须从和谐这一点出发，即人与自然的关系是和谐的，人与社会的关系是和谐的，人与语言的关系是和谐的，人与人的关系也是和谐的。在《语言和谐论》一书中，我们指出："和谐原则是人类社会的最高原则，人类社会要求人与自然和谐相处，要求国家与国家、民族与民族关系融洽，要求语言与语言平等互惠，要求人与人和睦友善等，整个社会都在和谐的氛围里，和谐地得到发展、进步。"[②] 良好的语言生态环境构建是在"和谐原则"指导下进行的语言生态环境的构建，生态文明建设的目的也是为了构建和谐社会。从本质上看，二者的目标是一致的。

---

①　楚天都市报 [N].2008–07–06（4）.

②　冯广艺 . 语言和谐论 [M]. 北京：人民出版社，2007：17.

第四章　生态文明建设与语言生态变异

我国现阶段的生态文明建设是社会全体成员共同参与的、涉及各行各业的、以构建社会主义和谐社会为目的的一个系统工程，良好的语言生态环境的构建是这个系统工程的重要组成部分。语言是思想的直接现实，是社会全体成员每时每刻都在运用的交际工具，语言生态环境的好坏，决定了语言社会功能的发挥是否正常、充分。从现实社会看，语言生态处在一个变异的状态之中，它的变异状态如何，与生态文明建设息息相关。在狠抓社会主义生态文明建设的今天，我们必须时刻关注语言生态变异问题。

一、社会环境与语言生态变异的关系

人类社会的迅速发展，使人们对物质生活、精神生活及各个方面的需求越来越高，向自然界索取的资源也越来越多，人类思考得比较多的一个问题是怎样利用自然、改造自然，以较少的付出得到较多的回报。然而自然资源也不是人们所想象的那样"取之不尽、用之不竭"，人类对大自然的不适当的利用越凶，带来的危机就越大，当今社会"土地荒漠化扩大、森林资源继续减少、生物多样性丧失、饮用水短缺加剧、温室效应危害极大、酸雨频降森林遭殃、南极臭氧空洞扩大、自然灾害频发"[1]等不就是人

---

① 高崇明，张爱琴. 生物伦理学十五讲 [M]. 北京：北京大学出版社，2004：317.

类对自然的过分利用甚至破坏所造成的吗？自然生态的这种严峻形势值得我们深思。语言也是如此。著名作家王安忆在《美丽的汉语》一文中说："有了小说，汉语的地质就又被发掘出一层资源，它对于创造一种虚拟的存在，有着极大的可能性。这种可能性，在目下功用主义的社会里，使用得过速与过量，以致破坏了生态，这表现为语言的粗糙和伪劣，所以，我们必须回复它的纯粹性，爱护它，切莫挥霍和践踏。①这一段话说明，我们应该尊重语言规律，维护语言生态，恰当、适度地运用它，发挥它应有的交际功能。

　　语言从它产生之日起，就和它的交际功能联系在一起了，因而交际功能是语言的本质功能。世界的语言多种多样，目前有五六千种，它们分布在世界的每一个角落，根据谱系分类法，它们分属汉藏语系、印欧语系等不同的语系，根据类型分类法，它们有屈折语、黏着语、孤立语和多式编插语之分，根据功能分类法，它们又有国际语、区域语、民族共同语（族际语）和民族语的不同。我们认为，人们之所以要给语言进行不同角度的分类，是因为世界的语言具有多样性的特点，而语言的多样性正是构建语言生态环境的基本条件。众所周知，构成自然生态环境的基本条件是自然界的生物多样性，不具备生物多样性这一基本条件是不可能形成良好的自然生态环境的。语言生态与自然生态非常相似，至少以下几个方面是一致的：第一，自然界生物的发展形态一般是从原始形态向低级形态再向高级形态发展的，生物在遗传和变异中逐步得到完善。达尔文在《物种起源》中曾论及选择（竞争）法则和变异法则是自然界生物生存和发展的基本法则。②语言的发展也是如此，语言在不同的社会里呈现出不同的发展形态。人类社会经历了从原始社会到现代文明社会若干个不同的发展阶段，它的基本形态是由原始到落后，由落后到比较先进，由比较先进到先进，由先进到发达这样的情形，语言的发展走向与人类社会的发展走向是基本一致的。从古至今，语言也是在选择（竞争）法则和变异法则的驱使下生存和发展的。第二，语言生态环境中语言与语言的关系，同自然界生物与生物

---

① 王安忆.美丽的汉语[M]// 咬文嚼字.上海：上海文化出版社，2006（2）.
② 达尔文.物种起源[M].北京：北京出版社，2007.

的关系一样，有一种共生共长、协同发展的关系。自然界的生物由于彼此之间的微妙关系，可以形成很多生物"链"，这种生物"链"使各种生物都在自然生态中各得其所，既竞争又和谐。语言生态环境中语言与语言的关系和国家与国家、国家与民族、民族与民族等社会现实问题紧密相连，通过竞争而得到发展，通过发展形成彼此之间的和谐关系，正是构建良好的语言生态环境的目的之一。第三，前面谈到，语言的多样性与生物的多样性具有相似的特点，从人类社会的发展看，自然界生物的多样性同语言的多样性一样都面临严峻的形势：生物和语言的种类锐减。仅以森林资源减少使生物多样性丧失这一点为例，专家指出："毁林不仅已造成了9%的树种消亡或面临灭绝的危险，而且还直接导致了大批动物和植物的绝灭，而一种物种的绝灭又可以带来10—20种物种消失，与30年前相比生物多样性已损失30%以上。据统计，现在有24%哺乳动物、12%鸟类和13%的植物物种正在面临生存危机。随着人类对自然资源掠夺性开发，目前世界上至少每分钟就有一种植物绝灭，每天有一种动物消亡。……在中国大陆，从1900年以来已有7种大型兽类绝灭。"[1] 语言的情况亦然。有学者估计，世界上的语言有三分之二将在21世纪消亡，有很多种语言现在已是濒危语言。"古代中国，分布在我国北方地区的一些语言，如西夏、鲜卑、焉耆、龟兹等语言先后都消亡了。在国外，也有众多的语言消亡了，如梵语、巴利语、哥特语、高卢语、赫梯语等。"[2] 生物和语言种类的减少，必然给生物多样性和语言多样性带来麻烦，给自然生态和语言生态造成严重的不良后果。第四，人类在对待自然生态和语言生态环境的认识上，始终存在着不同的甚至是对立的观念。即在对待自然生态上存在着自然生态的维护者和自然生态的破坏者之间的斗争，如绿色和平组织（Greenpeace）和日本捕鲸者之间的斗争就是如此。在语言问题上，语言帝国主义、语言霸权主义者唯自己的语言独尊，推行不平等的语言政策，企图灭绝弱小民族的语言等是破坏语言生态环境的行径，和实行语言平等，维护语言与语言之间的和谐关系，保护语言生态环境，施行符合世界各民族人民利益的

---

[1] 高崇明，张爱琴. 生物伦理学十五讲 [M]. 北京：北京大学出版社，2004：318.

[2] 戴庆厦. 中国濒危语言个案研究 [M]. 北京：民族出版社，2004：1.

语言政策是格格不入的。从上述几点看，自然生态环境和语言生态环境有很多相似之处。广义的自然生态环境即社会生态环境，语言是社会生态环境的重要组成部分。语言生态的变异是受社会生态的制约的，它与社会生态联系在一起，反映社会生态的面貌，同时又反作用于社会生态。加强生态文明建设，了解语言生态和自然生态的相似点是非常必要的。

二、影响语言生态变异的因素

上面，我们讨论了语言生态与自然生态的相通之处，从本质上讲，它们都是社会生态的重要组成部分，是社会主义生态文明建设的基本内容。语言生态除了与自然生态的上述相通之处以外，还有它自身的特殊性，语言生态的变异具有自身的规律和特点。语言生态学认为引起语言生态变异的因素很多，至少包括了如下几个方面。

（一）人口异动会引起语言生态变异

语言是由人来使用的，一种语言使用人数的多少、使用者的基本状态（如身份、地位、职业、文化等）、使用范围的大小等是衡量这种语言的交际功能的几个条件，也是人们考量语言生态环境的参考因素。现代社会里，由于国家建设的需要和科技文教事业的发展所导致的人口异动，使语言生态环境发生了巨大的变异。我们这里以当前我国部分农村和开放型大城市的人口异动情况为例加以说明。进入21世纪，农村发生了巨大的变化。随着社会主义新农村建设的逐步推进，农村原有的村落格局被新型的小城镇、街道式村庄所代替，大城市近郊慢慢城市化。农村青壮年绝大部分外出务工，有的甚至"挈妇将雏"，长年不归，很多地方仅有一部分老人留守家园，这种情形带来了农村语言生态环境的变革，如一地一乡的土语方音的拥有者逐渐减少，农村各地的方言的发展走向有所转移，在外地出生的农民工子女不会讲农村老家的方言，农村的语言文字的运用水平下降等。与农村这种现状有密切联系的是开放型大城市的人口异动所带来的语言生态上的变化，主要情况是：城市建设步伐加快，建设项目多、任务重、工期长，大量农民工涌入城市，成为城市的常住人口，有的特大城市还成立了单独的农民工社区、农民工子弟学校、幼儿园等，这些必然带来语言上的变化。在一些大中专院校集中的开放型大城市，由于大中专学生聚集，也使人们的语言运用发生变化，如武汉市仅武昌片就有百余万大中专学生常年集中居住，这些学生来自全国各地，他们为了交际的需要，平时一般讲普通话，而不是操方言土语，形成了在武汉城区不讲武汉话的使用普通话的群体，因而它带来城市语言的极大的变化。另外，开放型大城市由于外资企业、中外合资企业较多，和国外的商贸往来频繁，也给外语提供了用武之地，外语的学习和使用也成为一种时尚。

（二）语言与语言的关系的变化会引起语言生态变异

"语言与语言的关系包括：不同国家之间语言的关系，同一国家不同民族语言之间的关系，多语国家或多语地区语言与语言之间的关系等。"①上文说到，语言与语言之间的关系应该是共生共长、协调发展的关系，不同的语言在世界语言的谱系里，无论亲疏如何，都相安无事，这是一种原始的、正常的语言生态。在现实社会里，这种格局会被打破打乱，语言与语言的共生共长、协调发展的关系也就发生改变。具体地说，它使语言生态发生三个方面的变异，一是语言与语言之间发生此消彼长的现象，二是语言与语言之间发生混合、融合的现象，三是语言与语言发生分道扬镳的现象。所谓语言与语言之间此消彼长的现象是指一种（或一些）语言的地位不断提高，使用范围扩大，功能得到了强化，而另一种（或另一些）语言则地位不断下降，使用范围缩小，功能不断弱化。前者如英语等，后者如美洲印第安语以及非洲一些土著民族的语言等。现代英语（1450年以后）经过文艺复兴的语言实践之后已经相当成熟，17世纪英语扩展到北美和南非，18世纪英语进一步扩展到印度、澳洲和新西兰，19世纪英国的产业革命更是促进了英语的发展。②尤其是美国崛起以后，英语"如虎添翼"，美国政府"唯英语独尊"，排斥其他语言，"英语在历史过程中取得了主导

---

① 冯广艺 . 语言和谐论 [M]. 北京：人民出版社，2007：129.

② 李赋宁 . 英语史 [M]. 北京：商务印书馆，1999：10-14.

地位，其他移民语言则处于次要的地位，只有少数人在有限的环境或场合中使用"。对待土著民族的土著语言（如印第安人的印第安语等）美国的政策是"把他们的野蛮语言抹去，代之以英语"。[①] 这种情形，自然会使语言两极分化，即有的语言（如英语）变为强势语言，而其他的语言（如印第安语等）变为弱势语言。语言与语言之间的混合、融合等是语言接触的产物。如皮钦语和克里奥尔语就是混合语，我国青海的五屯话也是混合语。语言的融合阶段，"语言的词汇、语音和语法系统整体上被另一种语言所代替，母语仅存在某些底层痕迹"。[②] 语言的混合、融合与移民、商贸活动、不同民族杂居、聚集等都有关系，所以，它是社会生态和语言生态的反映，它所造成的语言之间关系的变化，直接影响语言生态环境。语言与语言"分道扬镳"现象是指本属于同一国家内部的民族语言由于民族矛盾激化，国家分崩离析，语言关系变得紧张起来，最后各为其主，相互对立。捷克语和斯洛伐克语就是如此，这两种语言原为捷克斯洛伐克国内捷克族和斯洛伐克族人使用的语言，是一个国家使用的两种主要的民族语言，关系密切，1993年捷克斯洛伐克国分裂为两个国家（捷克国和斯洛伐克国）以后，它们便各为其主、"各奔东西"了。这种情形表明语言与语言的关系和国家、民族等问题紧密相连，它的变化直接使语言生态发生改变。

（三）语言的功能定位发生改变会引起语言生态变异

一种语言在现实社会里究竟能够发挥多大的作用？不同的语言会根据自身的具体情况，如使用的人数、范围、领域、在世界语言生活中所处的地位、作用和人们的认同程度等，给自己做出正确的功能定位。如果定位不正确或出现"错位""失位""篡位"等现象，就会引发语言与语言之间的矛盾，造成语言生态变异。语言的功能定位上的"错位"是指一种语言不适当地扩大自己的使用范围、使用人数，不适当地抬高自己的地位，不适当地扩展自己的功能等。语言功能定位上的"失位"是指有的语言失去

---

① 周庆生.国家民族与语言——语言政策国别研究 [M].北京：语文出版社，2003：30-33.

② 孙宏开，胡增益，黄行.中国的语言 [M].北京：商务印书馆，2007：2564.

了应有的位置，世界上有一些民族语言在语言竞争中逐渐丧失了自己的功能，原先讲这种民族语言的人转讲别的语言，这些民族语言作为"民族语"的功能也就不存在了。所谓"篡位"是指世界上有的语言在殖民主义的强迫下丧失功能，改用宗主国的语言，宗主国的语言篡夺了附属国的语言的地位。语言的功能定位上的"错位""失位"和"篡位"等现象，在一定程度上会带来语言的不平等，而语言的不平等是语言不和谐的表现，它直接造成语言生态的不和谐。

（四）语言使用中的各种复杂因素会引起语言生态变异

语言是在社会环境中使用的，社会环境是复杂多变的，语言必须与社会环境相适应。语言的使用情况如何，受制于语言内部和外部两个大的方面。从语言内部看，语音、词汇、语法的规范问题，这几个要素之间的相互关系问题等都是人们在语言运用中必须认真对待的问题。从语言外部看，社会上的各种人为的和非人为的因素都会对语言有一定的影响并在语言使用上有一定的表现。陈原指出："所谓社会诸因素即历史的、地理的（地域的）、民族的、种族的、种姓的、性别的、阶级的、阶层的、文化层的、社会习惯的、心理的、社会激变（动乱、革命）的等因素——这许多因素在一定时期内分别（或几个因素一起）对在特定社会语境中发展的某种语言具有不同程度的影响和作用。"[①] 无论是语言内部因素，还是语言外部因素，都是影响语言的重要因素，例如我国在20世纪50年代所开展的制定《汉语拼音方案》、简化汉字、推广普通话、实行汉语规范化等工作，要求人们在语言运用中遵守规范，为现代汉语更加纯洁和优美不断努力，这是从语言内部对语言的发展起到的积极作用。"文革"期间，我国社会动乱，当时的语言发生了"畸变"，语言使用上，假话、大话、空话、脏话、套话等充斥耳畔，这是从语言外部对语言的发展起到的消极作用。语言生态是由语言和社会的相互关系构成的，语言的静态和动态是语言的两种存在方式，语言的静态指的是一种语言中的构成单位的基本情况，如语

---

① 陈原．陈原语言学论著：卷三 [M]．沈阳：辽宁教育出版社，1998：7．

音方面音素、音位、音节多少，词汇方面有哪些基本特点、语法系统如何等。语言的动态即语言在具体运用中的情形，它所面对的是社会的各种复杂因素，也可以说，语言的动态的不同，依赖于社会的各种复杂因素对语言的影响和作用不同，而这些正是引起语言生态变异的重要方面。

三、正确把握语言生态变异的走向

生态文明建设的目的是为了构建社会主义和谐社会，它要求一切生态环境（包括社会生态、自然生态、语言生态等）都应该变得越来越好。或者说，只有当一切生态环境都变得好起来的情况下，生态文明建设才能够顺利实施。总的说来，语言生态变异有两种可能性，一种是朝着好的方向变异，其终极目标是和谐的语言生态的构建，另一种是朝着不好的方向变异，其结果是不和谐的语言生态的产生。

正确地把握语言生态变异的走向，努力构建和谐的语言生态，是我们应该做好的一项工作，它对于生态文明建设至关重要。要做好这项工作，必须正确地处理好语言与语言之间的关系，找准语言的功能定位，维护语言的多样性，反对语言帝国主义和语言霸权主义，制定并落实好国家的语言政策、法律、法规，实现语言文字的规范化，树立语言平等观念，尊重不同民族的语言权利和语言选择，及时抢救濒危语言，保护语言遗产，在社会语用中恰当地发挥语言的功能，构建健康和谐的社会生活。在我国，语言生态变异的走向应该与我国经济社会的发展、生态文明建设的步伐相一致。生态文明建设是现阶段我国的一项重大战略任务，良好的语言生态的构建是这项重大任务中的一个方面。以我们的语言生活为例，现实社会里，我们所从事的所有与语言相关的活动都属于语言生活的范畴，我们的语言生活应该是健康和谐的，健康和谐的语言生活可以保证我们正常地发挥语言的功能，处理好各种错综复杂的关系，使语言处在良好的语言生态环境之中，从而为生态文明建设打下一个方面的基础，为和谐社会做出贡献。反之，如果我们的语言生活不健康、不和谐，我们不可能很好地发挥语言的功能，也不能很好地处理各种关系，语言就不可能处在良好的语言生态环境当中，当然也就不可能在生态文明建设中发挥作用，更谈不上为社会主义和谐社会的构建贡献力量了。

人类社会中语言的发展未来究竟如何，这是一个很难回答的问题。从人们的主观愿望出发，当然就像希望世界的未来越来越美好一样，希望世界的语言会变得越来越美好，也希望语言的生态环境变得越来越美好。但这需要全世界人民共同努力，当前我国正在进行的生态文明建设这一伟大工程，就是我国人民的具体行动。我们认为，语言是全民的交际工具，它是为人服务的，语言生态变异，应该符合人们的意志。伍铁平指出，世界未来的语言状况有多种可能性：（1）使用一种语言作为国际通用语（lingua franca），各民族（至少是人数众多的民族）仍继续使用本民族的语言，即实行双语制；（2）斯大林曾谈到未来世界民族融合的可能性，随之而来的是世界语言也可以融合为一种语言；（3）未来世界的人文化水平很高，可能都会用多种语言在全球范围内进行交际；（4）未来世界科学技术很发达，人人身上都可以带一个很方便的翻译机，因此不必要在全世界统一语言；（5）全世界使用一种综合各种语言特点，从而易为各民族掌握的人造世界语。[①]无论是上述哪一种，如果没有一个很好的语言生态环境，没有人类社会的和谐与稳定，都是不可能实现的。

语言生态变异朝着好的方向发展，对生态文明建设会起积极的作用，反之，则会起消极的甚至是相反的作用。我们曾指出："认真对待语言生态，正确处理语言生态中的各种难题，探索构建良好的语言生态环境的规律，抓好语言生态文明建设，发挥其在社会主义和谐社会建设中的作用，是我们义不容辞的责任。"[②]语言生态变异就是语言生态中的一个难题，我们的探讨还很肤浅，有很多课题需要我们做进一步的研究。

---

① 语言文字辩伪集编写组 . 语言文字辩伪集 [M]. 北京：中国工人出版社，2004：469.

② 冯广艺 . 生态文明建设中的语言生态问题 [A]. 贵阳：贵州社会科学 [J].2008（4）.

第五章　生态文明建设与语言生态构建的本质

　　人类跨入生态文明新时代的一项重大工程就是构建良好的语言生态。人类社会的和谐与进步、人类生存环境的改善与优化、语言与语言之间的协调关系以及语言自身的协调发展等都要求构建良好的语言生态必须与生态文明建设良性互动，共同推进。从本质上讲，构建良好的语言生态，就是要强化和巩固语言的交际功能，维护和完善语言交际功能的合理分布，实现人类语言的和谐共存、资源共享，使语言在人类的生态文明建设中发挥积极的作用。

一、生态文明建设的本质

　　春雨在《跨入生态文明新时代——关于生态文明建设若干问题的探讨》一文中指出："就本质与含义而论，生态文明是当代知识经济、生态经济和人力资本经济相互融通构成的整体性文明，生态文明不仅是遵循自然规律的文明，即遵循科学发展规律行事的文明，还是一种遵循特殊规律的文明，即遵循科学技术由'单一到整合、一维到多维'综合应用的文明。在理论和实践的结合上，生态文明正是'以人为本，全面、协调、可持续发展的科学发展观'要求的文明，即人与自然和谐、发展与环境双赢，经济社会发展成果人人共享、公众幸福指数升高的文明。"[①] 这一段话对生态文

---

① 光明日报 [N].2008-07-17.

明的本质与含义进行了概括，生态文明建设即是在这个意义上的建设，把握住了这个本质内涵，对于开展生态文明建设和构建良好的语言生态具有重大意义。

理解生态文明建设的本质内涵，我们应该注意到：1. 生态文明建设具有系统性、综合性，它强调的是人类社会的整体运作，与社会的方方面面都有密切联系。从科学领域上讲，自然科学、人文社会科学中的各门学科，都必须为生态文明建设服务。作为语言学和生态学的边缘学科——语言生态学（或生态语言学）所研究的语言生态问题，正是服务于生态文明建设的，因为良好的语言生态的构建可以为生态文明建设提供有力的支撑。2. 生态文明建设是落实"以人为本，全面、协调、可持续发展的科学发展观"的伟大工程，在这个伟大工程中，社会的各个方面都必须通力合作，和谐共进。无论是政治、经济，还是文化、教育，无论是集体、个人，还是机关、团体，都必须摆正自己的位置，服从于生态文明建设的需要。从这个意义上看，语言生态学应该致力于良好的语言生态环境的构建，强调语言与语言之间、民族共同语和少数民族语言之间、少数民族语言与少数民族语言之间、共同语与方言之间的和谐关系的构建。3. 生态文明建设的成果是全人类共享的，它是具有普世性的伟大工程，不是个别的、局部的，生态文明建设获得成功，全人类都会受益。作为人类最重要的交际工具的语言，如果处在一个良好的语言生态环境之中，必将更好地发挥其交际功能，为人类服务。因此，良好的语言生态的构建与生态文明建设的目标是完全一致的。4. 生态文明建设是人类社会最宏大的、最具有战略意义的系统工程，它的实施对人类社会中的其他工程具有推进和指导作用。良好的语言生态的构建，依赖于生态文明建设的成果，依赖于人与自然的协调发展，依赖于人类语言的和谐相处，依赖于语言自身的功能的强化和结构的优化，也依赖于人们对良好的语言生态构建的坚定的支持和投入的态度。

构建良好的语言生态，说到底就是构建和谐的语言环境，这种和谐的语言环境是语言生态学追求的目标。在世界范围内，语言与语言之间的关系不和谐，不可能有良好的人类语言的生态环境。在一个多民族的统一的国家内，如果共同语与民族语之间、民族语与民族语之间、共同语与方言之间的关系不和谐，也不可能有良好的国家语言生态环境。所以我们说，只有语言和谐了，良好的语言生态的构建才有可能，人们才能过着和谐的语言生活。进一步讲，良好的语言生态的构建成功了，人们在和谐的语言环境里生活，可以为生态文明建设提供积极的支撑力和促进力。因此，良好的语言生态的构建与生态文明建设在本质上是一致的、不可分割的。

二、摒弃几种错误的观念

在构建良好的语言生态问题上，有几种不正确的观念，从本质上违背了生态文明建设的宗旨，也不符合语言生态学的一般原理。

第一种观念是"语言自生自灭论"。这种观念看起来是一种自然主义的思想，实际上在现实社会里，在当代语境中是行不通的。从语言的发展的角度看，一种语言的发展、变化受到内部和外部的各种复杂因素的影响。语言的内部因素包括语音系统、词汇系统和语法系统以及系统之间的内在关系等，这些系统及关系发生改变会对语言的发展、变化起到一定的作用。语言的外部因素复杂多样，因为语言是一种社会现象，这种社会现象与社会的诸多方面都有联系，语言随着社会的产生而产生，随着社会的发展而发展，随着社会的变化而变化。语言又是一种特殊的社会现象，它的生死存亡受制于社会条件，如国家的语言政策、人们的语言态度、语言功能的强弱、使用人口的多少、语言在国际社会中的地位和语言转用等，这说明语言有它特殊的生存规律。以语言濒危现象为例，语言濒危的现状是令人担忧的，从语言生态学的角度看，语言濒危是语言生态中的常见现象。语言学家认为："语言濒危、语言消亡自古有之，而且出现在世界各地。古代中国，分布在我国北方地区的一些语言，如西夏、鲜卑、契丹、女真、焉耆、龟兹等语言先后消亡了。在国外，也有众多的语言消亡了，如梵语、巴利语、哥特语、高卢语、赫梯语等。现存的历史文献能够证明这些语言在历史上曾经存在过。尤其是到了近代，由于科学技术的发展、商业流通的扩大、人口的流动，特别是全球经济一体化的到来，语言濒危问题突出了。许多使用人口少、功能弱的语言有被强势语言所代替的趋势。有的语言学家估计，世界上现有的六千多种语言中有三分之二的语言将在21世纪消亡。"① 面对这种现实，无动于衷、听其自然、任其自生自灭的观念显然是不恰当的。保护语言的多样性与保护生物的多样性有着惊人的相似之处，它们都是为人类社会的生存发展、人与自然的和谐相处服务的，在现实社会里有必要采取一定的行动，挽救濒危语言。为此，联合国教科文组织保护濒危语言规划项目国家专家会议通过的《行动计划建议书》，向教科文组织各成员国发出了如下提议：

1. 调查和描写已发现处于濒危的语言；

2. 积极推进对各自国家濒危语言的认定；

3. 鼓励对濒危语言进行立档创造各种条件；

4. 创造各种条件，为主动使用及利用这些语言提供便利，特别要明确所有相关语言在教育体系、媒体及网络空间的正当地位，遵从每个语言群体的意愿，尊重其对语言人权的诉求；

5. 培养语言群体对本族语言与文化的自豪感，确保国家之内所有语言地位平等；

6. 开发语言和文化多样性的经济和社会效益，并把它作为促进可持续发展的要素；

7. 在条件允许和得到国际组织援助的地方，……向濒危语言的记录、复兴和促进等计划提供资金。②

这七条建议如果真正得到落实，将会对世界语言生态产生积极的良好的影响，尤其对濒危语言，更是一件幸事，它表明在世界范围内，"语言自生自灭论"并不受欢迎，而积极地构建良好的语言生态、挽救濒危语言等已得到多数国家、多数学者的认可。

第二种观念就是"语言霸权主义"或"语言领域的帝国主义（linguistic

---

① 戴庆厦. 中国濒危语言个案研究 [M]. 北京：民族出版社，2004：1.

② 国家语委课题组. 中国语言生活状况报告〔2007〕上编 [M]. 北京：商务印书馆，2008：329.

imperialism）"。罗伯特·菲利普森（Robert Phillipson）在《语言领域的帝国主义》一书中认为我们生活的世界具有在性别、国度、种族、阶级、收入和语言等方面的不平等的特征（We live in a world characterized by inequality——of gender, nationality, race, class, income, and language.）①语言帝国主义主张英语在世界语言中享有统治地位并推行语言上的不平等政策。这种观念所导致的后果就是英语风靡全球，其他语言的学习、运用和推广都受到不同程度的限制和压制。

语言帝国主义严重危害着语言生态环境。首先，它带来语言的极端不平等，它将一种语言凌驾于其他语言之上，推行语言霸权，突出强势语言的地位，排斥和欺负弱势语言，给弱势语言的使用者带来极大的伤害。其次，它破坏了语言的多样性，影响了世界各国民族文化的保护、继承和发扬，给人类社会的文化等造成不良后果。再次，它不顾及弱势语言使用者的民族感情和语言忠诚，影响其语言规划的制订和语言主权的保护。当前世界范围内的"唯英语独尊"的现象，在某种程度上是语言帝国主义或语言霸权主义所造成的。

第三种观念即语言封闭主义。这种观念把语言当作一个绝对封闭的独立体，拒绝接收或吸纳别的语言的有益的营养，如语音、词汇、语法等，尤其是词汇，不难想象这种观点在当今社会里是多么愚蠢。从语言生态学的角度看，语言封闭主义是无法立足的。在现实社会里，尤其是在一个开放的环境里，语言与语言之间的接触是不可避免的。不同民族、不同国家、不同政党由于政治、经济、文化、教育等的需要，彼此必然会有交往，而且交往的密度会越来越大，语言作为人类最重要的交际工具，在这种交往中起着主要的媒介作用，同时语言又在这种交往中不断地彼此吸纳对方的营养，丰富自己的体系、完善自己的表达。正因为如此，语言之间的接触，会产生大量的借词，会产生语音上的新成分和语法结构上的新的结构式等，这是语言发展的必然趋势。一种语言，如果硬性闭关自守，不吸收新鲜血液，不愿与别的语言互通有无，必然使自身停滞不前，在人类

---

① 罗伯特·菲利普斯.语言领域的帝国主义[M].上海：上海外语教育出版社，2000（英文版）：46-47.

语言的整体发展中掉队，甚至会被淘汰。当今比较发达的语言，都是在开放的环境中发展起来的，例如英语，无论从语音、词汇，还是从语法等方面都大量地吸收了其他语言的有益成分，它的表达功能也因此逐渐增强。这一点，我们应该高度重视。

三、正确认识语言的本质特征

语言的本质特征体现在两大方面：从功能上讲，语言是人类最重要的交际工具；从结构上讲，语言是一个符号系统。良好的语言生态的构建，就是要使语言的这种本质特征得到进一步的彰显，亦即语言的功能更加强化，结构更加完善。从语言生态学的角度看，处于语言生态系统中的各种语言，均存在着功能和结构两个大的方面的挑战，这种挑战在语言生态系统中无处不在。如果语言生态环境好，这种挑战会使语言朝着功能和结构进一步优化的方向发展，反之，则朝着相反的方向发展。

语言功能在语言生态环境中存在着"变数"，从整体上看，各种语言在良好的语言生态环境中都会得到较好的发展，不同的语言均能发挥各自的交际功能，均能在自身的结构体系的诸方面（如语音、词汇、语法等）获得较好的发展。从个体上看，语言与语言在功能和结构上的差异性，也可能导致不同语言发展的不平衡性，产生语言发展中的分化甚至朝着不同的方向发展，这是一种自然法则，语言生态中的各种语言的生存和发展也会遵循这条法则。

语言功能在语言生态环境中的一个重要"变数"就是人们对语言功能的干预，这是一种人为的起决定作用的力量。现代社会里，绝大多数语言已经不具备"原生态"性质，世界上的绝大多数语言或多或少地受到人为的力量的左右。越是在国际社会中起着重大作用的语言，越是受到人们的关注，越是受到来自社会方方面面的影响，受到的人为的干预自然就比一般的语言要大一些。例如作为联合国工作语言的几大语言，在国际上受到人们的关注程度远远高于一些不被人重视的小语种，而这些不被人重视的小语种势必会在一种相对封闭运用的状态下功能逐渐弱化、退化甚至丧失。人们对语言功能的干预主要体现在语言政策的制定和推行上。如语言不平等政策就是最突出的一点，它扬此抑彼，即有意扩大此种语言的功能而抑制彼种语言的功能的发挥，这样，有的语言的功能就会进一步强化，而有的语言的功能则被削弱。当今社会里，英语功能的强化和有的语言功能的弱化与美、英两国的语言不平等政策是有直接关系的。我们在《语言和谐论》中曾对这一点做过分析[①]。当然，在语言政策上，还有一种与语言不平等针锋相对的观点，即主张语言平等，强调语言与语言之间的平等关系，对不同的语言均一视同仁，不随意干预不同语言的功能，使不同语言正常地发挥其应有的作用。

语言的交际功能是语言的本质功能。世界上的不同语言，是在一个与人类社会的交际网络的协调一致的境况下，各自发挥其交际功能的。这也可以看作语言的一个生态网络，无论什么语言，都在这个生态网络中生存、发展并发挥功能，如果有语言丧失其功能，别的语言则会弥补其功能，而由哪一种语言来弥补其功能，在语言生态系统中将会有一番竞争，这势必在某一段时间内打破语言的生态平衡，引起语言生态发生变异，且语言生态的变异会带来一些与人类社会的和谐发展、与人类的生态文明建设等密切相关的问题的发生，所以我们说，良好的语言生态的构建并不是语言内部的问题，从本质上说，它是涉及人类社会健康发展、人类生态文明建设的重大问题，必须引起全社会的高度重视。

在一个开放的语言生态环境里，语言结构体系也不可能是完全封闭的。上文我们曾批评过语言封闭主义观念，我们认为，开放的语言生态环境给不同语言之间的频繁接触创造了有利条件，而语言接触必然导致语言结构系统发生变化，不同语言在语音、词汇、语法等方面的相互影响、相互吸收、相互借鉴等，使得任何一种语言都不可能是与世隔绝的。英国学者布赖恩·福斯特（Brian Foster）说："人类各种语言都或多或少借鉴了外界模式。"[②]在开放的语言生态环境里，语言不易患上"自闭症"，它在语言接触中不断地充实自己的结构系统，使语音、词汇、语法等都能够得到长

① 冯广艺.语言和谐论[M].北京：人民出版社，2007.

② Brian foster.The Changing English Language[M].The Macmillan Press LTD，1974：72.

足的发展。从这个意义上讲，语言生态环境越开放，语言的结构系统获得吸收、借鉴别的语言中的有意的东西的机会就越多，反之，语言生态环境越封闭，语言的结构系统获得吸收、借鉴的机会也就越少。因此，构建良好的语言生态，应该是构建一个开放的语言生态环境，绝不是一个封闭的语言生态环境。

四、构建良好的语言生态必须强化和巩固语言的功能

功能语言学者认为："语言的内部远远不是完美组织的，我们所能看到的那些形式，其实都是产生于语言的生态环境中。所谓语言的生态环境，指的就是语言的交际功能，服务于人们日常交际和互动的功能，以及它所负载的全部的认知属性、社会属性和生理属性。"① 如前所言，语言的交际功能，是语言的本质，也是语言生态环境的核心内容。因此，构建良好的语言生态，就是要以强化和巩固语言的交际功能为基点，以维护和完善全球语言系统中各种语言的功能的合理分布为前提，以实现全球语言的和谐共存、资源共享为目标，使之成为人类社会生态文明建设的有力支撑。

关于强化和巩固语言的交际功能。语言的交际功能，受现实社会的各种条件的制约，强化和巩固语言的交际功能，实际上与社会的各种条件紧密相连。不同的语言，处在不同的社会环境中，受不同的社会条件的制约，会产生交际功能上的差异。有的语言交际功能强，有的语言交际功能弱，这是一种正常现象。无论是对于交际功能强的语言，还是对于交际功能弱的语言，都有一个如何强化和巩固交际功能的问题。有学者认为英语等是"强势语言"，即英语是交际功能很强、国际地位很高的语言，而有的语言是"弱势语言"，即是交际功能很弱、国际地位不高的语言。这样看来，衡量一种语言是"强势"的，还是"弱势"的，基本标准是它的交际功能。语言生态学告诉我们，语言生态环境中亦存在生态平衡问题，尤其是在现实社会中，不同的语言与不同的社会、不同的国家、不同的民

① 张伯江．功能语法和汉语研究 [M]．刘丹青．语言学前沿与汉语研究．上海：上海教育出版社，2005：23.

族、不同的阶层紧密相连，涉及政治、经济、文化、教育等方面，有时甚至涉及国家主权、民族命运等重大问题。因此，在谈到强化和巩固语言的交际功能时，我们主张一视同仁地对待每一种语言。只有使每一种语言都发挥出最佳交际功能，语言与语言之间才能建立起地位平等、相互竞争又十分和谐的关系。上文我们曾提到"语言自生自灭论"，对于交际功能退化、处于濒危状态的语言，我们不应该持这种不正确的态度。我们认为应该保护和挽救濒危语言，特别注意强化和巩固濒危语言的交际功能。艾布拉姆·斯旺（Abram de Swaan）在《世界上的语言》（*Words of the world*）一书中说："濒危语言理应受到保护，就像濒危动物一样。语言学家之于语言，一如生态学家之于自然。但在这一点上，这个比喻有不妥之处：如果人们不干涉，物种可以存活下去，但语言恰恰会因人们放弃它而消亡。换言之，语言要想真正存活下去，必须说服数百甚至数千人继续使用它并传授给后人。"[①] 斯旺从语言交际功能的几个方面（人数、使用和传授等）强调要保护濒危语言。强化和巩固语言的交际功能是一个系统工程，它不是随心所欲的，也不是急功近利的，它要求人类要有一个长久的可持续发展的语言规划，在这个规划中，各种语言的功能定位准确、合理，它们都自如地发挥自己的交际功能，与人类社会共同进步。

关于维护和完善世界语言的功能合理分布问题。根据语言的功能分类法，一般把世界的语言分为国际语、区域语、族际语和民族语。语言生态学认为，语言的功能分布是与语言长期以来所形成的功能特征和使用辖域的"生态圈"紧密地联系在一起的。不同的语言有不同的功能特征和使用辖域，它们的合理分布，是人类语言的一种"各就其位，各尽所能"的生态环境，我们应该维护和完善这种生态环境，而不能破坏它。以汉语为例，在国际上，汉语既具备了国际语的功能特征（如汉语是联合国规定的工作语言之一），又具备了区域语的功能特征（除中国境内使用汉语之外，新加坡等国也规定汉语是使用的语言之一）；在国内，汉语既是汉民族的共同语，也是各族人民相互交际的族际语。汉语的这种功能分布，使它成

---

① 艾布拉姆·斯旺. 世界上的语言 [M]. 广东：广东出版集团、花城出版社，2008：218.

为国际、国内不可缺少的交际工具，如果破坏或者打乱了汉语的这种功能分布，势必从"生态"上削弱了汉语既有的功能，这当然是不允许的。当前，由于语言霸权主义的影响，世界上各种语言的合理功能分布遭到一定程度的破坏，"强势语言"更强、"弱势语言"更弱的情形日显突出，甚至有的语言想"一语独霸天下"，如果真是这样，则可能对良好的语言生态的构建带来不良的后果。

关于全球语言和谐共存、资源共享的问题。语言是全人类共有的财富，语言的价值是无法用金钱等来衡量的。语言还是人类文明、社会进步的见证者和记录者，是维系人类的精神纽带，因此我们应该珍惜她，爱护她。在世界范围内，我们对所有的语言都应该一视同仁，主张语言与语言和谐相处，决不能有语言歧视行为。在一个多民族的国家里，处理好全民共同语和民族语之间的关系、民族语和民族语之间的关系尤为重要，在制订语言法规、语言政策时，要特别强调语言之间的和谐共存。我国在《宪法》中明文规定"国家推广全国通用的普通话"，同时，在《语言文字法》等相关法规中，规定各民族都有使用本民族的语言和文字的自由，这既符合各民族人民的语言感情，也符合语言生态学的一般规律，符合语言的本质特征。同样，语言资源是人类的瑰宝，属于全人类。联合国教科文组织主办的《信使》杂志的社论中指出："无论口头语言还是书面语言，都是进行交流的最重要的手段，是教学的工具，文明的媒介。它对集体、对个人都是体现文化特性的主要支柱和关键之所在。"[1] 语言资源同人类的自然资源一样，是滋养人类生存发展的不可或缺的源泉，如同水、空气和阳光，人类只有热爱她，才能享用她。所以我们说，语言资源共享是人类社会的基本要求，语言封闭主义的主张、语言垄断霸占的做法和语言资源毁损的行为等都是不正确的。只有百倍地珍惜人类的语言资源，高效地利用人类的语言资源，坚定地保护人类的语言资源，才能真正弄清楚人类不同语言的功能特质，使人类的不同语言处在一个良好的语言生态之中，形成一个有条不紊、良性循环的"功能网"，在人类的生态文明建设中发挥积极的作用。

---

[1] 联合国教科文组织 . 信使 [J].1983 年语言专号：39.

第六章　生态文明建设中的语言资源

李宇明先生在论述语言资源时指出："语言既是影响社会交际、人类和睦的'问题'，又是人类重要的文化资源乃至经济资源。过去我们多把语言看成问题，主要工作也是解决语言问题。而现在必须更加关注语言作为资源的属性。如果把语言看作问题，看作影响交际和人类和睦的问题，便会致力于语言统一，而对许多语言的消亡并不关心；如果把语言看作资源，看作人类重要的文化资源乃至经济资源，人们便会着力保护和开发这种资源，维护语言的多样性，努力抢救濒危语言。"[①] 从把语言看作问题到把语言看作资源，这是人们在认识上的一个进步。语言资源跟语言生态密切相关，而语言生态是人类生态文明建设的重要组成部分，因此我们必须十分重视生态文明建设中的语言资源问题。

一、语言是一种资源

语言是人类最重要的交际工具。对待语言，人类应该有一种强烈的资源意识。在全面实施生态文明建设的今天，树立语言资源意识，珍惜和保护语言资源，是构建良好的语言生态的重要组成部分，也是生态文明建设的重要支撑点。

---

① 李宇明. 中国语言规划续论 [M]. 北京 : 商务印书馆，2010：8.

人是影响自然生态环境和语言生态系统的决定因素。恩格斯在《自然辩证法》一书中对这一点曾做过深刻的论述。他在谈到人和其他动物的不同时说："动物仅仅利用外部自然界，而人则通过他所做出的改变来使自然界为自己的目的服务，来支配自然界。这便是人同其他动物的最后的本质的区别，而造成这一区别的还是劳动。"① 在这一段话的后面，恩格斯紧接着说了一段富有现代生态学意义的话，也是生态学家们常常引用的一段话，他说："……我们不要过分陶醉于我们对自然界的胜利。对于每一次这样的胜利，自然界都报复了我们。每一次胜利，在第一步都确实取得了我们预期的结果，但是第二步和第三步却有了完全不同的、出乎预料的影响，常常把第一个结果又取消了。美索不达米亚、希腊、小亚细亚以及其他各地的居民，为了想得到耕地，把森林都砍完了，但是他们梦想不到，这些地方今天竟因此成为荒芜不毛之地，因为他们使这些地方失去了森林，也失去了积聚和贮存水分的中心。阿尔卑斯山的意大利人，在山南坡砍光了在北坡被十分细心地保护的松林，他们没有预料到，这样一来，他们把他们区域里的高山畜牧业的基础给摧毁了；他们更没有预料到，他们这样做，竟使山泉在一年中的大部分时间枯竭了，而在雨季又使更加凶猛的洪水倾泻到平原上。在欧洲传播栽种马铃薯的人，并不知道他们也把瘰疬症和多粉的块根一起传播过来了。因此我们必须时时记住：我们统治自然界，决不像征服者统治异民族一样，决不像站在自然界以外的人一样，——相反地，我们连同我们的肉、血和头脑都是属于自然界，存在于自然界的；我们对自然界的整个统治，是在于我们比其他一切动物强，能够认识和正确运用自然规律。"② 恩格斯的这一段话充分地说明人类对自然资源的开发和利用一定要有"生态意识"，一定要"适度"，一定要与自然和谐相处，否则将会付出沉重的代价。

语言是一种资源。语言资源是人类社会最需要保护、传承、开发和利用的资源，这一资源与一般自然资源有着本质的区别。语言从产生的那一天开始，就成为维系人类社会生存与发展的纽带。人类社会中的每一个成

---

① 恩格斯.自然辩证法 [M].北京：人民出版社，1971：158.159.

② 恩格斯.自然辩证法 [M].北京：人民出版社，1971：158.159.

员，都拥有独自享用的宝贵资源——语言，它伴随每一个成员的一生，并随着人类的繁衍而一代一代传承，生生不息。语言资源可以说是人类社会不可须臾离开的无价之宝，就像阳光、空气和水一样。正如钱冠连先生所说："人活在语言中，人不得不活在语言中，人活在程式化的语言行为中。"① 美国著名人类语言学家爱德华·萨丕尔（Edward Sapir）更是对语言赞颂有加，他说："语言是人类精神所创化的最有意义、最伟大的事业——一个完成的形式，能表达一切可以交流的经验。这个形式可以受到个人无穷的改变，而不丧失它清晰的轮廓；并且，它也像一切艺术一样，不断地使自身改造。语言是我们所知最硕大、最广博的艺术，是世世代代无意识地创造出来的、无名氏的作品，像山岳一样伟大。"②

近年来，我国学者开始重视研究语言资源，在《中国语言生活报告》（绿皮书）等著作中都有研究语言资源的内容，2008年，在北京语言大学召开了中国语言资源问题学术研讨会，出版了《中国语言资源论丛（一）》③，国家语委还在多所高校设立了语言资源监测中心。这些成果的推出和措施的制定，对保护、传承、开发和利用我国语言资源，构建良好的语言生态环境无疑具有极大的推进作用。

陈章太先生认为："语言资源主要由语言本体和语言社会应用两部分构成。语言本体包括语音系统、词汇系统、语法系统和语义系统，是语言资源的物质基础；语言应用包括语言在社会各领域的应用，是语言资源价值和可利用性的具体体现。"陈先生将语言资源的价值分为隐性和显性两类。"隐性价值是语言本体的价值，具体包括语言地位、规范程度、语言历史、承载的文化、信息、记录的文献、资料等；显性价值是语言应用价值的具体体现，具体包括语言社会交际作用、使用人口、使用领域、应用效益等。语言资源的隐性价值要通过显性价值加以体现，而所有语言资源价值的显现一般是逐渐、缓慢的，只有在语言功能、语言地位、语言作用

① 钱冠连．语言：人类最后的家园 [M]．北京：商务印书馆，2005：35.

② 爱德华·萨丕尔．语言论 [M]．北京：商务印书馆，1986：197.

③ 张普，王铁琨．中国语言资源论丛 [M]．北京：商务印书馆，2009：8-9.

发生大的变化之后，某些语言的资源价值才会有较快的显现。"① 从生态文明建设的角度看，我们除了关注语言资源的本体部分之外，更重要的是要关注语言资源的社会应用部分，因为这一部分与生态文明建设的联系更加紧密。

二、语言资源的基本特征

语言资源具有一定的特征。

1. 语言资源具有可利用性。语言资源的可利用性，根据语言价值的不同而有所不同。世界上的语言由于语言地位、语言功能、语言活力等方面的不同，其语言价值往往会存在着一定的差异。地位高、功能强、活力大的语言，自然是人们首选的可利用对象，如英语、汉语等语言，而地位低、功能弱、活力小的语言则被作为利用对象的可能性就要小一些，如一些濒危语言等。在讨论语言资源的可利用性时，有几点值得注意：第一，语言资源是一种耐用性资源，对其利用越充分，其显示出的功能价值也就越突出，反之，如果对语言资源缺乏利用，其功能价值也就缺乏足够的显现或发挥。语言资源与自然资源等具有明显的不同，自然资源开发利用得越多，其所剩资源便会越少，如果对自然资源进行穷尽性开发利用，而不注意科学地开发再生性资源，那么，终归有一天，自然资源就会枯竭，人类也就无法靠自然资源来维系自身的生存和发展了。语言资源是在人类的运用（利用）中发挥作用的，对语言资源的开发利用不仅不会影响语言资源的丰富性和多样性，相反还能够进一步优化语言资源的合理配置，使语言资源更能够在人类社会生活中显现出无比的价值和潜能。第二，语言资源是一种共享性资源，开发利用语言资源是为全人类服务。尽管在世界语言系统中不同的语言跟不同的国家、社会、民族、区域、集团等紧密相连，跟不同的使用者紧密相连，但是，作为人类最重要的交际工具的语言，作为人类精神家园的语言，对于所有的使用者而言，都是一视同仁

---

① 张普，王铁琨. 中国语言资源论丛 [M]. 北京：商务印书馆，2009：8-9.

的，语言是人类共享的无价之宝。人类对语言资源的开发利用，不应当将其视为个人的或某个政治集团特有的"财产"。因此，人类对语言资源的开发利用，应该是在一个共同的目标的促使下而形成的富有共享性特征的行为，而不是为了个人或某个政治集团的利益而私下从事的利己主义的行为。第三，语言资源是一种再生性资源，这是由语言的特性以及语言与社会的密切关系所决定的。语言只有在运用（利用）中才能获得创新、发展的机会。语言系统中的语音、词汇、语法等都是通过语言使用者在社会环境中不断运用、不断创新而获得巨大的表现力和生命力的。无论是从语言的共时角度还是从语言的历时角度看，语言总是在发展变化的，总是在规范与变异的对立统一中向前迈进的，在语言实践中，语言运用者一方面遵守规范，另一方面又突破规范，语音、词汇、语法等都会因此而不断更新、不断发展，这种更新和发展正体现出语言是一种再生性资源。如果语言不被运用（利用），其语音、词汇、语法等获得创新、发展的机会就很少，甚至为零，处于"死"的状态。语言与社会的密切关系表明，一种语言的生命力在很大程度上是由它所依存的社会所决定的，社会可以决定语言的生死存亡。由于社会的需要，一种语言即使不再使用了，"消亡"了，也会"死而复活"，焕发出勃勃的生机，如犹太人使用的现代希伯来语就是这种情形。一种已经"死亡"了的语言由于社会的需要而被人们重新使用，这正好说明语言作为一种资源的再生性特点。

2.语言资源具有不可替代性。语言资源的不可替代性表现为语言作为人类最重要的交际工具的唯一性。从系统发生学的角度看，语言资源伴随人类的产生而产生，人类在漫长的历史发展进程中，不断地在开发它、传承它、保护它、利用它，语言资源在人类社会中的功用，正如阳光、空气和水一样，不可或缺。从个体发生学的角度看，语言资源是一个人作为"语言人"或"社会人"的标志。人在生长、发育过程中，语言能力的形成和语言运用的纯熟是最重要的。当"人"真正具有语言能力并能得心应手地进行语言运用时，"人"与语言资源的关系就更为密切、更为和谐了，或者说，"人"和语言资源已经融为一体了——语言资源已成为"人"的一部分了。语言资源的不可替代性还表现为它跟不同的民族等具有内在的联系。一般来说，一种语言是一个民族的象征，不同的民族具有不同的语言，这是语言的自然生态所形成的，一个民族所使用的自己的民族语言，在一般情况下，是不可随意被其他民族的语言所替代的。一个民族要"放弃"自己的民族语言而使用其他民族的语言或在使用自己民族的语言的同时使用其他民族的语言，往往是社会条件的影响造成的，而不是语言的自然生态使然。因为一个民族是不会轻易遗弃自己的语言资源的。语言资源的不可替代性还表现为语言资源是一种无限量的资源，人类社会对语言资源的开发、传承、保护和利用工作做得越好，语言资源的价值就越大。应该说，语言资源的功能价值是无限的，它对人类社会的贡献也是无限的。

3.语言资源具有普世性。语言资源是一种公共资源，它对于全人类而言，是一种共享型资源。世界上的人，无论人种如何、肤色如何、国度如何、政见如何，至少都会使用（享用）一种语言，有的还会使用（享用）一种以上的语言。自从人类产生以来，语言作为一种资源，在维系人类社会、传承人类文明的成果、推动人类社会的文明发展、构建人类社会的和谐等方面发挥了无与伦比的功能，人类从对语言资源的享用中尝到了甘甜，而且必将进一步尝到更多的甘甜。没有语言资源，就没有人类社会，就没有人类的文明，就没有世界的进步与和谐。语言资源的普世性，表明语言资源就像阳光、空气和水一样，它为人类共享，为人类造福，是值得我们珍惜、保护的宝贵资源。语言资源的普世性特征，要求我们对待世界上的任何一种语言都应该一视同仁地珍惜和保护，尤其是对那些弱势语言甚至是濒危语言等，我们都应该持有积极的态度，采取必要的措施，尽可能地按照客观规律予以扶持和挽救，以免人类的语言资源轻易消逝。

4.语言资源具有多样性。世界上的语言无论是从数量上看，还是从类型上看，无论是从地域上看，还是从功能上看，都体现出多样性的特征。语言资源的多样性是人类社会生存和发展的一个重要条件，我们必须重视、保护它。联合国教科文组织主办的《信使》杂志1983年"语言宝库"专号的社论中指出："语言的多样性并不是造成四分五裂的原因，也不妨碍各种文化之间有效地进行交流，它通过各种各样的具体情况，在国与国之间、大陆与大陆之间，成为各国人民和各种文化进行对话的先决条

件。……进一步减少丰富语言的多样性（部分业已受到压制），将是一条
危险的方针。"① 在当今社会，维护语言资源的多样性已成为一个世界性的
问题。

三、语言资源和语言生态

语言资源是语言生态的构成基础。众所周知，语言资源和自然资源既
有相同之处，也有不同之点。语言资源和自然资源的相同之处是指它们都
是人类社会不可或缺的资源，都是人类赖以生存和发展的"必需品"；语
言资源和自然资源的不同之点是：语言资源的价值需要人类去有效地开发
和利用，且开发得越多、利用得越好，语言资源的价值越高，不开发、不
利用的语言资源是闲置的语言资源，其价值无法彰显，而自然资源的开发
和利用必须遵循自然生态规律，以一定的方式，"适度"地进行。一般来
说，语言生态的构成依赖于一定的语言资源，就像自然生态依赖于一定的
自然资源一样。如果没有多种多样的语言资源，也就没有良好的语言生
态。因此，构建良好的语言生态，要以对语言资源的有效的利用和保护为
前提。例如语言多样性问题。语言多样性是语言资源丰富性的表现，也是
维系良好的语言生态的客观基础，可以说，没有语言的多样性，良好的语
言生态也就无从谈起。这一点跟自然生态一样，没有生物的多样性，也就
没有良好的自然生态。当今社会，由于种种原因，语言濒危现象越来越突
出，语言的数量正在不断减少，语言单一化趋势在所难免，语言资源问题
已是摆在人们面前的一个重要问题，不少有识之士呼吁要保护、抢救濒危
语言，珍惜语言资源。斯旺说："濒危语言理应受到保护，就像濒危动物
一样。语言学家之于语言，一如生态学家之于自然。但在这一点上，这个
比喻也有不妥之处：如果人们不干涉，物种可以存活下去，但语言恰恰会
因人们放弃它而消亡。换言之，语言要想真正存活下去，必须说服数百甚
至数千人继续使用它并传授给后人。"②

---

① 联合国教科文组织 . 信使 [J].1983 年语言专号：22-23.

② 斯旺 . 世界上的语言——全球语言系统 [M]. 广州：花城出版社，2008：218.

　　我国是一个语言资源比较丰富的国家。我国境内共有129种语言，除全国通用的普通话（现代汉语）之外，不同民族还有自己的民族语言（少数已转用汉语），这129种语言分属汉藏语系、印欧语系、南岛语系、南亚语系、阿尔泰语系等，它们具有不同的功能定位、使用区域、语言类型和语言特征，可以说这样的语言资源是丰富多彩的，且呈现出语言多样性的特点，应该说，现阶段，我国的语言生态是比较好的，但有一点是值得注意的，即我国境内的语言多样性受到威胁，亦即我国境内语言的数量有减少的趋势，语言濒危现象比较突出。我国著名语言学家王均先生在给《中国的语言》一书所写的序中说："书中有些语言，使用者已经不多了，例如赫哲语、满语、普标语、义都语、苏龙语、仙岛语等，使用人数已不足百人。如今使用人口在千人以下的（上述6种以外）有15种语言。这些都当属'濒危语言'。应该怎样对待这种语言呢？我们知道，语言中蕴涵着各个族群丰富多彩的认知成果和经验结晶；每一种语言的消失都是人类文明成果宝库中的损失。根据语言活力来自交际功能的原理，很多语言难免要消失。有的成为文献语言（如满语）。今年3月联合国教科文组织在巴黎总部举行的'关于濒危语言问题的专家会议'上，联合国教科文组织总干事的开幕辞里说：'保护世界语言多样性一直在联合国教科文组织众多工作中占有重要的地位。'"① 应该说，保护语言资源，抢救濒危语言，维持世界语言的多样性已成为人们的共识。

　　语言生态决定语言资源的存在方式。首先，语言生态的基本走向决定语言资源的价值。一般来说，良好的语言生态会使语言资源的价值更加凸显，而恶劣的语言生态则会使语言资源的价值减弱或丧失。良好的语言生态要求语言与语言、语言与方言之间的关系是和谐的，它们各自发挥应有的功能。如果做不到这一点，语言与语言之间矛盾激烈，语言与方言之间关系不佳，那么它们之间无论哪一方都会受到伤害，其功能或价值的实现都会受到影响。我国政府十分重视这一点，《中华人民共和国通用语言文字法》等法律、法规的颁布及实施，对于构建良好的语言生态起了很大的

---

① 孙宏开，黄行，胡增益. 中国的语言 [M]. 北京：商务印书馆，2007：3.

促进作用，汉语与少数民族语言之间、少数民族语言与少数民族语言之间、汉语与方言之间的关系十分和谐，基本做到了语言的多样性与统一性相结合，无论是汉语，还是少数民族语言，无论是民族共同语，还是方言，都发挥了各自应有的功能，语言资源的价值彰显无遗。有的国家一味强调使用某种强势语言，排斥甚至扼杀其他民族语言，语言生态环境恶劣，那些被排斥甚至被扼杀的民族语言的价值无法实现。其次，语言生态决定语言资源价值的格局。语言资源的价值格局，取决于语言资源价值的高低，包括语言功能、语言活力、国力状况和社会需求等。陈章太先生认为，评价语言资源价值，可以参考语言活力评价指标体系，即"（1）语言在社会中的地位与声望情况；（2）语言规范程度及表现力；（3）语言使用人口及其年龄结构与社会分布；（4）语言使用范围与应用领域；（5）语言记录文献和承载信息情况等"[1]。根据这个指标体系，他将我国的语言资源分为五类："语言活力超强的超强势语言资源；语言活力强盛的强势语言资源；语言活力减弱的弱势语言资源；语言活力缺乏、处于濒危状态的超弱势语言资源；语言活力没有、已经消亡但仍有一定价值的语言资源。超强势语言资源和强势语言资源，一般都达到评价指标体系中各项或多项指标的较高标准，如国家、民族、地区的共同语，通用语言，官方语言和法定语言等。然而有的超弱势语言，甚至是消亡了的语言，因为具有评价指标体系中某些指标的高标准，如记录文献和承载文化信息较多，这样的语言也具有一定的资源价值，如我国历史上的契丹语、女真语和当代的满语，外国的梵语、巴利语、哥特语等。"[2] 从语言资源的分类我们可以看出，语言活力是重要的评价标准，而语言活力是由语言生态所赋予的，一种语言，只有当它处于良好的语言生态之中时，才能获得或者焕发出语言活力。世界上的语言存在着语言活力上的差别，不是因为语言有优劣之分，而是因为它们在语言生态系统中所处的位置的不同，这种不同正是决定语言资源价值的不同的根本之所在。再次，语言生态决定人们对语言资源的基本态度。从语言生态学上讲，语言生态发生变化，必然引起语言资源发

---

① 张普，王铁琨 . 中国语言资源论丛 [M]. 北京：商务印书馆，2009：8-9.

② 张普，王铁琨 . 中国语言资源论丛 [M]. 北京：商务印书馆，2009：8-9.

生变化，良好的语言生态是语言资源得到充分的保护、传承、开发、利用的基本保证，也是人们对语言资源持有正确认识的前提。例如，现阶段，我国的语言生态应该是处于良好状态下的语言生态，全民共同语（普通话）、各民族的民族语言、各种语言的方言等都"各处其所，各尽其能"，相互关系和谐，彼此分工明确，人们对不同的语言甚至方言的语言资源价值认识清楚，因而能够真正执行《语言文字法》及相关法规，保证我国的语言生活健康、和谐。如果语言生态恶劣，形成语言上的以强凌弱，施行语言霸权，人们对语言资源的态度当然就会受到影响。

珍惜语言资源是人类义不容辞的责任。联合国主办的《信使》杂志1983年"语言宝库"专号上发表的符拉基米尔·米哈依洛维奇·桑吉的一篇文章中说："现代世界无权忽视任何一种语言，不论这种语言可能属于谁，也不论它达到何种发展水平。忽视和失去一种没有文字的语言，对于整个人类文化来说都是一个损失。"① 从生态文明建设的角度看，珍惜语言资源是构建良好的语言生态环境的需要，而良好的语言生态环境是生态文明建设的重要支撑点，这种密不可分的关系决定了我们必须高度重视生态文明建设中的语言资源问题。

---

① 联合国教科文组织. 信使 [J].1983年语言专号：22–23.

第七章　生态文明建设中的语言生态对策

构建良好的语言生态环境是生态文明建设的重要组成部分。当今社会，语言生态中存在着诸多问题，如语言不平等、语言濒危、语言污染、语言权利受到伤害、语码混用、语言竞争引发社会矛盾、片面地对待普通话和方言、语言规范意识淡薄等①。我们认为，在构建良好的语言生态环境的过程中，应该采取切实可行的语言生态对策，具体地说，就是要做到维护语言多样性，坚持语言平等性，强调语言统一性，主张语言开放性，贯彻语言规范性，捍卫语言法律性。

一、维护语言多样性

语言多样性是语言生态系统得以可持续发展的最重要的条件，要构建良好的语言生态环境，必须从维护语言多样性做起。目前，世界上的语言正在大幅度减少，而且减少的速度越来越快，语言多样性已经受到严峻的挑战。根据不完全统计，世界上的语言有6000多种，但使用这些语言的人数的分布极不均等，肯尼思·卡兹纳（Kenneth Katzner）在《世界的语言》(*The Languages of the World*)一书的序言中说："在世界几千种语言中，占世界总人口百分之九十五以上的人讲的语言，还不到一百种。单单讲汉

---

① 冯广艺. 生态文明建设中的语言生态问题 [J]. 贵阳：贵州社会科学：2008（4）.

语一种语言的人，就占了百分之二十；如果我们加上英语、西班牙语、俄语和印地语，数字就上升到了百分之四十五。德语、日语、阿拉伯语、孟加拉语、葡萄牙语、法语和意大利语把这个比例提高到百分之六十，再加上其他几十种最重要的语言，这个数字更增到百分之七十五。当我们得知最后的百分之五的人讲几千种不同的语言的时候，事情就很清楚了：这些语言中的绝大部分只有很少数人使用——某些情况下只有几千人，在另外的情况下只有几百人；许多情况下只有一个村庄，有些仅限一些家庭，有的甚至只有一两个人。由于说某种语言的人的数目不断减少，不可避免地必须做出一个命运攸关的决定：不断出生的一代又一代必须放弃其母语，而采用对他们更有用的、通行更广泛的邻近语言。由于这样一个决定，使用较少的语言在严格意义上说是注定要消亡的，等使用该语言的最后一个人一死，这种语言也就最终消亡了。目前，这一进程比一般想象的要快，因为迄今为止，在采用小语种的地区内普及大语种的宣传工具的出现，大大加速了这一进程。美国大多数印第安语的寿命可能不会很长了。撒哈拉沙漠以南的非洲的重要语言是英语、法语、斯瓦希里语和别的大语种，好几百种使用较少的语言可能逐渐趋于消亡。"[①]

首先，维护语言多样性要做好语言的清理和调查工作。在世界范围内对遍布于世界每一个角落的每一种语言的基本情况，如语言的基本系统、语言的系属、使用人口、交际领域和范围、功能地位、与其他语言的关系、目前的语言活力状况等，针对不同语言的不同情况，制定相应的政策和措施。例如我国2007年出版的《中国的语言》一书就是这方面的著作，该书是在对我国境内的129种语言进行深入调查和研究后形成的成果，对于我国境内不同语言的不同情况的描写和说明是非常到位的，尤其是对那些使用人口极少，目前处于濒危状态的语言的描写和说明已经向人们敲响了警钟。如果世界上的每一个国家或地区都齐心协力地做这项工作，弄清世界语言的真正格局应该是没有问题的。

其次，维护语言的多样性要了解语言生态环境的特殊性。从语言的发

---

① 肯尼思·卡兹纳.世界的语言·序言 [M].北京：北京出版社，1980.

展和人类社会发展进步的历程看，当人类社会还处于不很发达的时期，人类的往来没有像今天这样频繁，语言的接触也没有像今天这么多种多样，语言的生态环境以及语言的多样性应该是具有较好的"原生态"性质的。"在当时，生态环境、万籁之声以及人类的语音变化应当是极为多样的。每个生物群落即相互依存的生物群体内部，社会组织的雏形以及辗转相生的语言本身的形成过程同样殊异多样。"①有一种现象发人深思：随着人类社会越来越发达，世界人口越来越多，语言接触越来越频繁，语言多样性受到的威胁也越来越大。这似乎和自然生态环境有相似之处，随着人类开发自然、利用自然、改造自然的能力越来越强，自然界生物的多样性也越来越受到挑战。因此，处于现代化、信息化社会的人们，应该深入研究社会环境的变化给语言多样性造成的影响，充分认识语言生态环境的特殊性，因为"保存语言多样性的战略与各种语言面临的情况一样复杂；其迅速而有效地付诸实施，广而言之，取决于既多样而又统一的人类的发展"②。

再次，珍惜语言资源，做好弱势语言和濒危语言的保护工作是维护语言多样性的手段之一。现阶段，世界上的语言的人口分布是最值得关注的问题，也就是上文提到的：在世界上百分之九十五以上的人讲不到一百种语言，而讲其他几千种语言的人不足世界人口的百分之五。这种情形表明世界上的绝大部分语言是使用人口少、社会活力不强的语言，如不做及时、合理的调整，势必造成在不远的将来，因为使用人数越来越少，社会功能越来越弱，很多语言将会由濒危走向消亡。当然，保护使用人口少的语言（包括濒危语言等）并不是让使用人口多的语言中的一部分人立即实行语言转用，而是要尽量巩固并逐步扩大使用人口少的语言的社会功能，做好这些语言的语言规划，尤其是地位规划，让这些语言在国际社会和国家语言系统中具有一定的地位。同时，要有计划地做好这些语言的保护和抢救工作，包括这些语言所承载的文化等，动员一大批语言学家到这些语言使用地去做语言田野调查和语言教学工作，制定政策鼓励更多的人学习和使用这些语言。

---

① 海然热.语言人——论语言学对人文科学的贡献[M].北京：生活·读书·新知三联书店,1999(9).
② 联合国教科文组织主办.信使[J].1983年语言专号：9.

二、坚持语言平等性

坚持语言平等性是构建良好语言生态的重要内容之一。戴维·克里斯特尔说："一个近乎明显的事实就是所有语言都是为了表达语言使用者的要求而发展起来的，因而从某种意义上说所有语言都是平等的，但是现代语言学上这一信条常常遭到否认，因此仍有必要为之进行辩护。问题部分上在于使用'平等'这个词须十分谨慎。语言结构有繁有简，的确可能存在着重大差别，对此我们确实需要调查研究。但是，考虑到任何语言内部都不存在任何限制、败坏和妨碍自身的因素，所有语言都能满足其使用者的社会和心理的要求，都同样值得对之进行科学的研究，同样为人类自然和社会的研究提供有价值的信息资料，所以我们可以理直气壮地宣称所有语言都是平等的。"[①]

坚持语言平等性，要坚决反对"语言优劣论"。世界上现有的语言，只要是为人们所运用的并在社会交际中发挥着交际功能的，一律都是平等的，决没有高低、贵贱、优劣、好坏之分。过去我们常常听到有些人说某某语言是世界上最优美、最动听、最能够表达思想感情的语言等，出于一种语言感情，尤其是对自己母语的赞美，是完全可以理解的。但从语言学理论上严格地说，这种说法是片面的、不正确的，因为这样说，蕴涵着跟别的语言相比较的意味，如果说某某语言如此，别的语言是不是就不优美、不动听、不能够表达思想呢？或者说别的语言是不是就差一些呢？显然这里在褒奖某某语言时，实际上贬低了别的语言。我们认为，不管哪一种语言都是人类共享的宝贵资源，都是跟使用这种语言的人（无论是什么肤色、什么人种、什么民族、什么国家的人）紧密地联系在一起的，我们不应该像种族歧视那样怀有语言歧视（linguicism）的错误想法，而应该坚决地予以杜绝。

坚持语言平等性，要正确地对待所谓"强势语言"和"弱势语言"。在当今世界范围内，语言的发展趋势确实存在着所谓"强势语言"和"弱

---

① 戴维·克里斯特尔. 剑桥语言百科全书 [M]. 北京：中国社会科学出版社，1995：8.

势语言"之分，这种现象的出现，跟社会、政治、经济、文化乃至综合国力等有密切的关系。如公认的"强势语言"英语，就跟美英等国（尤其是美国）在上述各方面的实际情况有关。对待"强势语言"，我们不能妥协，我们要反对语言靖绥主义，同时应该采取很好的语言对策，正确行使语言权利。对待"弱势语言"，我们不能歧视，我们要反对语言霸权主义，尊重其语言权利。

坚持语言平等性，要坚决反对由于种族歧视而带来的语言歧视。语言歧视既会引起社会矛盾，也会促使语言生态环境恶化。美国语言学家鲍林杰（Dwight Bolinger）曾以美国为例说明这一点，他说："在美国，由于种族歧视，少数民族语言的日子一直不大好过。印第安语和操这种语言的人同时受到了压制。……在美国的50个州中有21个州制定了法律，法律在背面起着指挥作用，以确保这种压倒的优势。有7个州规定教师如果用两种语言授课，要受到法律制裁。有的教师甚至比法律更胜一筹。'在得克萨斯州南部的一所学校里，如果孩子们彼此用西班牙语谈话被抓住了，就得在操场中求饶。有的教师责令使用禁用语言的学生在全班面前下跪。'"① 在这种情况下，哪里还有语言平等可言？

坚持语言平等性，要正确认识不同语言的功能差异。世界上的语言，由于使用人数的不同、分布地域和使用范围不同，在国际事务中充当的角色的不同，必然存在着语言功能上的差异，我们应该清醒地认识到这种差异。这种差异并不是语言的不平等，所以我们要把语言的功能差异和语言的不平等区分开来。如使用人口的多少，这是由一个国家或地区的人口分布所决定的。再如语言在国际事务中所充当的角色（如联合国的工作语言等），也是由于社会的需要所决定的。语言功能差异是客观存在的反映，而语言不平等则是主观态度的产物，这是有区别的。

---

① 　德怀特·鲍林杰. 语言要略 [M]. 北京：外语教学与研究出版社，1993：845–847.

三、强调语言统一性

语言的统一性有几层含义：一是在一个国家或地区，应该明确规定通用语言的权利、地位，维护它的权威性，不允许在语言使用上出现混乱现象。比如在官方语言的选用上，在政府行政、司法、教育、外交等语言的选用上都应该是高度一致的。二是强调语言统一性并不是反对语言的多样性，而是真正做到统一性和多样性相结合。语言的统一性并不是压制或排斥除规定使用的通用语言之外的语言，而是要更加有效地协调通用语言和非通用语言的关系，使人们的语言生活更加健康和谐。三是在一种语言内部要处理好口语和书面语的关系，真正做到口语和书面语的统一。

关于第三层含义，我们在这里要多说几句。从语言生态学的角度看，语言的两种表现形态——书面语和口语是否统一，它们的关系如何，对一种语言的发展变化，甚至对语言生态的走向等都会有直接的影响。书面语和口语统一、一致，这种语言的发展变化会呈正常、健康的状态，其语言生态环境也呈正常状态。反之，一种语言的书面语和口语不统一、不一致，甚至自相矛盾，其发展变化和生态环境就不正常、不健康。以拉丁语为例，拉丁语被学者们誉为"欧洲诸语之母"，曾是流行于古罗马时期的语言，在它鼎盛时期，可谓风光得很，"它起初只是台伯河畔山丘上一个简朴的小村庄所使用的语言（或者应该说是方言），后来却发展为一个世界帝国的官方语言和行政用语，并且成为这个帝国大多数居民所使用的口语"。[①] 但它却于公元500年至600年离奇般地消失于人们的口语交际中，在书面语交际时，它也被其他语言（如由它派生出来的印欧语中的一些语言）所替代。严格地说，拉丁语现在是一种"死亡的语言"，它只以某种"遗迹"存留于医学术语、生物学术语和有些语言的词汇系统之中。德国学者施社里希在《世界语言简史》中语言外部和内部两个方面分析了拉丁语"没落"和"死亡"的原因，关于语言外部的原因，他说："当'蛮族'尤其是日耳曼部族跨过帝国边界入侵之时，这个世界帝国就已经开始瓦解

---

① 汉斯·约阿西姆·施社里希. 世界语言简史 [M]. 济南：山东书画出版社，2009：75.

了，这最终导致拉丁语作为一种'活'语言的结束。所谓'活'语言，指的是那些被居住在相对封闭范围内的众多人群在日常生活中使用的语言。科学研究认为，拉丁语成为'死'语言的时间大约是公元500年或600年。"① 关于语言内部的原因，他认为拉丁语的"没落"和"死亡"是因为口语和书面语"统一性的丧失"，他指出："大约从6世纪起，拉丁语作为文学、科学和宗教语言大大偏离了口语，或者更确切地说，是与口语完全背离——不断变化的通俗拉丁语与书面拉丁语相差越来越大。"② 我们认为，从语言内部看，拉丁语由盛到衰，再到死亡的主要原因是书面语和口语的两极分化，从不一致、不统一到完全脱节、分离。一种有文字的语言，如果书面语和口语两极分化，完全脱节、分离，就会造成这种语言的生态环境发生异变，不利于这种语言健康、持续地发展，从而直接影响语言的生命力。拉丁语的变化历程充分地说明了这一点。

四、主张语言开放性

语言开放性是指语言是一个开放的生态网络，语言开放性就是在语言生态环境中，强调语言的兼容和并存，促使语言与语言之间形成互相容纳、取长补短、共生共长的格局，使每一种语言都成为人类可以永远共享的宝贵资源，反对在语言问题上的闭关自守。语言开放性意味着我们不仅要把语言看作是国家的、民族的、地域的、种群的，更应该把它看作是全人类的，是全人类共享的宝贵资源。我们所使用的母语，既可以为我们服务，也可以为其他国家、民族、地域、种群的人们所使用，为他们服务。同样，我们也可以使用其他国家、地域、民族、种群的语言为自己服务。这是一种正常的和谐的语言生态环境，应该是全人类的共同需要的语言生态环境，应该形成全人类的共识。

语言开放性还意味着不同语言应该是在一个开放的生态环境中，互相学习、互吸营养、共同发展、共同进步的。无论是哪一种语言都应该善于

---

① 汉斯·约阿西姆·施社里希.世界语言简史 [M].济南：山东书画出版社，2009：81.

② 汉斯·约阿西姆·施社里希.世界语言简史 [M].济南：山东书画出版社，2009：82.

接纳其他语言中的营养成分，以充实和完善自己。萨丕尔说："语言，像文化一样，很少是自给自足的。"[①]英语发展史充分证明了这一点。英语具有很强的开放性，"当出现了一种新的事物、设备或时尚，只要其他语言中已经提供了合适的词汇，那么英语就可以心甘情愿并且轻而易举地把它吸收进来"[②]。如果一种语言不愿意从其他语言中吸取养分，一味封闭自己，必然使自己与其他语言缺少联系，从而妨碍自身的发展。

　　语言开放性要求人们正确地对待语言传播和语言借用的关系。语言传播是语言向外的、输出性的，语言借用则是向内的输入性的。例如汉语在发展过程中，当其处于开放状态时，汉语的传播和借用都很活跃。改革开放以来，汉语的国际传播日益扩大，"孔子学院"在世界各地开办，使汉语在国际上的传播越来越广，汉语"热"起来了，就像一首流行歌曲里所唱的："全世界都在学孔夫子的话。"语言借用表现得最突出的是一种语言大量借用另一种语言中的语言成分，其中词语的借用和句子的直接借用最为突出。如汉语中流行直接用英语词语甚至句子，形成双语表达式的"语码混用"，如流行语中的"你 out 了"之类。以上两种情况都是由语言开放性给汉语的生态环境带来的变化。我们一方面要做好汉语的传播工作，另一方面也不可忽视语言借用给汉语带来的冲击，语言借用是好事，但要遵循适度原则，同时根据这种情形制定相应的语言借用的规范标准。

五、贯彻语言规范性

　　语言规范是构建良好的语言生态环境的必备条件。

　　首先，语言规范是形成良好的语言生态环境的前提。语言规范要求世界上所有的语言都是健康的、积极向上的、没有语言"疾病"的。当今，人类进入了生态文明建设的新时代，要求语言与语言之间的交流应该是纯洁的、健康的、和谐的，而要达到这样的目的，不同的语言都应该在自身的建设上做好工作，语言规范工作是最起码的。一种语言，如果自身

---

①　汉斯·约阿西姆·施社里希 . 世界语言简史 [M]. 济南：山东书画出版社，2009：193.

②　爱德华·萨丕尔 . 语言论——言语研究导论 [M]. 北京：商务印书馆，1985：173.

没有一个统一的规范标准，如语音上没有统一的标准音，词汇上没有全民认同的基本词汇，语法上没有一致的基本规则，文字上也没有统一的标准形体，在与其他的语言进行交流时，此处此标准，彼处彼标准，此人此标准，彼人彼标准，或者说，根本就没有什么标准可言，语言自身处在一种混乱、失范的状态之中，那就无法取得交流的效果，无法达到交流的目的。从语言生态的角度看，这种情况势必影响世界语言的生态环境，造成语言与语言之间在交流上的不正常、不和谐。

其次，不论是哪一种语言，只要它处在世界语言生态系统之中，在语言生态系统中占有一定的"生态位"，它就必须进行语言规范工作，不然，它会丧失自己已有的"生态位"。一般来说，凡是规范工作做得好的语言，都会有健康和谐的语言生活，都会使语言自身生机勃勃，充满活力。凡是规范工作做得不好，或者说根本不做规范工作的语言，其自身的生存和发展都会危机四伏。一种语言的规范，要求它在语音、词汇、语法、文字、语用上要有明确的、合理的、统一的规范标准，这些标准在社会上得到了广泛的认同，使用这种语言的人全都自觉地、愉悦地遵守和执行这些标准。做到了这一点，这种语言自身的生态环境应该说是很好的同时，它在世界语言生态系统中所处的"生态位"也会很好。在这方面，现代汉语的情况是较好的。现代汉语从20世纪50年代以来，进行了大量的规范工作，形成了以北京语音为标准音、以北方话为基础方言、以典范的现代白话文著作为语法规范的"规范标准"，同时在文字上做了汉字标准话工作，包括简化汉字、整理异形（异体）字、统一汉字读音等方面的工作，使现代汉语朝着更加和谐、规范的方向发展，形成了自身内部具有较好的语言生态环境。

再次，遵守和执行语言规范是人们不容推卸的责任，也是人们在维护良好的语言生态环境中应尽的义务。一种语言的语言规范，是靠使用这种语言的人去贯彻执行的，可以说，人是语言规范的实施者、维护者。人在良好的语言生态的构建所处的重要位置决定了人必须认真思考语言规范的具体内涵，掌握语言规范与言语变异的基本规律，注意遵守语言规范和个人运用语言的创造性的辩证关系，从而达到既做到遵守和执行语言规范，又使语言运用保持鲜活的富有创新特色的目的。加拿大社会语言学家罗纳德·沃德华说："每个人的言语都有很大的变异，但是这种变异也有明确的界限：就语言来说，没有人可以随心所欲，自己想做什么就做什么，你不能随便按照自己喜欢的方式念单词，任意给名词、动词变形，或者按照自己的心情胡乱修改句子的词序。如果这样，就无法让人接受，甚至会被认为是胡言乱语。你所能做的变异是有界限的，而且这种界限可以被精确地描写。人们能够认识这些不同的界限（或者规范），并且这种认识不但非常准确而且几乎完全是无意识的。很难解释具体的说话人是怎样掌握这些语言行为规范知识的，因为这些规范似乎比适用于社会行为、服饰及餐桌礼仪方面的规范更微妙。我们的任务就是尽量仔细描述特定群体的语言行为规范，然后再用这些规范说明个体的行为。"①

语言规范是良好的语言生态环境能够可持续发展的首要前提。

良好的语言生态环境的可持续发展，依赖于语言本身的基本状态，语言规范的程度如何，语言结构系统内部的情况如何，不同语言之间语言规范的协调与合作态度如何等。由于语言规范是一个长期的建设性的工程，随着社会的发展和语言生活的变化，它必然具有一定的动态性和调整性，而这种动态性和调整性，也正好与良好的语言生态环境的可持续发展密切相关，也就是说，这种动态性和调整性是以使语言生态环境更好为前提的。现代汉语普通话的定义实际上是20世纪50年代以来现代汉语普通话的基本规范标准（包括语音、词汇和语法三个方面），随着时间的推移和语言的发展，这些基本规范的具体内涵会有所改变，如"以典范的现代白话文著作为语法规范"，这里"典范的现代白话文著作"所指对象就不仅仅是20世纪50年代的所指对象，而应该加以充实，应该包含当代"典范的白话文著作"。语言规范既然是一个长期的建设性工程，那就不能走弯路、走回头路，更不能自乱阵脚，出现乱规范或滥规范的现象。过去我们在汉字规范上（如汉字简化等）曾有过教训，如"二简字"在一段时间就扰乱了语言文字运用的正常秩序，对良好的语言生态环境产生了不好影

---

① 罗纳德·沃德华. 社会语言学引论 [M]. 上海：复旦大学出版社，2009：6-7.

响，这是值得引以为戒的。

语言规范是对处于良好的语言生态环境中的语用主体的基本要求。

语用主体即在一定的语言生态环境中使用语言的人，语用主体（人）是语言规范的制定者、遵守者和实施者，对语用主体而言，遵守语言规范，倡导语言规范，杜绝不规范的语言行为是责无旁贷的。由于语用主体是千千万万个具体的不同的人，他们之间存在各种各样的差异，因而在贯彻执行语言规范的过程中就会有所不同，如对语言规范的理解的不同、语言规范水平的程度的不同、语言规范的实施力度的不同以及语言规范的策略的不同等。语用主体是语言的使用者，在语言使用过程中，往往会遇到如何处理好语言规范和语言创新的关系、如何处理好根据不同的语体来落实语言的规范等问题。对于这些问题，语用主体应该在遵守语言规范的前提下，认真分析语用规律，发挥语用主体的主观能动性，创造性使用语言。

六、捍卫语言法律性

语言法律是国家在语言方面制定的法律，语言法律性，就是要求每一个公民在语言运用中，必须遵守语言法律，做到依法待"语"（即依法正确对待和认识语言），依法用"语"（即依法正确运用语言），依法治"语"（即依法治理语言运用中违反国家语言法规的行为和各种不规范的行为）。

捍卫语言法律性，就是要维护语言法律的尊严。构建良好的语言生态环境，首先必须有良好的语言文字使用的环境，而良好的语言文字使用的环境，需要一定的法律来保护。如《中华人民共和国国家通用语言文字法》中关于"推广普通话，推行规范汉字"的规定，要求每一个公民在语言文字的使用上都必须这么做，否则，普通话（我国的全民共同语）的法定地位得不到巩固，现行汉字得不到统一规范，就会引起语言文字使用上的混乱。又如该法中规定"各民族都有使用和发展自己的语言文字的自由"，要求每一个公民都要正确地对待各民族的语言文字，不能限制或反对各民族使用和发展自己的语言文字。这些法律规定，在各族人民的语言生活中发挥了巨大的指导作用。《2009年中国人权事业的进展》中谈到这方面的情况时指出："少数民族学习、使用和发展本民族语言文字的权利得到保障。国家切实保障少数民族语言文字在行政司法、新闻出版、广播电视、文化教育等各领域的使用，在普通高等学校招生入学考试中允许使用少数民族语言文字答卷。国家在民族地区推行双语教学。目前，全国共有1万多所学校使用21个民族的29种文字开展双语教学，在校生达600多万人。"[①] 如果没有这些具体的切实可行的法律规定，不同民族在语言文字的使用上没有可依之法，势必引起不同民族在语言文字使用上的矛盾，甚至民族之间的矛盾，从而影响社会的稳定与和谐。

① 光明日报 .2010–09–27（6–7）.

第八章　语言生态与语言规划

　　在当今社会里，语言规划越来越受到人们的重视，一个国家、民族或地区的语言生活能否健康、和谐地持续下去，跟语言规划密切相关。语言规划有跟国家语言政策相配套的一般意义上的规划，也有从构建良好的语言生态环境出发而制定的语言生态规划，二者既有一致性，也有不同点。本文先简述语言的一般规划，再探讨语言的生态规划，最后提出语言生态规划的几个原则。

一、语言的一般规划

　　语言的一般规划是相对语言的生态规划而言的，语言的一般规划即一般意义上的语言规划（language planning）。劳允栋《英汉语言学词典》中说："由政府或其代理机构主持的、有关各种涉及语言的事项或问题的组织安排工作。如确定官方语言（或国语）、语言规范化及其推广、文字改革及拼写法改良、语言调查和语言复兴、规定新词语之纳入全民词汇，等等。例如中国的推广普通话、汉语规范化和文字改革；印度尼西亚之确立马来语为其国语，并命名为巴哈沙印度尼西亚语；等等。现代希伯来语就是一个古语言复兴的例子。"在做语言规划时，学者们讨论得最多的是语言的地位规划。语言地位是由语言的"生态位"所决定的，一种语言的"生态位"是与这种语言在语言生态系统中所起的作用或功能联系在一起的。因此，对某种语言进行规划，必须考虑它的"生态位"，不能随意做出不恰当的规划。罗纳德·沃德华说："语言规划是有意干涉语言或语言变体的行为：它是对语言自然变化、扩散和退化的人为干涉。这种行为关注的可能是某种语言相对于其他语言或变体的地位，或以改变其内部状况为目的关注其语言状况，或者两者都关注，因为两者并不排斥。第一种关注引起地位规划（status planning），第二种则引起语料库规划（corpus planning）。"（罗纳德·沃德华.社会语言学引论.上海：复旦大学出版社，2009年版，第422页。）罗纳德·沃德华认为语言的地位规划会"改变一种语言或语言变体的功能及其使用者的权利"，通过规划使一种语言地位的提高或者降低甚至完全没有地位，这种情形在理论上是存在的，因此，一个国家的政府和行政主管部门在这个问题上应该是慎之又慎的，若有失误，就会使语言生态系统失去平衡，不同语言的"生态位"发生错位，从而因语言问题而引发社会问题。

语言规划最主要的是语言地位规划和语言本体规划。我国的语言规划是在遵从《宪法》的前提下进行的，也就是说，我国的语言规划是"依法行政"的，正因为我国《宪法》明文规定"国家推广全国通用的普通话"，所以我国在语言规划中，语言的地位规划就十分明确，且得到全国的语言使用者的赞同。除了确保国家通用语言在国内的权威地位之外，语言地位规划还应考虑国家通用语言在国际上的地位问题，如国家通用语言是否为国际上使用的语言（如是否联合国的工作语言、是否国际事务中规定使用的语言等）。因此，语言的地位规划不仅是一个国家内部的事情，还与国家在国际上的影响力以及语言在国际上的交际功能有关。

语言本体规划是对语言自身的一种规划。陈章太先生认为："语言本体规划，是指语言规划时对语言文字本身所进行的规划化、标准化工作，目的在于改善和增强语言文字的社会功能，便利人们使用。"其主要内容包括"全民共同语与民族标准语的推广和规范""文字规范标准的制定与推行""科学技术术语的标准化""新词语的整理与规范"等（陈章太.语言规划研究.北京：商务印书馆，2005年版，第12—15页。）。我们认为，还应该包括对语言在结构要素的各个方面的具体要求（语音、词汇、语法等），对语言的发展、功能等方面的目的要求等。

二、语言的生态规划

从语言生态的角度给语言进行规划即语言的生态规划。语言的生态规划的具体内容包括：语言的总体生态规划；现实社会中各种语言的生态地位；不同语言的不同生态发展目标；语言关系的生态处置；语言生态对策的制定与调控；语言生态资源的开发与保护；人的语言生态观念的培训与养成等。

1. 语言的总体生态规划

如果是从世界范围内的所有语言的生态格局考虑，语言的总体生态规划应该立足于充分掌握世界上语言的基本情况，做好世界范围内的语言调查，弄清世界上不同语言的不同境况，尤其注意关注语言活力弱、使用人口少、交际功能差，处于濒危状态的语言，从维护语言多样性的角度做好对这些语言的调查、研究、拯救、保护等工作。世界范围内的语言可能因为种种原因会有不同的发展走向，这更需要从总体上做好规划工作，以保证不同语言在发展过程中有一个良好的语言生态环境。对一个国家或地区而言，语言的总的生态规划应该是这个国家或地区生态文明建设的总体规划的重要组成部分。一个国家或地区的语言的总体规划既包括语言的地位规划，也包括语言的本体规划，而更多地体现为对国家或地区内不同语言所占据的语言"生态位"的合理配置。这种合理配置就是：不同语言"各尽所能，各得其所"，在和谐相处、共生共荣的生态环境中为全民服务。

2. 现实社会中各种语言的生态地位

这个问题其实是语言的总体生态规划的具体化，它是在语言的总体生态规划的指导下，对现实社会中的各种不同语言逐一进行具体的生态规划。由于现实社会中各种语言存在着千差万别，因此这项规划涉及的问题多，困难也很多。例如我国现有129种语言（包括几种混合语），除了全民共同语——现代汉语之外，不同少数民族语言的具体情形是不同的，它们的生态地位也是不同的。有的少数民族语言使用人口极少，且在语言接触中还会出现语言兼用和语言转用现象，对于这类语言，我们在进行语言生态规划时，一定要考虑其特殊性，一方面正视这个现实，另一方面，还必须从语言规划上制定相应的语言保持和语言保护措施，以使这类语言不至于走向濒危和消亡，这类语言所负载的民族文化等不至于永远消逝。

3. 不同语言的生态发展目标规划

语言的生态发展目标跟一个国家或地区所制定的语言政策中有关语言的发展目标既有联系，也有区别。一个国家或地区的语言发展目标是根据其社会、政治、经济、文化等的需要而制定的，它更多的是从国家的现实利益和长远发展来考虑的，至于语言生态方面的内容在其中占有多大的比重还不是十分清楚的，有的国家或地区在制定自己的语言发展目标时，完全不考虑语言生态方面的问题，甚至把自己语言的发展建立在破坏语言之间的和谐关系、损害其他民族的语言和利益的基础之上（如对语言濒危和语言消亡熟视无睹、对一些弱势语言不加以扶持甚至歧视等），这与我们所说的语言的生态发展目标规划是完全不同的。二战期间，日本希望把日语规划成为东亚多个国家和地区的通用语言，以与其实施"大东亚共荣圈"的侵略扩张政策相配套，不仅伤害了东亚多个国家和地区的人民及其语言，也严重地破坏了东亚的语言生态环境，这是值得注意的。在制定不同语言的生态发展目标规划时，首要问题是要做到一切从构建良好的语言生态环境出发，从维护语言之间的和谐关系出发，从不同语言能够共生共长的愿望出发。不同语言的生态发展目标规划是一个系统工程，它涉及语言生态发展的总目标，如世界语言生态发展的总目标、一个国家或地区的语言生态发展的总目标、一种语言的生态发展目标以及不同语言在不同的历史时期的生态发展目标等。因而要做好不同语言的生态发展目标规划，是一项复杂的长期的工作，它比语言的一般发展目标规划的制定要困难得多。

4. 语言生态规划中语言关系的生态处置问题

语言关系是语言生态中应注意的最基本的问题之一，恰如在自然生态中特别重视各种生物之间的关系一样。在世界范围内，语言生态中的语言关系有直接的，也有间接的；有和谐的，也有太不和谐的；有相互一致的，也有相互对立的；有结为语言联盟的，也有在复杂的语言关系中保持独立的……总之，语言关系错综复杂，这是在制定语言生态规划时应该着重考虑的。如果把语言生态中已经存在的和将会发生的语言关系问题都做好解决的预案并正确处置，就可以避免发生因不同语言关系没有处理好而引发语言生态问题。戴庆厦先生指出："世界上任何一个民族都不是孤立存在的，而总是与别的民族存在不同程度、不同形式的接触和联系，并在相互影响中不断发展变化。而作为民族主要特征之一的语言，由于它是人们日常生活中交流思想的工具，并与该民族的社会、文化、心理等特征有着密切的联系，因而伴随着民族关系的存在，语言之间也会出现种种相互影响、相互制约的关系。不与别的民族语言发生任何关系，或不受他族语言影响的'纯语言'，是不可能存在的。这就是说，一种语言的发展变化，除该语言本身的因素在起作用外，还存在外族语言影响的力量。特别是在一个多民族的国家里，不同民族的语言都不可避免地打上了语言的烙印，其影响力量最甚者能使一种语言发生巨大变化，或改变其语言类型，或使其主要特点发生变化。所以，研究语言的发展变化，除了从一种语言的内部进行研究外，还要研究与别的语言的关系。如果不考虑语言的相互关系，就会对语言发展中出现的一些现象理不清线索。"（戴庆厦.汉语与少数民族语言关系概论.北京：中央民族学院出版社，1992年版，第1—2页。）在进行语言生态规划时注意处理好语言关系并做好语言关系的生态处置工作是尤为重要的。

5.语言生态对策的制定与调控

一个国家或地区的语言生态对策，是根据语言生态的具体情形而制定的，如关于维护语言多样性这一策略，是针对在一个国家或地区内语言多样性受到威胁，不少语言面临濒危甚至消亡的境况适时而定的。从语言的生态规划角度看，这正是维护和构建良好的语言生态的需要，也是语言生态规划不同于一般语言规划的特点。对于语言濒危现象严重、语言消亡威胁较大的国家或地区而言，语言生态对策中强化维护语言多样性意识是十分必要的，而对于语言濒危现象不太严重、语言消亡的威胁也不大的国家或地区，这项对策则可以做一些调整。如关于捍卫语言的法律性这一生态对策，对于语言立法做得不好的国家或地区，必须加强宣传和推行，而对于语言立法做得较好的国家或地区，则可以把语言的生态对策的重点放在其他方面。语言生态对策的制定和调控是语言生态规划的重要组成部分，它服从语言生态规划的需要，因语言生态规划的变化而可以相应地进行整体上的和局部上的改变。

6. 语言生态资源的开发与保护

刘树华先生在《人类环境生态学》中谈到生态规划时，提出了生态规划的"趋适开拓原则"，这是一条针对自然资源而采用的原则，它的基本内涵是："以环境容量、自然资源承载能力和生态适宜度为依据，积极创造新的生态工程，改善区域环境生态质量，寻求最佳的区域生态位，不断地开拓和占领空余生态位，以充分发挥生态系统的潜力，强化人为调控未来生态趋势的能力，促进生态优化发展。"（刘树华．人类环境生态学．北京：北京大学出版社，2009年版，第188页。）语言资源的开发和保护，应根据不同语言的不同情况，做出适宜的规划。开发语言资源，就是要从语言生态的角度，充分发挥不同语言的不同功能，占据各自的生态位，要使不同的语言在各自的生态位上淋漓尽致地发挥其功能，而不应该削弱和抹杀不同语言的功能。保护语言资源，当前最令人担忧的是濒危语言越来越多，语言资源的消逝现象极为严重，联合国教科文组织注意到了这个问题，制定了一些保护措施。但世界上不同的国家或地区真正从语言生态规划的角度提出相应的政策和措施，还远远不够，如果不从语言生态规划上对濒危语言等做出具体的拯救和保护措施并付诸行动，这项工作是做不好的。

7. 人的语言生态观念的培训和养成

春雨在《跨入生态文明新时代》一文中谈及关于生态文明建设的思想观念问题时指出："思想是行动先导，'观念决定成败'。尽管我国的生态文明建设有了可喜的进展，但是仍然停留在传统工业时代。'重经济轻环境、重速度轻效益、重局部轻整体、重当前轻长远、重利益轻民生'等非理性的发展观、政绩观、价值观，在一些地方和单位仍然占主导地位，还在不惜以牺牲生态、环境为代价，追求 GDP 的高速增长。显然，若不破除种种陈旧的传统思想观念，代之以可持续发展的理念和思路，并见诸行动，那么，生态文明建设就很难迈出大的步伐。"（《光明日报》2008年7月17日第7版）人们的语言生态观念也有类似的问题，也需要有语言的可持续发展的理念和思路。从语言的生态规划上看，当前尤其要做好培养人的良好的语言生态观念的基础工作。例如，网络语言的出现，使现实生活中的语言生态环境发生了巨大的变化，一方面，网络语言给人们的交际带来了方便，也给语言带来了鲜活的气息，另一方面，网络语言中也夹杂着很多不健康的东西，有关部门也不断呼吁广大网民"文明上网"，但效果并不理想，究其原因，还是网民的语言生态意识不够，如果我们的网络语言中充斥着不健康的东西（色情的、肮脏的、胡乱违反规范的……），那么，拥有语言交际最大群体的网络语言就会给社会带来极大的负面影响，就会使当代科技条件下的语言生态环境遭到严重的污染。因而树立良好的语言生态观念、培养良好的语言生态素质是非常重要的。

8. 世界范围内语言规划的一致性

这是针对世界上不同的国家、民族和地区而言的，所谓语言规划的一致性，就是要使世界上所有的国家、民族和地区所制定的语言生态规划具有共同的目标、共同的战略趋向，在一些关键问题上应该达成共识。如维护语言多样性问题、保护和抢救濒危语言问题、避免强势语言与弱势语言发生矛盾问题、给一些没有文字的语言创制文字问题以及尊重不同国家、民族和地区人民的语言权利和语言忠诚问题等。当然，世界范围内语言规划的一致性并不是强求所有的国家、民族和地区语言规划完全一致，而是在上述关键问题上应该"求大同，存小异"，以使世界范围内的语言规划形成一股合力，为构建世界范围内的良好的语言生态环境打下基础。

三、语言生态规划的几个原则

做好语言生态规划，必须坚持以下几个原则。

1. 语言多样性原则

从保护语言多样性出发，通过保护语言多样性达到保护人类语言所负载的丰富多彩的文化资源的目的，是语言生态规划的一条重要原则。当今世界，语言多样性的保护，已引起全世界的关注，不少国家或地区都将这个问题当作一个重要的社会问题，摆上了议事日程，联合国教科文组织号召世界各国的专家、学者，发挥各自的专业优势，积极投身于濒危语言的抢救工作中。对语言多样性的保护，必须有一个切实可行的生态规划，充分了解不同语言的生态位和生态发展趋势，在维护语言的生态平衡中使每一种语言都获得生存和发展的广阔空间，语言多样性得以长期稳定地保留和延续，人类丰富多彩的文化资源得以继续为人类服务，并焕发出灿烂的光芒。

2. 语言和谐相处原则

就不同语言之间的关系而言，语言生态规划的一个重要方面就是要通过规划，力争使世界上的语言都能够和谐相处，关系融洽。只有不同的语言之间关系和谐了，不同的国家或地区的人民之间关系才能和谐，而不同的国家或地区人民之间的关系和谐了，整个人类社会也就和谐了。语言和谐相处原则关系不同国家、民族之间语言关系的和谐、关系多民族内国家全民共同语和民族语之间关系的和谐、关系不同民族之间语言关系的和谐、关系民族语和方言之间关系的和谐以及方言与方言之间关系的和谐等。因此，语言和谐相处原则，既是语言生态规划的一条重要原则，也是人类生态文明建设中的一条重要原则。

3. 语言动态平衡原则

语言是在不断发展变化的。不同的语言在动态发展过程中，会因社会中各种因素的影响不同而出现不同的情况，也会因为语言内在机制发生作用而产生不同的现象，不同的语言在发展变化中会出现不同的走向，不同的语言之间的关系也有可能会发生微妙的改变。总之，某一历史时期不同语言之间的平衡会被打破，因此，除了语言内在的平衡机制发挥作用之外，从语言的生态规划上我们要充分地考虑这个问题。语言生态规划上的动态平衡原则就是维持和改善不同语言的生态位，强调不同语言是在一个宏观的系统中各自按照自身的发展轨迹运行并相互协调配合的，它们之间的关系一旦失去平衡，就应该及时地进行调整或修复，这是语言生态规划的目的之所在。

4.语言整体优化原则

这是语言生态规划中的一条理想原则。通过语言生态规划，达到人类语言的整体优化，是人类的共同目标。语言的整体优化，主要表现为人类语言使用环境的优化、人类不同语言之间关系的优化、不同语言自身语言功能和结构系统的优化以及人类的语言知识水平的优化等。要做到这几个优化，需要全人类、全社会共同努力。从这个角度看，语言生态规划是一个世界性的大规划，语言整体规划所面对的是世界范围内的大问题。只有人类的语言实现了整体优化，才能在语言方面给人类的生态文明建设打下坚实的基础。

第九章　语言生态与语言嫉妒

语言生态学十分关注人们的语言态度，语言态度对语言运用具有直接的内在的影响，它也会引起语言生态的变化。我们认为语言嫉妒（language jealousy）是语言态度的一种表现，它存在于世界语言系统的各个方面，既有国家与国家之间的，也有民族与民族之间的，既有群体与群体之间的，也有个人与个人之间的等，因而语言嫉妒是一种比较普遍的现象，这种现象是影响构建良好的语言生态环境的重要因素。荷兰学者斯旺提出要"关注语言集团之间的语言嫉妒"[①]，这是富有见地的。

一、世界语言系统中的语言嫉妒

世界上的语言是一个庞大的系统，在这个系统中，不同的语言处在不同的功能位上，发挥着自己应有的作用。我们认为，世界语言系统中的不同语言，应该是一律平等的。然而现实社会中要真正做到语言一律平等是很难的。在这种情况下，世界语言系统中不免会产生语言嫉妒。世界语言系统中的语言嫉妒主要表现为：

1. 国际地位低的语言对国际地位高的语言的嫉妒

世界上的语言本无高低贵贱、优劣好坏之分，但由于不同国家在国际

---

① 艾布拉姆·德·斯旺.世界上的语言——全球语言系统 [M].广州：广东出版集团、花城出版社，2008：4.

上的政治、经济、文化等的影响不同，语言的功能及其发挥的作用不同，这些国家的官方语言在国际上的地位也就不同，也就形成了语言的国际地位的高低不同。一般说来，国际地位低的语言对国际地位高的语言的嫉妒是语言心理上的一种抵触和反抗心理。现阶段，英语在国际上的地位非常高，在国际生活中起的作用越来越大，根据周有光先生的研究，英语在联合国六种工作语言中，原始文件使用的百分比为：英语80%，法语15%，西班牙语4%，俄语、阿拉伯语和华语（汉语）三者合计1%。在网络语言使用方面，英语更是网络霸主，超过了90%，法语为4.93%，西班牙语仅为4.6%，其他语言加在一起不到1%。[①] 英语的"强势"，对其他语言的冲击是很大的，尤其是那些国际地位低的弱势语言更是对英语存有嫉妒和抵触情绪。对英语的语言嫉妒，可能使语言生态发生变化，如引起英语和其他语言之间的矛盾，引起某种语言内部的矛盾，或者使某种语言发生语言转用，导致其语言活力急剧下降，走向衰弱乃至濒危。

　　2. 本土语言对殖民语言的嫉妒

　　殖民语言（language of colonization）是指"与某一本族语共存或将其取代，作为官方语言、商业语言或文化传播语言，强加给被征服民族或附属国（或由后者采用）的，政治上、经济上或文化上优越的国家的语言"[②]。殖民语言和本土语言的关系是一种不平等的关系，殖民语言是强势语言，而本土语言是弱势语言，它对本土语言是压制的、欺凌的。

　　荷兰学者斯旺在《世界上的语言》一书中从星系模式（世界语言系统）的角度谈到这一点，他说：

　　　　地区语言集团之间相互嫉妒，谁都不会支持以对方的语言为官方语言。同时，从星系模式来看，双语精英不会因殖民语言在其他地区传播而获益，还会担心失去该中心语言和地区语言之间的中介垄断地位。他们希望前殖民语言继续作为中心语言、官方语言，却不希望它成为本地区的大众教育用语；也希望边缘语言

---

① 周有光. 百岁稿：从"华语热"谈起 [J]. 语文建设通讯，总第83期。

② 劳允栋. 英汉语言学词典 [M]. 北京：商务印书馆，2005：322.

原地不动，仍为本地区的本土语，他们也不会支持采用一种本土的族际通用语，那也会危及他们的垄断地位。他们在掌握了中心语言（前殖民语言）后，便拥有了这种地位。

语言集团之间相互嫉妒，双语精英贪恋垄断地位，既解释了殖民语言为什么能在许多新独立的国家存留下来，也说明了它为什么会在民众中传播得如此缓慢。[①]

本土语言对殖民语言的嫉妒，说穿了是由于殖民者的侵入和统治造成的，往往是殖民统治者和被统治者的政治矛盾和民族矛盾在语言上的反映。

3. 民间（土著）语言对官方语言的嫉妒

在一个国家内部，如果在官方语言的选择存在一些问题，比如没有充分考虑官方语言的权威性和代表性，在语言制度或语言政策上有语言不平等的思想、对有些民间（土著）语言不太重视等，会引起语言嫉妒的发生。美洲印第安人所使用的土著语言和当地的官方语言之间存在着这种情况，如在美国，在18、19世纪以及20世纪初，由于对待印第安人和印第安语不平等，使其几近绝灭，当然会产生这种语言嫉妒。

在南非，英语和阿非斯利堪语并用。阿非斯利堪语是"由布尔人的荷兰语演化而成"的。因种种原因，布尔语在种族隔离时期并不受欢迎，其中有来自本土语言的嫉妒。斯旺说："布尔人全力发展阿非斯利堪语，并不仅仅是为了自己，还要让别人也接受它。在种族隔离时期，南非政府就大力推广阿非斯利堪语，并要求非洲人以它为教学用语。结果，该政策没有成功，还激起了黑人中学生的集体反抗。反抗运动在1976年的游行示威活动中达到了高潮。在一次大型集会上，警方在约翰内斯堡附近的索韦托开枪，造成150名学生死亡。即便以前有黑人支持用阿非斯利堪语开展教学，此后也纷纷倒戈。"[②]

---

① 艾布拉姆·德·斯旺. 世界上的语言——全球语言系统 [M]. 广州：广东出版集团、花城出版社，2008：81-82.

② 艾布拉姆·德·斯旺. 世界上的语言——全球语言系统 [M]. 广州：广东出版集团、花城出版社，2008：156.

4. 民族语言对民族共同语的嫉妒

这种情况常常发生在一个由多民族组成的统一的国家里。在这样的国家里，民族语言与民族语言之间存在着语言竞争，哪一种民族语言会被选为民族共同语，是要通过公平的语言竞争而形成的。语言竞争的条件不外乎语言的交际功能、语言的社会活力、语言的使用人口以及语言的文化价值等方面，当一种民族语言通过公平的语言竞争，取得了民族共同语的地位之后，它就具有了法律上的保护，其他的民族语言亦应与民族共同语互相配合，形成和谐的语言关系。当然在个别的、局部的地方，可能会存在民族语言对民族共同语的嫉妒，这在语言生态上是一种常见现象。因此，应该密切关注这种现象，制定合理的切实可行的民族语言政策，正确处理民族语言和民族共同语的关系，防止这类语言嫉妒的发生。

二、语言人的语言嫉妒

语言人是现实社会中具备语言能力、运用语言交流思想的人，语言人与他所处的国家、民族或地区的根本利益紧密相连，语言人的语言态度往往影响着国家、民族或地区的语言规划、语言政策的制定。因此，必须重视语言人在语言态度，包括语言嫉妒等方面的表现。从语言人方面看，语言嫉妒表现为：

1. 操弱势语言的人对操强势语言的人的语言嫉妒

这跟上面提到的情况是一致的，一般来说，弱势语言的国际地位低，且多为民间（土著）语言，操这种语言的人肯定对操强势语言的人持有嫉妒心理，尤其是当强势语言对弱势语言形成居高临下的欺压之势时，这种嫉妒心理表现得更加突出。例如日本人强占台湾时，日语是所谓强势语言，日本人硬逼台湾人（在当时，台湾人讲的汉语和本地土语是弱势语言）使用日语，自然令台湾人产生嫉妒心理和反抗心理。

2. 单语单言人对双语双言人或多语多言人的语言嫉妒

按照斯旺的观点，双语双言人和多语多言人是社会的"精英"，能够获得这种能力的人，自然具有优越的生活条件、良好的文化教育、上佳的语言天赋和较高的社会地位，而单语单言人在以上各个方面都无法与他们相比，在不平等的社会环境中更容易形成这种不平等的语言能力上的差异，因而在社会语言生活中产生语言嫉妒在所难免。

3. 语用能力差的人对语用能力强的人的语言嫉妒

语用能力是语言素质的综合表现，而语言素质是需要长期的培养和锻炼的，我们平时说某某人"能说会道""妙笔生花"，是对人的一种夸奖，这当然是肯定人家的语用能力强，当语用能力差的人说出类似的话时，也可能暗含着对这类人的一种嫉妒之情。语用能力上的差异本是一种正常的语言生态表现，因为在现实社会中，由于文化、教育等方面的不同，人们的语用能力不可能是整齐划一的，因而正确的态度应该是语用能力强的人不必取笑语用能力差的人，而语用能力差的人也没有必要嫉妒语用能力强的人。

4. 方言难改者对会说标准语（共同语）的人的语言嫉妒

唐代诗人贺知章有一首脍炙人口的诗："少小离家老大回，乡音无改鬓毛衰。儿童相见不相识，笑问客从何处来。"诗中的主人公是一个"乡音（方言）难改者"，从"少小"到"老大"，几十年了，鬓发衰谢，乡音不改，这是唐代的事情。其实在处于信息社会的今天也有"方言难改者"，细分析之，可能有两类情况：一类是坚持说自己的方言，不愿改变者，如毛泽东就是一个"少小离家""乡音不改"的人，另一类是想改又改不好或改不了者，这可能跟"乡音"太根深蒂固，一般人很难摆脱它有关。后一类对会说标准语的人恐怕就有嫉妒的情绪。

三、语言嫉妒产生的原因

语言是一种社会现象，世界语言系统中的任何语言都是在特定的语言生态环境中生存和发展的，人们的语言态度也都跟特定的语言生态环境有关。考察上述各种情况，我们认为，语言嫉妒产生大致是由如下原因造成的：

1. 语言地位和语言人的地位问题

语言是平等的，语言没有优劣之分，但语言有功能地位上的差异，这种差异是产生语言嫉妒的一个原因。同样，人没有贵贱之分，但由于复杂的社会原因，造成人的社会地位的差别，人的嫉妒也随之形成。

社会学家把人的社会身份分为两大类，一类是先赋的，另一类是自致的，这样人的社会地位就有两种，一种是先赋地位（ascribed status），另一种是自致地位（achieved status）。先赋地位"是由社会'分派'给个人的，它并不把个人独特的天分或特征考虑进去。一般来说，这种地位的分派在出生时就已决定；因此，个人的种族背景、性别以及年龄，都可以被视为先赋地位。……与先赋地位不同，自致地位是经过个人的努力而获得的社会位置。银行总裁、监狱守卫、律师、钢琴家、广告经理、社工人员等，这些都是自致地位。你必须付出努力才能获得自致地位"①。在社会学家看来，人的发展大体是有这两种地位决定的。这两种地位也同样影响着人们的语言以及语言心理。一般地说，处于自致地位的人对处于先赋地位的人存有某种语言嫉妒心理。

2. 语言矛盾和社会矛盾、民族矛盾问题

语言矛盾和社会矛盾有一定的联系，一方面，在有些国家和地区，语言矛盾常常引发社会矛盾或民族矛盾，尤其在双语或多语环境里，操不同语言的人群之间发生矛盾，会带来一连串的社会问题和社会矛盾、民族矛盾。如加拿大的蒙特利尔市，由法语和英语之间的矛盾引起不同种群甚至不同民族之间的矛盾等。另一方面，社会矛盾、民族矛盾也会造成语言矛盾，如日本在二战时期与东南亚国家和地区的社会矛盾、民族矛盾也体现在语言上，日本在其所占领的国家和地区强硬推行日语，造成日语和东南亚国家和地区所使用的语言之间的矛盾。这当然会影响人们的语言心理。

3. 语言政策的制定是否合理、得当问题

语言政策的制定如果不合理、不得当，也容易引起语言嫉妒的发生。在制定语言政策时，应该尊重不同语言的社会地位和社会功能、充分考虑不同语言之间的关系，注意不同语言的使用者的语言态度和语言感情，适应不同的国家、民族和地区的具体情形。语言政策的合理、得当是良好的

---

① 理查德·谢弗. 社会学与生活 [M]. 北京：世界图书出版公司，2008：127.

语言生态的基本条件，上面所谈到的各种不同类型的语言嫉妒，在很大程度上都跟语言政策的制定有关。

4. 语言心理问题

在现实社会中，人们学习和使用语言都具有一定的心理基础，不同的民族、种族由于政治、文化、风俗、习惯等方面的不同，相应地会有不同的语言心理，不同的个人也因为阶层、性别、年龄、职业以及受教育程度、社会角色等不同而具有不同的语言心理。不同的语言心理在人们的语言学习和语言运用的方方面面都打上了一定的烙印。语言嫉妒作为一种语言心理也极易产生。

四、语言嫉妒的消解

语言嫉妒是语言态度的一种表现，如前所述，它跟语言地位以及语言人的地位不平等、民族矛盾以及语言矛盾、语言政策的制定等有关。因此，要消解语言嫉妒，以下几点是值得注意的。

1. 提倡语言平等，反对语言歧视

世界上的语言都是平等的，没有高低、贵贱之分，也没有好坏、优劣之分。语言的不平等是人为的，尤其是当今社会里，强势语言往往在社会生活的各个方面形成对弱势语言的冲击甚至排斥，这样便会产生语言关系上的紧张，也会形成语言嫉妒。因此，树立平等的观念，正确对待不同的语言就显得格外重要。世界上的语言都平等了，无论是操什么语言的人也都是平等的，人与人之间、语言与语言之间的隔阂消除了，人们在语言上的一些不健康的心理（包括语言嫉妒心理）自然就会消解。

在世界上，语言歧视总是跟民族歧视、种族歧视连在一起的。澳大利亚在"白奥"同化政策时期（1900—1970年）的情形就是如此。"所谓'白奥政策'，实际上是一项种族歧视政策，只允许欧洲（主要是英国）白人的迁入，限制亚洲人和大洋洲人移入澳大利亚。表现在语言政策上，政府把不同国家的移民语言视为教育和社会问题，采取了同化政策。在学校教育中强行要求使用英语教学，公开场合限制使用移民语言，少数民族报纸要部分用英语出版，广播电台用外语播出的时间不得超过2.5%，所有非英语的语言信息都必须译为英语。"① 在国际语言生活中，在多民族统一的国家里，在不同民族、种族杂居和聚居地区以及在不同民族的人的一般交际活动中，常常会发生语言歧视。在国际语言生活中，有的强势语言会歧视弱势语言。例如英语，由于英语是强势语言，在国际事务中使用频度高，自然排斥了一些弱势语言。如在讲弱势语言的国家召开国际学术会议，不将该国的语言作为会议语言而用英语作为会议英语，甚至要求该国与会学者也必须使用英语等，这里面就从某种程度上隐含着语言歧视。在一个多民族统一的国家内部，如果不能正确处理国家通用语和民族语之间的关系、民族语与民族语之间的关系、共同语与方言的关系，很可能会出现语言歧视。在提倡语言平等时，我们应该坚决反对语言歧视。

2. 注重兼收并蓄，化解语际矛盾

所谓"兼收并蓄"指的是在语言问题上要有开放的意识和宽广的胸怀。开放的意识是指无论是哪一种语言都应该善于接纳其他语言中的营养成分，以充实和完善自己。萨丕尔说："语言，像文化一样，很少是自给自足的。"② 英语的发展跟其善于兼收并蓄有直接的关系，英语发展史充分证明了这一点。英语具有很强的开放性，"当出现了一种新的事物、设备或时尚，只要其他语言中已经提供了合适的词汇，那么英语就可以甘心情愿并且轻而易举地把它吸收近来"③。如果一种语言不愿意从其他语言中吸取养分，一味封闭自己，必然使自己与其他语言缺少联系，从而妨碍自身的发展。宽广的胸怀是指在语言问题上，对待社会地位高、功能强的语言，要有学习和靠拢的精神，对待双语、双言人和多语多言人和语用能力强的人，不能"疾贤妒能"，在社会语言生活中要有一个良好的心态。

引起语言与语言之间的矛盾的原因是很复杂的，它可能跟国家与国家、民族与民族、语言集团与语言集团之间的矛盾有关，也可能跟不同人群的不同语言态度（包括语言情感、语言忠诚等）有关，还可能跟不同国

---

① 社科院课题组等.国家、民族与语言——语言政策国别研究[M].北京：语文出版社，2003：226.

② 爱德华·萨丕尔.语言论——言语研究导论[M].北京：商务印书馆，1985：173.

③ 汉斯·约阿西姆·施杜里希.世界语言简史[M].济南：山东书画出版社，2009：193.

家的不同语言制度有关。因此，要化解语际矛盾，就必须从宏观上解决国家与国家、民族与民族、语言集团与语言集团之间的矛盾。这是一项重要的任务，涉及国家的政治、外交等方面，是国家政府应该考虑的问题。同时，有关人们的语言态度和国家的语言制度也需要政府及相关行政部门统筹解决。只有真正化解了语际矛盾，才能使人们使用语言时有一个良好的心态，从而不会产生不健康的语言心理。

3. 调整语言政策，完善语言规划

语言政策的制定和语言规划的实施都是动态的，不是一成不变的，尤其是当语言政策不适应社会形势的变化和语言规划的实施不符合社会的要求时，就应该考虑调整语言政策、完善语言规划的问题。语言嫉妒的发生，说明语言政策和语言规划存在着这样或那样的不足，需要进行调整和完善的工作。20世纪我国曾推行第二次简化汉字（即所谓"二简字"），在社会上引起争议，并造成语言文字使用上的混乱，在很多人的心理上产生了对"二简字"的不满和嫉妒，认为有些"二简字"既不符合汉字记录汉语的一般要求，也不符合汉字本身在形、音、义等方面的一般规律，是不科学、不严肃的，应该废弃。我国政府和相关部门充分吸纳社会各界的意见，废止了"二简字"，从语言政策和语言规划上采取了相应的调整和完善措施，得到了社会的认可。

4. 增强语言习得，适应语用环境

增强语言习得关键是加强学习和掌握外语，提高语言能力。对于处于开放社会环境中的每一个人而言，仅仅只会使用自己的母语是不够的，还应该学习和掌握外语，而且学习和掌握得越多越好。因为只有学习和掌握了更多的语言，才可以有与操别的语言的人平等对话的机会；只有学习和掌握了更多的语言，才可以通过语言了解其他国家、民族和地区的政治、经济、文化、教育、科学、技术等方面的具体情况及其先进经验，并加以借鉴，为己所用，从而提高自身的综合实力；只有学习和掌握了更多的语言，才可以在国际社会中有自己的话语权，无论是在什么场合、什么领域都能知己知彼，真正做到适应不同的语言运用的环境，达到与不同的语言平等对话的目的。

第十章 论语言生态与语言教育

具有语言能力的人是语言生态中最积极、最活跃、最能够发挥作用的因素，人的语言观念的优劣、语言素质的好坏、语言能力的强弱、语言水平的高低等都可能影响良好语言生态环境的构建。而上述几个方面都跟语言教育紧密相连，因此，要构建良好的语言生态环境，必须抓好人的语言教育工作。

一、语言生态与语言教育观念

语言教育观念是人们对语言教育基本认识的综合体现，它跟人们对语言及其功能的基本认识是联系在一起的。在现实社会里，由于"语言工具论"的影响，人们习惯上把语言当作一种获取知识的工具，当作一种与人进行交流的工具，这种思想观念无可厚非。从一个国家的发展和民族的兴盛的战略意义上讲，语言教育涉及国家的教育政策、语言政策，也与构建良好的语言生态环境紧密相连，它是提高国民综合素质，增强国家、民族"软实力"的重大举措。我们认为，针对国际社会中的语言竞争，搞好语言教育是非常重要的。

语言教育观念是语言教育的指导思想，要搞好语言教育，首先要有先进的语言教育观念。我国古代，人们常把对人的教育（包括语言教育）和"齐家治国平天下"等联系在一起，这是很有道理的，因为它有明确的目的性，而这种目的性既包括个人的方面（如齐家），也包括国家、民族的方面（如治国、平天下），因而多少年来它都被人们认可，成为教育子女的范本。现代社会里，由于人类科学技术的发展，同处"地球村"的人的语言接触和交流越来越频繁，增强语言能力，更好、更多地掌握语言，已是社会给人提出的迫切要求，人们希望更好地接受语言教育也成为一种潮流。在这种形势下，我们一方面要继承和发扬古人关于语言教育方面的先进理念，另一方面，还必须与时俱进，根据现实社会的特点，不断更新调整我们的语言教育观念。例如怎样对待母语教育和外语教育的问题、如何处理语言教育和其他教育的关系问题等。在我国，先进的语言教育观念体现在我们的语言教育的目的是明确的，和我国的教育方针是一致的。我们的语言教育是为了造福于国家，造福于人民，造福于子孙后代。

其次，要在全社会创设一个良好的语言教育环境。语言教育是一项长期的艰巨的系统的工程，需要有一个良好的社会环境，这是语言教育的自身规律所决定的。一个人从小到大，要经过很长的受教育阶段，在这个阶段，语言教育、语言学习所占的比重是很大的。语言教育和语言学习的环境好，语言教育和语言学习的效果就好，反之则不好。应该说，现阶段，我国的语言教育的环境是很好的。我国政府颁布的《语言文字法》等法律文书对语言教育等问题都有一系列的明确规定，政府不仅全面实施了九年义务教育，还对一些特殊群体的子女（如农民工等）的教育、弱势群体（如聋哑儿童）的教育制定了相应的措施，保证他们都有受教育（包括语言教育）的机会。对于少数民族地区，我国鼓励进行双语教育，使少数民族的孩子既能受母语的教育，也能学习汉语普通话。我国政府所制定的教育计划中，外语教育是必不可少的重要组成部分，这也为青少年能够很好地接受外语教育提供了保障。

再次，每一个公民都要树立正确的语言教育观念。语言教育是一项利及子孙、功在千秋的系统工程，在语言教育问题上，切不可鼠目寸光，只顾一时的得失。我们认为，在语言教育问题上，趋炎附势型的教育方式是不正确的。所谓趋炎附势型语言教育，就是在语言教育问题上"跟风"，今天看到这种语言很强势，就学习这种语言，明天看着那种语言很强势，就学习那种语言，没有一个全面的、综合的、长远的语言教育规划。颜之推《颜氏家训·教子篇》中就对趋炎附势型的语言教育方式表示不满。颜之推说：

> 齐朝有一士大夫，尝谓吾曰："我有一儿，年已十七，颇晓书疏，教其鲜卑语及弹琵琶，稍欲通解，以此伏事公卿，无不宠爱，亦要事也。"吾时俯而不答。异哉，此人之教子也！若由此业，自致卿相，亦不愿汝曹为之。[①]

学习鲜卑语，在北齐算是学习了当时权贵们所使用的语言，也可以算是当时的强势语言，齐朝的这位士大夫正是想通过这种途径"伏事公卿"，这就是语言教育上的趋炎附势型教育方式，颜之推当然瞧不起。

在语言教育和语言学习上，人们的观念或心理上还有实用动机和归附动机。美国学者华莱士·兰伯特曾经分析过人们学习第二语言的社会心理，跟语言教育的心理密切相关，他认为人们学习第二语言有两大心理动机，即实用动机和归附动机。"如果他的学习目的反映出他学习外语主要是因为它有实用价值，比方说可以在本行业中有更大的发展，那么这种动机就是实用动机。如果他的目的是要对那个社会的文化有更多的了解，就好像他想要成为该社会的一个未来的成员，这种动机就是归附动机。也有人认为，某些人急切地想学好另一种语言，以此作为进入另一个文化集团的途径，因为他们在自己的文化集团里经常感到不满，而另一些人对本集团文化的兴趣并不亚于对别的集团的文化的兴趣。不论是哪种情况，一个人对第二语言越是熟练，他就越会感到他在原来集团中的地位已经发生了变化；而另一个文化集团对他来说，已经变得不再仅仅是某种基准集团了。事实上，这另一个文化集团可能成为他具有成员资格的第二个集团。当他丧失与一个集团的联系时，视两种文化相容程度的高低，他可能会经历一种悔恨或懊恼，夹杂着进入新的文化集团时的恐惧与担心的感

---

① 颜之推.颜氏家训[M].长沙：岳麓书社，1999：2.

情。"① 大凡进行语言教育，尤其是第二语言教育，都或多或少地存在着这两种动机。

　　语言教育与语言规划是紧密相连的，它们都直接影响着语言生态环境。良好的语言生态环境要求在社会语言生活中，人们所受的语言教育首先从制度保障上应该是平等的，受什么样的语言教育也应该是符合国家语言规划和人们切身利益的，但绝不是盲目无序的。从一个人的语言教育情况看，个人语言能力的强弱和语言运用水平的高低，往往跟其所受的语言教育有关，如我国现行的教育制度给学龄阶段的儿童和青少年提供了充分的学习语言的条件，尤其是九年义务教育，不让一个小孩失学、辍学等相关措施的制定，基本保证了学龄阶段的儿童和青少年都有接受正常教育的机会，当然也包括接受正常语言教育的机会。在民族地区，我国还积极推行双语教育，也保证了民族地区学龄阶段的儿童和青少年都有学习汉语普通话和自己的民族语言的机会。我国澳门这样的特别行政区，实行的是"一国两制"，同时在语言上又是"三语流通"（汉语、葡萄牙语、英语），因而在语言教育上就应该采取相应的措施，保证这几种语言的关系的和谐，保证语言生态环境的健康有序。从一个国家、地区和民族的整体语言教育情况看，如前所述，语言教育是一个战略决策问题，必须具有战略眼光，具有规划性和前瞻性，同时考虑社会现实情况和人们的语言态度。当然，语言教育在某种程度上是受社会因素的影响的，包括政治、经济、文化、教育等因素的影响。我国的外语教育就受到了这些方面的影响，如20世纪50年代，苏联在政治、经济、文化、教育等方面对我国的影响巨大，俄语教育在那时生气勃勃，欣欣向荣。随着社会的发展、苏联的解体和英语越来越强势，俄语教育就不那么热了，学习俄语的人相对来说就大大减少了，代之而兴的是英语教育。这种现象恰好说明语言教育和语言生态环境的变化有其内在联系，因此在进行语言规划（包括语言教育规划）时也应考虑语言生态环境的变化。

---

① 华莱士·兰伯特. 双语现象的社会心理. 祝畹瑾. 社会语言学译文集 [M]. 北京：北京大学出版社，1985：287.

二、语言生态与语言素质教育

在《语言素质概论》一书中，我们指出："语言素质表现为个人借助语言文字媒介服务社会、谋求自身发展的适应程度以及熟练水平。具体地说，应为一个由语言文字知识、语言文字技能、语言文字能力、语言文字方法等四个基本方面构成的有机整体。其中，语言文字知识是指有关语音、词汇、语义、语法、文字、语用、修辞等的基本概念、基本观点、基本原理；语言文字技能是指学习、理解和运用语言文字的技能；语言文字能力主要体现为运用语言学理论，分析语言现象，提出、解决和发展与语言文字有关的问题的能力；语言文字方法着重指上升到哲学高度的语言学一般方法，如历史比较、结构分析、转换生成等对其他学科有过或正在发生重大影响的观念和方法。"[①] 语言素质教育是素质教育的重要组成部分。一个人的语言素质如何，与他所接受的语言教育是分不开的。根据我们对语言素质的基本内涵所做的分析，我们认为语言素质中以下几个方面是必不可少的：a. 了解国家语言政策和语言规划，掌握国家通用语言（如在我国就是要掌握普通话）；b. 具备一定程度的语文基础知识；c. 能有效地运用语言辅助手段；d. 熟谙语言交际策略；e. 有一定的语文综合能力（包括语言习得能力）。

首先，一个人要具备很好的语言素质，就必须对国家有关语言方面的法律、法规了如指掌，同时对国家的语言政策和语言规划比较清楚，熟练掌握国家通用语言。在我国，就是要全面、透彻地理解《中华人民共和国宪法》中有关语言方面的规定，能够自觉遵守、执行《中华人民共和国国家通用语言文字法》以及《民族区域自治法》中的语言条款，在语言生活中按照国家的语言政策办事，努力落实国家的语言规划。同时普通话水平高，达到国家关于普通话的等级水平要求。其次，要具备很好的语言素质，必须有扎实的语文基础知识，包括语言文字知识和文学知识等，尤其要牢固掌握汉语语音、词汇、语法、文字和修辞知识等方面的知识，并能

---

① 晓义 [冯广艺]. 语言素质概论 [M]. 武汉：湖北教育出版社，2000：2.

运用自如，不犯语言基础知识上的错误。再次，要具备很好的语言素质，还必须掌握运用语言的辅助手段，如在现代信息社会中，必须具有一定程度的语言文字信息处理的能力，有一定的网络交际能力，熟练运用电脑处理文件、文字材料的能力。第四，要具备很好的语言素质，必须精通交际语言学理论，了解语言交际的基本原理，懂得语言交际的一般策略并善于运用这些策略为交际服务。第五，要具备很好的语言素质，还应具有综合运用语言的能力，因为语言素质最终体现语言运用的能力上，语言素质高，语言运用的能力就强，反之，语言运用的能力就弱。可以想象，现实社会里，如果每一个人都具有很好的语言素质，那么，社会语用环境一定是很好的，人们在交际中所形成的语言关系也一定是很好的，人际关系也一定是和谐的，语言生态环境自然也是很好的。

除了上述五点之外，还应具备一定的外语能力。

三、语言生态与母语教育

从语言的个体发生学角度看，一个人最早接受的语言教育就是母语教育，这可以说是语言生态的自然表现。母语教育在以下几个方面具有语言生态特征：第一，一个人从他呱呱坠地开始，正常情况下，很自然地就开始了母语的学习（习得），他在母语环境中不断提高语言能力。第二，母语教育是一种传承，带有一个民族或一个种族，甚至一个家族的世袭性和凝聚力，因此，母语教育包含着浓厚的语言情感和语言忠诚。第三，母语教育是保证语言继续生存和发展的基本方式，无论是什么样的语言，在语言生态系统中，如果没有这种方式，这种语言的生存和发展就会出现危机。

母语教育是一个国家和民族最主要的语言教育形式，它是一个国家和民族文化传承、社会发展的基本表征。自从语言产生以后，人类的语言得以一代一代地传承至今，母语教育起了决定性作用。世界上无论是哪一个国家或民族，都不可忽视母语教育在自身的生存和发展中的重要性。母语教育中最重要的问题是怎样看到自己的母语的问题，其中语言情感和语言忠诚尤为重要，当然母语的社会地位、交际功能、语言活力等是决定母语教育兴衰的主要因素，另外一个社会的开放程度对母语教育也有影响。如果母语的社会地位低、交际功能差、语言活力弱，这种母语的教育可能会逐渐式微，即使有语言情感和语言忠诚在其中起作用，也不可能是兴盛的。反之，母语的社会地位高、交际功能好、语言活力强，母语教育也可能兴旺发达。在一个封闭的社会里，由于语言接触少，母语受其他语言的冲击较小，母语教育保持单一的教育方式（如中国古代多表现为家庭、家族传承式的教育，私塾教育等方式，即使是学校的教育，也不受其他语言的影响）。而在一个开放的社会里，语言接触多了，母语教育受其他语言的冲击较大，母语教育也受到一定威胁，这是不同的语言生态环境所决定的。因此，在母语教育中，应该充分地考虑其他语言的影响和冲击，采取适应性的对策。

四、语言生态与外语教育

外语教育与母语教育相对，因而具有跟母语教育不同的特征。

外语教育是一种带有明显动机的、有一定目的的教育，是一种后天学习方式，不像母语教育那样是一种自然习得方式。外语教育常常是一个人已经具备了一定的母语的基础上进行的，因而在学习外语时，人们自觉不自觉地受到母语的不同程度的影响。这种影响具体体现在母语对外语学习有一定的干扰，随着年龄的增大和母语水平的提高，母语的干扰会增大，因此，外语教育最好从小抓起。现阶段，我国的外语教育如火如荼，从小学（有条件的地方甚至是从幼儿园）一直到大学都开设了外语（主要是英语），尤其是在大学阶段，还要进行四、六级考试和外语专业的等级考试。目前外语很"热"，强势语言（如英语等）更"热"，一些小语种还很"冷"，学习的人较少。由于教学方式、手段，师资条件以及文化差异等方面的原因，外语教育的效果还不是很好的，可以说是事倍功半，很多人学了多年外语，最后还是外语方面的"聋哑人"，这是值得深思的。

一定要处理好外语教育和母语教育的关系。如果外语教育是要培养出具有双语或多语能力的人，那么，前提条件是首先必须搞好母语教育，或者说，母语教育是外语教育的基础。现在有一种倾向，好像只要学好了外语，母语好坏无所谓。殊不知，母语不好，外语绝对好不到哪里去。大凡外语好的人，其母语肯定是很好的，如语言学大师赵元任先生，精通好几门外语，这跟他自幼受过严格的母语教育、具有坚实的母语基础有关。

目前的情况是在对待母语教育和外语教育的问题上，重外语教育，轻母语教育的现象十分严重，母语教育的地位不高。郑国民先生认为，跟教育发达国家相比，"首先，对于母语教育重要性的认识亟待加强。从目前中小学补习班最火爆的是英语、奥数这一现象中，母语教育的地位可想而知。与此形成鲜明对比的是，一些发达国家非常重视母语教育：为了让8岁的孩子具备独立阅读能力，美国前总统克林顿曾在白宫亲自倡导'美国独立阅读挑战计划'，并动员联邦政府和社会各界力量参与其中。日本文部省2004年修订的《小学国语学习指导纲要》规定，一年级国语课时比算术多158课时；国语课时数占一年级学年课时总数的35%。尽管此后每年国语课时数所占比例逐年减少，但到六年级时，国语课时数仍然要比算术多出25课时。法国初小一年级，法语每周为9—12课时，占每周学时总数的35%—38%，比数学多出4个至4个半课时。而我国义务教育阶段，语文课占总课时的比例比上述国家都少。其次，我国中小学生的阅读量极其有限。很多孩子一个学期只读一本语文教科书，没有机会阅读课外书籍。而没有一定的阅读量，就不可能保证阅读能力的发展。一些美国社区图书馆为了鼓励中小学学生多阅读，设计了很多活动吸引学生多借书和多读书。学生阅读一定数量的图书后，会获得图书馆人员赠送的小礼物。同时，学校会让学生每周到学校图书馆上阅读课，有专业人员进行阅读指导"[1]。提高母语教育的地位，关键是国家相关部门要制定相应的指令性规定，保质保量地搞好汉语母语教育。

---

[1] 母语教育地位亟待提高.光明日报，2010–07–01（7）.

五、语言生态与双语教育

现代社会里，双语教育已成为语言教育的一种发展趋势。双语教育和一个国家的语言制度、语言规划紧密相连。在一个国家和地区如果实行的是双语制的话，必然涉及双语教育的问题。我国是一个多民族统一的国家，我国的少数民族地区，很多地方实行的是汉语普通话和民族语同时使用的双语制，因而在那些地方基本上采取双语教育方式。随着我国社会的不断进步，国家语言政策和语言教育方针得到更好地落实，双语教育更加普及。据不完全统计，我国目前有1万多所学校使用21个民族的29种语言文字进行双语教学，在校学生600多万人。另外在有条件的地方，还有采取汉语和外语同时使用的"汉外"双语教学模式。这些是目前我国语言教育的新格局，它对我国的语言生态肯定会产生一定的影响。汪国胜先生主编的《语言教育论》在谈到"双语教育与民族精神"时，指出："进行双语教育，必须分清主流语言和非主流语言，不能主次颠倒。在我国境内少数民族地区进行双语教育，'双语'指汉语和某种少数民族语言，主流语言是作为中华儿女共同用语的汉语。在面向国际对中国学生进行双语教育的时候，主流语言仍然必须定位为汉语。只有'以我为主'，着力于弘扬中华民族精神，强化民族意识，才能处理好母语使用和外语学习的关系。如果双语教育推行的结果，让学生从小就觉得英语是优越于汉语的语言，潜意识地滋长起卑微的心态，那将是教育的大失败。"[①]

进行双语教育，要明确双语的内涵、双语教育的对象、双语教育的基本规律和双语教育的具体措施等问题。双语教育的内涵是针对双语教育的具体语言而言的。在我国，双语教育包括汉语与外语、汉语与民族语、民族语与民族语、民族语与外语等不同类型。由于涉及的语言不同，双语教育的方针、政策、要求、范围等也有所不同。双语教育的对象因双语教育的类型不同而不同，对于汉语和外语的双语教育而言，其对象是全国范围内所有的适合于这种双语教育的群体。对于汉语与民族语、民族语与民族

---

① 汪国胜.语言教育论[M].武汉：华中师范大学出版社，2006（14）.

语、民族语与外语的双语教育而言，其对象则主要是民族地区和与民族工作相关的群体。双语教育的基本规律应该是"政策先导、双语并重、以我为主、共同发展"。这里所说的"政策先导"，即要有明确的推行双语、运用双语、保护双语的语言政策，在国家、民族和地区实行"双语制"且受到国家法律的保护。"双语并重"即强调双语平等，主张双语具有同样的重要性。"以我为主"主要是指发挥母语的特长，将母语的教育经验和教训借鉴到双语教育之中。"共同发展"即通过双语教育，使受教育者获得双语能力的长足发展。为了搞好双语教育，还应制定切实可行的措施，如落实双语教育的语言政策的措施、处理好双语教育中语言关系的措施、双语教育的教学措施以及双语人才的培养和合理使用的措施等。

双语教育可以为现实社会培养更多的具有双语能力的人。这些人由于语言能力强，交际水平高，必将成为社会的有用人才，他们在社会的政治、经济、文化、教育、外交、商贸等领域一定会发挥语言上的优势，为国家服务。另外，现实社会中，具有双语能力的人多了，不同国家、民族和地区之间的语言交际也就便捷了，不同的语言给人们带来的障碍和隔阂也就少了。因此，从长远的观点看，进行双语教育，是国际社会的共同需要，也是构建良好的语言生态环境的需要。

第十一章 语言生态与语言国策

语言国策是一个国家或地区所制定的语言政策、语言推广、语言规范等的总称。语言国策的制定，跟语言生态紧密相连。一方面，语言国策的制定应该从语言生态的基本格局出发，符合语言生态的实际，另一方面，语言生态的基本面貌、发展趋势等也必然受语言国策的制约。一个国家或地区的语言生态的好坏，在很大程度上取决于语言国策的合理性，因此，在制定语言国策时，要充分考虑其对良好语言生态构建的权威性和指导性。

一、语言政策是对语言生态的合理干预

语言政策（language policy）通常是指"一个国家为其语言规划（language planning）实施所制定的方针性和指导性规定"①。语言政策的制定是对语言生态的一种人为的合理的干预，是维护语言生态的政府行为。博纳德·斯波斯基主张从语言生态的角度研究语言政策，他说："从语言生态的角度来看待语言政策具有两重含义：第一，这意味着我们在研究某一社区的社会语言库时，不能仅仅考虑那些被制定为官方语言的方言变体或者那些仅代表了某些具体族群的语言变体，而要考虑到该社区的所有语

---

① 劳允栋. 英汉语言学词典 [M]. 北京：商务印书馆，2005：322.

言变体，因为语言变体是构成社会语言库的成分。……第二，这意味着我们要认识到语言政策存在于一个广泛的人类社会大环境中，这个环境由社会、政治、经济、文化、宗教和意识形态等元素构成。"[①] 语言政策大多是在语言生态中出现或存在某种特殊的生态现象时，由一个国家或地区有针对性地制定的。

语言政策的制定要符合语言生态的实际。

不同的国家和地区有不同的国情和区情，也有不同的"语情"。一个国家或地区的语言政策的制定，必须从其语言生态的实际出发，不能脱离语言生态的实际。以中国香港地区为例，香港是我国的一个特别行政区，香港的语言生态的基本情况是"三语两文"，"三语"即英语、汉语、粤语（严格地说，是"两语"，因为粤语是汉语的一种方言），"两文"即英、汉两种文字。这是由香港特殊的社会、政治、经济、文化、历史等因素的长期作用所形成的，它已成为一个不可轻易改变的语言生态格局。因此，我国政府在给香港制定"一国两制"的政治制度的同时，也制定了相应的语言政策，即"双语制"，亦即英语和汉语均为香港特别行政区的官方语言。语言政策的制定要符合语言生态的实际，就必须了解实际情况，做到心中有数。在一些语言使用情况比较复杂的国家和地区，尤其是民族地区，制定语言政策时，除了充分掌握不同的人群、种群、不同的民族等语言使用的具体情况之外，还必须考虑他们的语言态度，尊重他们的语言选择，在取得他们完全同意的前提下，制定合适的语言政策。

语言政策的制定要有利于良好的语言生态的构建。

语言政策的制定的目的性十分明确，它不是政府、行政部门的随意行为，而是从国家的利益、民族的利益，从社会的发展、语言的和谐等出发的。从语言生态的角度看，语言政策的制定就是为了良好的语言生态的构建。如果语言政策的制定不利于良好的语言生态的构建，那它就毫无价值甚至是适得其反的。新加坡是一个典型的"多语制"国家，英语、华语（汉语）、泰米尔语和印地语多语并存，都是新加坡政府规定的官方语言，

---

① 博纳德·斯波斯基.语言政策——社会语言学中的重要论题 [M].北京：商务印书馆，2011：245–246.

使整个国家具有非常好的语言生态。我国特别行政区澳门是一个实行"多语制"的特区。程祥徽、刘羡冰在《澳门的三语流通与中文的健康发展》一文中说："澳门是汉、葡、英三语流通的社会。汉语在华人和土生葡人中流通，是澳门民间的主要交际工具。葡语是从葡国派来的官员们的日常语言，当然也为土生葡人掌握；华人加入政府公务员行列要以达到一定水平的葡语为前提（近十年来这项标准略有改变），在行政事务中如遇对方使用葡语，华人公务员一般要能以葡语应对。"①这是多语的具体表现形式，这种格局在相当长的一段时期内对澳门的社会的稳定、经济的发展是有好处的，对澳门良好的语言生态的构建也是有利的。

我国是一个多民族统一的国家，我国的语言生态的实际情况是：有全民共同语（汉语普通话），有不同民族的民族语，还有丰富的汉语方言和民族语的方言。在我国境内，有129种语言，分属汉藏语系、印欧语系、南岛语系、南亚语系、阿尔泰语系等。我国语言政策的制定，充分地考虑到了这种语言生态情况。1. 从法律上规定全民共同语，强调全民共同语的权威性。2. 鼓励少数民族发展和使用自己民族的语言文字。3. 提倡双语教学。4. 正确处理全民共同语和少数民族语言的关系、和方言的关系等。

语言政策的制定必须具有前瞻性。

形成和维护良好的语言生态是一项长期的艰巨的任务。在制定语言政策时，我们不仅要从现实出发，充分考虑当前语言生态的具体情况，而且还要着眼于未来，积极探索具有前瞻性的语言制度。世界上的每一种语言都是在发展变化的，语言与语言之间的关系也是在不断变化的，世界语言系统的基本格局也会发生改变。因而语言政策的制定就存在着适应了当前的语言生态实际，是否适应未来的情形的问题。例如世界语言多样性问题，就是当前乃至今后一段时期制定语言政策要考虑的重要问题，语言多样性面临威胁，这是不争的实事实，这也是语言发展中的一个趋势。针对这个问题，有必要在语言政策上做出具有前瞻性的相应的规定，采取具体的措施（如保护和抢救濒危语言、扶持弱势语言、鼓励实行多语制、在世

---

① 程祥徽. 澳门语言论集 [M]. 中国澳门：澳门社会科学学会出版，1992：13.

界范围内进行语言调查和语言文字记录抢救工作等）。

　　新加坡的华人约占新加坡总人口的四分之三，从新加坡独立至今，新加坡华人的语言经历了"脱方入华"和"脱华入英"这两个大的阶段。新加坡华人多来自中国的南方，讲着各地的方言，"脱方入华"便于缩小方言之间的差异，更好地进行交际。而"脱华入英"则更体现出英语作为强势语言的突出地位，更切合新加坡的语言生态环境。"脱华入英"的事实证明，1965年新加坡独立后的语言政策的制定是具有远见卓识的。[①]

　　语言政策的制定还要考虑不同语言的不同特性。

　　在现实社会里，由于不同的国家、民族、地区等的政治、经济、文化、教育等情况不同，会使不同的语言具有不同的特性、不同的状态，语言政策的制定应考虑针对不同语言的不同特性和状态，因"语"制宜。如对有些使用人口少、交际功能弱、流行范围小、社会活力衰的语言，应该从保护语言生态、维护语言多样性的角度，制定强有力的保护措施，形成一些切实可行的语言政策。我国政府十分重视对濒危语言的保护和抢救工作，并且号召语言学家积极做好濒危语言的调查、记录，号召积极培养濒危语言的使用者和传承者。对于全民通用语言（如我国的普通话），则应该在国家的根本大法上做出明确的规定，将其纳入国家根本大法之中，给予法律上、制度上的保护。我国宪法中规定"国家推广全国通用的普通话"正是如此。我国政府制定的民族区域自治法等相关法律文件，对民族地区的语言使用，也做了制度上的规定，指出"各民族都有使用和发展自己的语言文字的自由"。这些法律条文和语言政策，既注意到了维护我国语言的统一性，也考虑到了我国各民族语言的多样性，真正做到了"统一性中的多样性和多样性中的统一性"。

　　欧盟内部的语言使用存在着分歧。关于欧盟的语言政策制定问题，克里斯蒂安森提出了考虑到不同语言的不同特性的三种指标：

　　　　首先，语言政策应该是可在多语环境下操作的。即，语言政

---

① 吴英成.汉语国际传播：新加坡视角 [M].北京：商务印书馆，2010.

策不仅应该有助于各种语言社区的相互交流，而且还必须是可行的。其次，为了保证市民的完全参与，语言政策应该是民主的，只有这样才能做到少数民族和多数民族的完全参与。第三，语言政策应该是生态的，这意味着该政策对于所有语言的生态环境的保持都有好处。

他详细考察了目前欧盟实际采用的语言政策和一些学者提出的方案，认为：

> 从短期来看，范埃尔斯提出的建议采用英语、法语、德语三种工作语言，谁都不能使用母语，是最符合民主、公平和平等原则的。但不利之处有目共睹，它限制了这种场合使用母语，而母语权本身是最重要的语言权之一。
>
> 从长远来看，采用一种规划语言作为欧盟的共同语是最佳的。作为过渡方案，可以采用世界语作为翻译中的中间语言和欧盟机构的工作语言。①

二、语言推广

语言推广是语言国策之一。具体地说，它是一个国家或民族的语言在发展过程中，为了扩大国家和民族的影响，提高国家或民族语言的地位，增强国家或民族语言的交际功能而采取的一项语言政策。这项语言政策的实施，对世界语言生态系统和国家或民族语言的生态位的影响是巨大的。李宇明先生在给张西平等主编的《世界主要国家语言推广政策概览》一书所写的序《探索语言传播规律》中说："语言传播，指 A 民族（包括部落）的语言被 B 民族（包括部落）学习使用，从而使 A 民族（语言领属者）的语言传播到 B 民族（语言接纳者）。语言传播是亘古普存之现象，是民族间接触、交流乃至碰撞的方式之一种，也是民族间接触、交流乃至碰撞

---

① Christiansen, Pia Vaning（2006）Language policy in the European Union：European/English/Elite/Equal/Esperanto. Union：Language Problems and Language Planning30（1）21-14.

的先导与结果。语言在传播中发展或蜕变，社会在语言传播中争斗与进步。"①语言推广具有这种特点。严格地说，语言推广不同于语言传播。我们认为语言传播是一个大于语言推广的概念，语言传播大致有两种情形，一种情形是一般性的语言传播，这种传播是不自觉的，不具备语言政策的性质，如不同民族杂居区、不同民族相邻地区，操不同语言的人们的语言接触，虽然"传播"了不同的语言，但并没有上升到语言政策的高度。另一种情形是积极性语言传播，这种传播是自觉的，主动的，且上升到了语言政策的高度，这就是语言推广。因此，我们说，语言推广是语言传播的一种方式。

语言推广与语言接触既有联系也有区别，我们把语言推广看作国家或民族的语言政策之一，而语言接触则是不同的语言之间的一种自觉或不自觉的行为方式。语言推广带有明确的目的性或功利性，语言接触不具有这种特征。例如，不同民族的人聚居或杂居在一起，他们操着不同的民族语言，接触频繁，但并不一定就主动地有意识地进行所谓语言推广活动，强行让另一民族的人接纳自己的民族语言。语言推广与语言扩张有本质的不同。语言扩张是不顾及接纳者语言态度的语言霸权主义行为，语言扩张的目的是用自己的语言取代接纳者的语言，强迫接纳者执行自己的语言政策。例如日本在侵占我国台湾期间强迫台湾人民不使用汉语而学习和使用日语、美国在19世纪对待印第安人的语言政策等都是典型的语言扩张政策。

语言推广是在一定的范围内进行的。从国家的角度看，语言推广可以分国家范围内和国家范围外。国家范围内的语言推广是指在一个统一的多民族国家内政府确定某一种语言（或某些种语言）作为共同语（或官方语言），进而推广这种语言（或这些语言）的政策。例如，我国确定汉语普通话是全民共同语，制定"国家推广全国通用的普通话"的语言政策就属于这种情形。国家范围外的语言推广是指一个国家将自己的全民共同语向国外推广的情形，这种语言政策在世界范围内实施，有遍布全世界的，也

---

① 张西平，柳若梅．世界主要国家语言推广政策概览序一 [M]．北京：外语教学与研究出版社，2008．

有辐射局部区域的。它涉及的问题很多，跟一个国家或一种语言的国际地位、语言价值的认同度、语言的社会功能等是息息相关的。从世界语言推广的历史看，强势语言的语言推广程度要高于弱势语言，语言价值认同度高的语言，语言推广的程度要高于语言价值认同度低的语言，语言竞争力强的语言，语言推广的程度要高于语言竞争力弱的语言。英语等强势语言在国际推广方面取得了较大的成功。尼古拉斯·奥斯特勒说："当今英语的地位由三大支柱支撑着：人口、地位与威信。首先，说英语的人口不比其他所有语言的使用者少。英语有3.75亿母语使用者，再加上同样数量的第二语言习得者，还有7.5亿人正在中学或其他学校学习英语，我们完全有理由声称全世界有1/4的人类已经熟悉英语了。如果中国所有受教育的人加在一起，那么汉语是唯一可以与英语在人数上相比的语言；但是在人均收入、社会地位还有全球分布上，英语语民大大超过汉语语民。在中华人民共和国，英语是学校课程中的一门主课，而汉语则相形见绌，在各大英语国家的课程中都没有上榜。其次，现在没有其他语言可以像英语那样覆盖全球。英语在每个大陆上都有一种特殊的地位，也只有法语可以与之相提并论。可是，把英语作为第一或第二语言的人是把法语作为第一或第二语言的人的4倍。……最后，英语有意识地在各个方面与技术进步以及大众文化相关联。这样一种语言威信看上去建立得相当不错，因为它既不是基于精神性的启示——精神性的启示即使声称是放之四海而皆准的，也总是地方性的——也不是屈服于某一个特殊的、保证自由与社会正义的政权。英语建立在一种财富感的基础上，这种财富是源于科学进步与理性运用的。当今世界上最富有的国家都有过这样的经历。从某种意义上来说，英语的本身存在着一种客观真理。"[①]我国政府十分重视语言推广政策的落实。目前，我国在世界各地建立了孔子学院和孔子课堂约700个，世界上学习汉语的人越来越多，汉语国际推广方兴未艾。

语言价值认同是语言推广的前提条件。构成语言价值的元素很多，如语言的社会文化价值、实用价值等。一种语言推广成功与否，要看这种语

① 尼古拉斯·奥斯特勒.语言帝国：世界语言史[M].上海：上海人民出版社，2009：496-497.

言的价值是否得到语言接纳者的认同或承认，世界上很多国家在制定语言推广政策时，都或多或少地考虑到了这一点。一般来说，充分地考虑到了语言价值认同的语言推广政策，语言推广的成效就比较好，反之则不好。从另一个方面看，争取语言接纳者的语言价值认同，是语言推广的一项重要工作。现阶段，汉语国际推广轰轰烈烈，是因为世界各地的汉语学习者认同了汉语的社会文化价值和实用价值。过去，日本侵占我国台湾50年，在台湾强行推广日语，但是台湾民众从根本上不认同日语的社会文化价值和实用价值，日语的推广没有成功。澳门学者刘羡冰在一篇文章中说："1985年，中葡联合声明签署后，确定1999年12月20日要把澳门璧还中国，葡国政府希望在澳门社会留下葡语的长期影响，澳葡政府企图在推行免费教育的同时，把葡语作为基础教育的必修科写进教育法，强迫全澳学生从幼稚园开始学习葡语。这一夕阳政策引起教育界强烈的反对和民间广泛的争议。"[①] 可见，制定语言政策，进行语言推广，必须考虑人们的语言价值认同。

语言价值认同实际上是一种语言态度。一种语言无论是在国际上推广还是在国内推广，都跟语言接纳者的语言态度有关。在我国国内，汉语普通话的推广，其对象是方言地区和民族地区的人，政府在充分尊重方言和民族语言的前提下，推广汉语普通话，号召人们学习并掌握汉语普通话，而方言地区和民族地区的人也充分认识到汉语普通话的社会文化价值和实用价值，并认同之，因而汉语普通话的推广成效显著。

将A国家或民族的语言推广到B国家或民族，涉及不同国家或民族之间的语言关系问题，一方面，对于A国家或民族而言，它可能使其语言的使用范围扩大，人数增多，功能强化，另一方面，它也可能会给语言接纳者的语言造成不利影响。在语言推广过程中，如果处理不好不同国家或民族之间的语言关系，势必引发语言矛盾甚至民族矛盾。比较好的办法是不同国家或民族协力加强语言价值认同，坚决反对语言霸权主义，反对语言扩张，尊重不同国家和民族、不同语言接纳者的语言态度和语言选择，积

---

① 刘羡冰.祝长寿长写、健康健笔再攀高峰[J].澳门语言学刊2011（6），程祥徽教授澳门从事高等教育30周年纪念专号。

极推行双语或多语制，培养更多的双语或多语人，杜绝语言推广过程中不同语言此消彼长或扬此抑彼的现象发生。同时，尊重语言接纳者及其语言，保证语言接纳者的语言权利和其他利益不受伤害。我国现阶段的汉语国际推广，就是按照这个思路进行的。汉语国际推广主要目的是在世界范围内有更多学习和掌握汉语的人，并使这些人都成为既会使用汉语又会使用自己的母语的双语或多语人，而不是让他们抛弃自己的母语。这样做当然不会影响不同语言之间的和谐关系。

三、语言规范

语言生态学把语言规范看作是标定语言生态位的一项工作。语言生态位强调语言在语言生态系统中占有适当的位置，这种适当的位置要求语言必须是规范的，语言的内在结构要素（如语音、词汇、语法等）都必须在规范化、标准化的前提下发挥各自的作用。世界上不管哪一种语言，在发展过程中都存在着语言规范的问题，也就是说，语言规范是任何语言在发展过程中都必须面临的问题之一，这个问题处理得好，语言的发展就会在正常的轨道上运行，处理得不好，就会走入歧途。我们认为，树立语言规范生态观是做好语言规范工作的基点。

我们提出语言规范生态观，主要是强调要注意语言生态位。语言规范是根据语言生态位的变化情况而采取的一种措施。在语言规范中，我们更多的是从语言的多维生态位上考虑如何实施语言的规范化和标准化问题。在生态学中，生态位一般是指"生物在生态系统的物理空间中所占的位置（空间生态位）；在群落中各生物间营养关系中所处的位置（营养生态位）和在理化环境，诸如温度、湿度、PH 等因子的变化梯度中所处的位置（多维生态位）。决定于生物生活的场所、生活方式和所受的理化和生物的限制"[①]。我们借用"多维生态位"这个术语指语言（包括方言等）在语言生态系统中所占有的位置，这种位置是受语言生态系统中的多种因素的影响

---

① 辞海 [M]. 上海：上海辞书出版社，1999：4902.

而形成的，对它也必须从"多维"的角度去理解。现实社会中，不同的语言（包括方言等）在语言生态系统中所处的位置的不同，当然是跟现实社会中不同的社会环境、语言生态环境等有关。语言的结构要素（语音、词汇、语法等）的情况也是如此。以这种观点看语言结构要素（语音、词汇、语法等）的规范及其标准，就应该清楚地认识到，采取什么参照系作为标准，涉及多维生态位问题。例如在对现代汉语进行规范时，提出以北京语音为标准音，我们就应该考虑到构成"北京语音"的诸多成分，因为北京语音在现代汉语规范中所处的位置，取决于人们所说的"北京语音"的内涵是什么，形成"北京语音"的因素到底有哪些等。北京话近千年来，尤其是明清以来，受外部语音的影响很大，有汉语方言的影响（如华北、东北方言的语音影响），也有少数民族语言的语音影响（如满语等）。北京语音的内涵其实很复杂，本土（北京土话）的和外来的语音形式交织在一起，因此，谈到以北京语音为标准音，是以本土的语音（北京土话）为标准，还是以外来的语言（方言）的语音为标准，显然现代汉语语音规范中恰恰是剔除了北京的土话的语音，而综合了外来的语言（方言）的语音，甚至是少数民族语言（如满语）的语音。我们应该用语言生态位的观点去看待普通话及其内涵，普通话的生态位决定了它是在广泛吸纳方言甚至少数民族语言的基础上所形成的一种标准语言（standard language），是经过政府和相关学术机构认可的规范语言，是宪法规定的具有权威性的全国通用的全民语言。

语言规范是构建良好的语言生态环境的必备条件。

首先，语言规范是形成良好的语言生态环境的前提。语言规范要求世界上所有的语言都是健康的、积极向上的、没有语言"疾病"的。当今，人类进入了生态文明建设的新时代，要求语言与语言之间的交流应该是纯洁的、健康的、和谐的，而要达到这样的目的，不同的语言都应该在自身的建设上做好工作，语言规范工作是最起码的。一种语言，如果自身没有一个统一的规范标准，如语音上没有统一的标准音，词汇上没有全民认同的基本词汇，语法上没有一致的基本规则，文字上也没有统一的标准形体，在与其他的语言进行交流时，此处此标准，彼处彼标准，此人此标准，彼人彼标准，或者说，根本就没有什么标准可言，语言自身处在一种混乱、失范的状态之中，那就无法取得交流的效果，无法达到交流的目的。从语言生态的角度看，这种情况势必影响世界语言的生态环境，造成语言与语言之间在交流上的不正常、不和谐。

其次，不论是哪一种语言，只要它处在世界语言生态系统之中，在语言生态系统中占有一定的"生态位"，它就必须进行语言规范工作，不然，它会丧失自己已有的"生态位"。一般来说，凡是规范工作做得好的语言，都会有健康和谐的语言生活，都会使语言自身生机勃勃，充满活力。凡是规范工作做得不好，或者说根本不做规范工作的语言，其自身的生存和发展都会危机四伏。一种语言的规范，要求它在语音、词汇、语法、文字、语用上要有明确的、合理的、统一的规范标准，这些标准在社会上得到了广泛的认同，使用这种语言的人全都自觉地、愉悦地遵守和执行这些标准。做到了这一点，这种语言自身的生态环境应该说是很好的，同时，它在世界语言生态系统中所处的"生态位"也会很好。在这方面，现代汉语的情况是较好的。现代汉语从20世纪50年代以来，进行了大量的规范工作，形成了以北京语音为标准音、以北方话为基础方言、以典范的现代白话文著作为语法规范的"规范标准"，同时在文字上做了汉字标准化工作，包括简化汉字、整理异形（异体）字、统一汉字读音等方面的工作，使现代汉语朝着更加和谐、规范的方向发展，形成了自身内部较好的语言生态环境。

再次，遵守和执行语言规范是人们不容推卸的责任，也是人们在维护良好的语言生态环境中应尽的义务。一种语言的语言规范，是靠使用这种语言的人去贯彻执行的，可以说，人是语言规范的实施者、维护者。人在良好的语言生态的构建所处的重要位置决定了人必须认真思考语言规范的具体内涵，掌握语言规范与言语变异的基本规律，注意遵守语言规范和个人运用语言的创造性的辩证关系，从而达到既做到遵守和执行语言规范，又使语言运用保持鲜活的富有创新特色的目的。加拿大社会语言学家罗纳德·沃德华说："每个人的言语都有很大的变异，但是这种变异也有明确的界限：就语言来说，没有人可以随心所欲，自己想做什么就做什么，你不能随便按照自己喜欢的方式念单词，任意给名词、动词变形，或者按照自己的心情胡乱修改句子的词序。如果这样，就无法让人接受，甚至会被认为是胡言乱语。你所能做的变异是有界限的，而且这种界限可以被精确地描写。人们能够认识这些不同的界限（或者规范），并且这种认识不但非常准确而且几乎完全是无意识的。很难解释具体的说话人是怎样掌握这些语言行为规范知识的，因为这些规范似乎比适用于社会行为、服饰及餐桌礼仪方面的规范更微妙。我们的任务就是尽量仔细描述特定群体的语言行为规范，然后再用这些规范说明个体的行为。"①

语言规范是良好的语言生态环境能够可持续发展的首要前提。

良好的语言生态环境的可持续发展，依赖于语言本身的基本状态，语言规范的程度如何，语言结构系统内部的情况如何，不同语言之间语言规范的协调与合作态度如何等。由于语言规范是一个长期的建设性的工程，随着社会的发展和语言生活的变化，它必然具有一定的动态性和调整性，而这种动态性和调整性，也正好与良好的语言生态环境的可持续发展密切相关，也就是说，这种动态性和调整性是以使语言生态环境更好为前提的。现代汉语普通话的定义实际上是20世纪50年代以来现代汉语普通话的基本规范标准（包括语音、词汇和语法三个方面），随着时间的推移和语言的发展，这些基本规范的具体内涵会有所改变，如"以典范的现代白话文著作为语法规范"，这里"典范的现代白话文著作"所指对象就不仅仅是20世纪50年代的所指对象，而应该加以充实，应该包含当代"典范的白话文著作"。如有些语法格式，也应该根据当代汉语的发展，在规范要求上适当做一些调整。语言规范既然是一个长期的建设性工程，那就不能走弯路、走回头路，更不能自乱阵脚，出现乱规范或滥规范的现象。过去我们在汉字规范上（如汉字简化等）曾有过教训，如"二简字"在一段时间就扰乱了语言文字运用的正常秩序，对良好的语言生态环境产生了不好影响，这是值得引以为戒的。

语言规范是对处于良好的语言生态环境中的语用主体的基本要求。

---

① 罗纳德·沃德华.社会语言学引论[M].上海：复旦大学出版社，2009：6-7.

　　语用主体即在一定的语言生态环境中使用语言的人，语用主体（人）是语言规范的制定者、遵守者和实施者，对语用主体而言，遵守语言规范，倡导语言规范，杜绝不规范的语言行为是责无旁贷的。由于语用主体是千千万万个具体的不同的人，他们之间存在各种各样的差异，因而在贯彻执行语言规范的过程中就会有所不同，如对语言规范的理解的不同、语言规范水平的程度的不同、语言规范的实施力度的不同以及语言规范的策略的不同等。语用主体是语言的使用者，在语言使用过程中，往往会遇到如何处理好语言规范和语言创新的关系、如何处理好根据不同的语体来落实语言的规范等问题。我们以不同的语体的语言规范问题为例加以阐述。

　　不同的语体具有不同的特点，具有语言上的不同的"生态位"，这是语言生态的一种表现。在语言运用中，对不同的语体应该有不同的规范要求。例如，与科学体、谈话体相比，艺术体的语言具有自己的特点。文学语言（狭义上的）作为艺术体的表现形式，是语言的变体，它跟一般语言（科学体的、谈话体的）是有明显差异的。谈到文学语言的规范，我们应该注意两个层次：一是一般意义上的规范，或叫显性的规范，二是文学语言自身的规范，或叫隐性的规范，这两种不同要求的规范，都存在于文学语言里，它们是矛盾的，又是统一的，文学语言就是在这种矛盾统一中发展的。我们在讨论文学语言的规范时，要纠正两种片面的观点：一是把两种不同特点、不同要求的规范混为一谈，即认为文学语言的规范就是一般语言的规范，这种观点势必导致忽视文学语言的自身特点。二是认为文学语言不能规范，这种观点过分强调文学语言的自身特点，其结果是抹杀语言规范对文学语言的制约。

　　语言政策、语言推广和语言规范是语言国策的重要组成部分。制定语言国策必须考虑语言生态问题，从这个意义上讲，制定语言国策的出发点和落脚点均是语言生态。什么样的语言生态决定了应该制定什么样的语言国策，而语言国策的实施又对构建良好的语言生态起着至关重要的作用。

第十二章　语言生态与语言和谐

　　语言生态学（ecology of language）是现代语言学中的一门学科，在社会语言学、人类语言学和人种语言学这些学科里，人们谈到语言和社会环境的关系、语言和语言之间的关系以及语言与社团等的关系时，常常涉及语言生态问题。在构建社会主义和谐社会、狠抓生态文明建设的今天，我们必须弄清语言和谐问题，而语言和谐又跟语言生态息息相关，因此，研究语言生态问题，探索语言生态与语言和谐的关系，寻求构建良好的语言生态环境的规律，发挥语言应有的社会功能，是值得我们关注的一个重大问题。

一、有关语言生态与语言和谐的几个观点

　　语言生态学和社会语言学、人类语言学、人种语言学在研究理论上有很多相通之处。我们认为，以下几种理论与语言生态学联系十分紧密，它们是"变异论""分层论""适应论""协同论"。这几种理论分别代表了人们对语言生态的不同侧面的认识。1.变异论。自然界的生物在进化过程中，始终存在着遗传和变异问题，通过遗传和变异，各种生物都在自然生态中获得了生存的时间和空间，从而维持了生态的平衡。语言生态学中运用变异理论，同样是维持语言生态平衡的基本理论之一。众所周知，语言变异的情形是十分复杂的，美国语言学家鲍林杰在《语言要略》一书中将语言

变异分为"时间上的变异"和"空间上的变异"①，时间上的变异是指语言在漫长的历史进程中的发展变化，空间上的变异是指语言在某一个历史阶段所产生的变异，如不同地域、不同民族、不同年龄、不同性别的人的语言变化情况等，"变异论"的核心是强调语言和社会的"共变"（covariance）关系，即语言随着社会的发展而发展，随着社会的变化而变化，语言反映社会面貌，是社会的一面镜子。其实，语言生态和社会生态（自然的、人文的）也是一种的"共变"的关系，语言生态受制于社会生态，社会是语言赖以生存、发展的根本条件，社会和谐是语言和谐的保障，语言和谐又是社会和谐的基础，语言生态、语言和谐都与社会紧密地联系在一起，是构成"共变"两端中的一端。2. 分层论。"分层论"是与"变异论"联系在一起的，我们可以从两个方面认识"分层论"：一个方面，从人类语言的整体联系看，社会语言学认为人类的语言是一个网络系统，不同的语言因为功能上的差异而处在不同的层次上，如世界的语言因功能的不同，有国际通用语、区域语、国家通用语和民族语之分，这种层次上的分布，可以看作语言的生态分布，如果改变了语言的这种生态分布，就有可能破坏语言的生态环境，影响语言的和谐共生。另一方面，从某种语言的具体运用看，人们的语言运用也是分层次的。美国语言学家拉波夫曾用"分层论"研究"纽约市英语的社会层次"②（The social stratification of English in New York City），认为人们运用语言的某些语言特点，与人们所处的社会层次是有联系的，也可以说，人们的社会层次不同在某种程度上决定了语言运用的不同，这对我们处理构建良好的语言生态环境中出现的问题，达到实现语言和谐的目的当然是有意义的。3. 适应论。自然界的一切事物都存在着对自然环境的适应问题，"物竞天择，适者生存"是自然界的一条适应原则，这条原则也是维系自然生态和谐发展的基本原则，语言也是如此，语言的存在和发展也必须遵循适应原则。语言的适应主要包括以下几个方面：a. 宏观适应和微观适应。宏观适应是指语言对整个社会的适应，它是语言与社会形成和谐关系的必要条件。如在某一个国家里，官方语言

①　[美]鲍林杰. 语言要略 [M]. 方立等译，北京：语言教学与研究出版社，1993：493，574.

②　祝畹瑾. 社会语言学译文集 [M]. 北京：北京大学出版社，1985：120.

的选择、国家通用语的普及和推广等，都必须和这个国家的社会现实相适应、相协调，如果脱离了国家的社会现实，这种语言的生存和发展就会出现危机。微观适应是指语言在某一个局部、某一个方面对语境、对语用者的适应，语言的组成要素（语音、词汇、语法等）都可以根据语境的不同、语用者的不同而在具体运用过程中做出适应性调整，达到使用语言的目的。在《语境适应论》一书中我们对宏观语境和微观语境适应的问题进行了详细的论述①。b. 主观适应和客观适应。语言适应跟人的主观能动性有关，也跟一定的客观因素有关，主观适应更多的是人为的因素在起作用，客观适应则是客观因素占了上风。语言在运用中这两种适应都存在，它们对语言生态环境和语言和谐都会产生影响。c. 长时适应和短时适应。长时适应与人的社会身份、语言态度、交际行为等有关系。有人认为"长时适应发生在群体间的互动交际中，属于宏观研究的范围"。短时适应是在具体的言语活动中的适应，是语用者的一种言语行为，"短时适应指在某一特定的交际场合，说话人根据受话人的情况对自己的言语（包括用词、语速、语法和语音等）所进行的临时调整，说话人可根据不同的目的采用言语趋同、言语趋异或语言保持（不改变自己的言语习惯）不同的策略"②。无论是长时适应，还是短时适应，都涉及语言生态与语言和谐问题。d. 结构适应和功能适应。不同的语言（方言）具有不同的结构特点，在语用中为了语言的和谐常常会遇到结构适应的问题，如汉语普通话中说"你先走"，粤方言说"你走先"，讲粤方言的人要用普通话进行交际，除了语音、词汇外，在语法结构上还得做出调整，从结构上适应普通话的语法结构。不同的语言有不同的功能定位，对语言功能的适应就是要最大限度地发挥语言的功能，如现代汉语既是我国的全民共同语，又是联合国的工作语言之一，在一些必要的场合，我们应该尽量地使用汉语，发挥汉语的功能，同时还要求言语交际的对方与我们合作。有人无论在什么场合都用方言进行交际，这就没有做到功能适应，因为方言的功能只能在方言区才能发挥出来，离开方言赖以生存的方言区，方言的功能就无法正常发挥了。

① 冯广艺.语境适应论 [M].武汉：湖北教育出版社，1999.

② 刘正光.言语适应理论述评 [J].北京：语言文字应用，2001（2）.

e.语际适应和人际适应。语际适应是指语言与语言之间的互相适应，人际适应是指人与人之间的互相适应，这实际上是要求在语言运用中要正确地处理好语言与语言、人与人的关系，世界上的语言都是平等的，语际适应要求人们一视同仁地对待各种语言，不应有语言歧视和语言霸权观念。人际适应亦是如此，人人都享有平等的语言权利，只有在公平、公正的环境中言语交际才能获得成功。f.主动适应和被动适应。主动适应是指在语用中自觉地、积极地适应语言的一种行为，如根据不同的场合采用不同的表达形式、在不同的国家和民族地区采用不同的语言、在国家需要时积极地开展推广全民共同语活动、适时地制定语言政策，进行语言规范等，主动适应是语言适应中最值得提倡的适应方式。被动适应则是一种非自觉的、消极的语言适应行为。在处理语言与语言的关系时，如果措施不当，就会产生被动适应，如第二次世界大战期间，日本强迫其侵占的国家和地区的人民使用日语，这些国家和地区的人民就有一个被动适应日语的问题。人与人的言语交际也是这样，一方强行要求另一方"言听计从"，另一方在无赖的情形下也就只有被动适应了。上述六类适应情况，是语言生态环境中存在的实际问题，也是语言和谐构建中需要解决好的问题。4.协同论。协同论的本质是强调语言的协调发展，它与生物学中主张自然生态应该协同进化、协调发展是一样的道理。世界上的语言多种多样，它们和人类社会一道，在漫长的历史进程中逐步形成了协调共生的语言生态，尽管其间不乏不协调的"音符"，但人类语言交响乐的旋律还是以和谐为主的。"协同论"要求我们对待语言生态问题应注意：a.语言与语言的关系在长期的历史发展中的嬗变。由于错综复杂的原因，语言与语言有接触、有融合、有混合，这势必引起语言与语言之间的关系发生变化，它涉及语言的功能、地位等问题，涉及语言的协同发展问题。b.语言与语言之间始终存在着竞争，这种竞争会随着社会的发展、随着国家和民族实力的竞争而更加激烈，竞争固然是好事，但竞争所带来的是语言关系的紧张，有的语言会因竞争而更加强大，变为"强势语言"，有的语言则会变为"弱势语言"，有的甚至会变为"濒危语言"，直至消亡。因此，"协同论"要关注语言竞争后所引发的一系列问题。c.在某种语言内部，也存在着语言构成要素的协同发展的问题，如语音、词汇、语法等，它们的发展是不平衡的，怎样做到这几个要素的协调发展，也是我们应该注意的问题。上面简述的几种理论，实际上也是我们研究语言生态学常常运用的理论，因为语言生态学本身就是社会语言学、人类语言学和人种语言学等学科中应该研究的内容。

二、人在维护和谐的语言生态环境中的作用

人是自然生态的主宰者，同样也是语言生态的主宰者。在自然生态面前，现代社会里的人具有决定作用的因素，人可以利用自然、改造自然、美化自然，也可以污染自然、摧毁自然，破坏自然生态的和谐共生。人同样主宰着语言生态，这可以从几个方面去认识：1. 人是语言的运用者、操作者，人类社会中不同的民族都有自己的不同的语言，语言是民族的标志，也是民族的凝聚物，一个民族的语言如果在语言生态系统中失去它应有的位置，它可能会消亡，可能会出现濒危等。这是语言生态系统中的一种常见现象，固然有其深刻的政治、社会、文化等原因，但起关键作用的是人。例如一个国家对自己的全民共同语的规范、对官方语言的选择、对记录语言的符号系统的选定等，都是人为的因素在起作用。新中国成立以后，我国政府积极推广普通话，进行简化汉字和语言规范化工作，我国的语言生态与语言和谐都跨入了新的历史时期，普通话和方言之间的关系、汉语和汉字的关系、社会语用者之间的关系等都十分融洽。第一次简化汉字本已取得了巨大的成绩，但产生于"文革"期间的"二简字"，由于人为的极"左"思潮的干扰，破坏了汉字形、音、义之间的和谐关系，使简化汉字工作走上了歧途，乃至后来不得不废除"二简字"。2. 不同语言的竞争说穿了是人的竞争，是人所创造的社会实力（包括语言这种"软国力"）的竞争，如不同的人所运用的母语之间的竞争，多种族、多语国家采用何种语言作为"国语"的竞争，在世界范围内，采用哪一种或哪些种语言作为"通用语"的竞争等，这些竞争会对语言生态环境产生一定的影响，这些竞争的掌控者是人。人的语言态度、语言忠诚、语言素质、语言

选择等直接作用于良好语言生态的构建，也决定着语言生态系统发展、演变的走向。如当今社会，英语作为"强势语言"，风靡全球，一方面与美、英等国"唯英语独尊"的语言政策有关，另一方面也跟英语本身在语言竞争中获得了较高的国际地位有关，与不少国家、地区和人民的语言选择、语言态度等有关。3. 一个社会局部的语言生态环境和整体的语言生态环境的营造，依赖于人的积极作用。人既可以在某一个范围内创造良好的语言生态环境，就像人可以创建某一个地区的自然保护区一样，人还可以通过某个集体、某个团体的合作，甚至整个人类的合作，使世界范围内的语言生态处于良好的境况之中，当然，这只是一种理想，在现实社会里，语言生态之所以遭到人为的破坏，与不同的人的不同主张、不同行为是密切相关的。因此，人与人之间有必要为构建良好的语言生态进行磋商，达成共识。新加坡的语言状况就说明了这一点。新加坡是一个多语国家，英语、华语（汉语）、马来语和泰米尔语和谐相处，形成了一个非常融洽的语言生态，几种语言在经济社会和人际交往中都发挥了应有的作用。4. 人在现实生活中的基本状况（如政治上、经济上、精神上、物质上的状况等）是形成人对待语言生态的基本态度的重要条件。在对待自然生态方面，人对自然生态的积极的、消极的利用，跟人的政治上、经济上、精神上、物质上的境况紧密相连，例如，"绿色和平组织"（Greenpeace）和日本捕鲸者发生冲突，主要原因是"绿色和平组织"主张保护自然生态环境，保护"鲸"这一珍贵种群，而日本捕鲸者则与"绿色运动"相反，他们与"绿色和平组织"的政治主张背道而驰，出于获取经济利益的需要，大肆捕杀鲸群，既严重地造成了海洋生态的不平衡，也助长了生态环境破坏者的气焰。对待语言生态亦是如此。如在当前我国建设社会主义生态文明的同时，一定要重视语言生态问题，努力处理好普通话和方言的关系、汉语和外语的关系、汉语和少数民族语言的关系、少数民族语言之间的关系、方言和方言的关系等，尤其要慎重对待濒危语言，坚决反对语言领域里的帝国主义（linguistic imperialism），反对语言霸权主义，为维持语言的和谐共生的生态环境而做出贡献。

三、语言生态与语言和谐的良性互动

语言生态与语言和谐之间有着千丝万缕的联系，它们之间是良性互动的、相互制约、相互影响、协同一致的。良好的语言生态环境是语言和谐的必要条件。要构建良好的语言生态环境，我们必须考虑人对语言生态的基本态度。上文谈到，人在良好的语言生态的构建中起着至关重要的作用。其实，在对待自然生态环境问题上，不同的人所起到的好的和不好的作用已经给我们提供了借鉴，如动、植物保护者和他们的反对派之间的斗争，就是人类不同态度的表现。在这种斗争中，保护者胜利了，自然生态的改善、良好的生态环境的构建就有了保障，反之，则会遭到破坏。人对语言生态的基本态度，取决于他对语言的本质的认识，取决于他对不同语言的不同功能的了解，取决于他的语言观念和语言忠诚，还取决于他运用语言的熟练程度和水平。一个人，无论他的国籍、民族怎样，无论他的文化层次、宗教信仰如何，他每天都在用一种语言进行交际，他在交际中必然会接触其他人（同国家、民族的人和不同国家、民族的人等）、其他语言（自己的母语和外语等），这是无法改变的事实，人与人、人与语言之间这种无法剥离的关系，正是人们希望有一个良好的语言生态环境的必然要求，人对待语言生态环境为什么不能有一颗热爱和保护的善良的心呢？难道在一个恶劣的语言生态环境中，人的思想意识、交际行为、语言运用和生活质量会是很好的吗？所以，对待语言生态环境的态度，"择善而固执之者也"是再明智不过的了。

语言与语言的和谐共生是良好的语言生态环境的基本标志。良好的语言生态环境跟正确地处理语言与语言之间的关系是联系在一起的，如何处理语言与语言之间的关系，这个问题在一些语言学著作中已经被论述得相当透彻，我们认为关键是如何做到"和谐共生"。自然界动物可以在天然形成的"食物链"中获得和谐共生，植物则在大自然的生态王国里各取所需，共生共长。语言从它产生之日起，就在人类社会中担负着特殊的使命，充当着特殊的角色，社会越进步、越开放，语言之间的关系就越密切、越复杂，反之，社会越落后、越封闭，语言之间的关系就越疏远、越简单。人类社会的发展，科学技术的进步，缩小了不同国家、不同民族、不同语言之间的距离，语言接触、语言融合、语言竞争、语言濒危甚至消亡等影响语言生态的现象就会不可避免地发生。我们强调语言与语言之间的和谐共生，就是要正视语言所面临的生态环境问题，无论是处于什么状态的语言，只要这些语言还作为交际工具在为人类服务，我们都应持平等、公正的态度，一视同仁地对待它们，让不同的语言在地球上和谐共生，分工合作，在各自的范围内发挥各自的功能。

良好的语言生态环境的构建是一个系统工程，它依赖于整个人类社会的共同努力。语言是人类的共同财富，语言生态和自然生态一样，是人类必须高度重视、倍加珍惜、使之趋于完美的家园。钱冠连先生说："人活在语言中，人不得不活在语言中，人活在程式性语言行为中……"[①] 同样，人在某种程度上生活在语言生态环境之中。我们认为，良好的语言生态环境的构建这一系统工程，其主要特点就是它的整体关联性和协同互动性。根据谱系分类法，人类的语言首先分为若干个语系，从语系到语族、语支，再到语言，构成了一个严整的网络系统，语言与语言因其亲属关系的不同，在这个网络系统中具有不同的关联特点，语言生态上的这种谱系分布，跟自然界动、植物的谱系和人的家族谱系有着惊人的相似之处，因此，语言的和谐与自然生态的和谐、人类的和谐也有相通之处。良好的语言生态环境处处体现出语言与语言之间的协同互动性。人类不同的语言应该是共同发展和进步的，这正如人类社会应该整体从低级向高级前进一样。自然界天地万物的进化是在它们之间既竞争又合作的条件下完成的，语言何尝不是如此呢？语言与语言之间通过协同互动，大多获得了生机和发展，即使有的语言在协同互动中做出了牺牲，那也是社会发展和语言生态环境局部调节的结果，这种情形可以视为语言学领域里的"盖雅（Gaia）假说"。

语言的和谐是良好语言生态环境构建的目的，也是构建良好的语言生态的基本标准。语言的和谐意味着使用语言的人与人之间的和谐，意味着

---

① 钱冠连. 语言：人类最后的家园 [M]. 北京：商务印书馆，2005：36.

语言与语言之间的和谐，意味着语言内部各个要素之间的和谐，而构建良好的语言生态环境必须重点做好上述几个方面的工作。其实，语言和谐和良好的语言生态之间的关系是一种水乳交融的关系，做到了语言和谐，良好的语言生态环境才能形成，良好的语言生态环境形成了，语言和谐才有保障。因此，我们研究语言和谐问题时，应该考虑语言生态问题，研究语言生态问题时，又要考虑语言和谐问题。在《语言和谐论》一书中，我们指出："要构建和谐社会，必须弄清语言和谐问题，社会中的语言如果不和谐，构建和谐社会就失去了基石，人们的美好愿望就不可能实现。"① 今天，深入研究语言生态和语言和谐问题，探索构建良好的生态环境的规律，为构建和谐社会做出贡献，是摆在语言工作者面前的一项重要任务，每一个语言工作者都应该脚踏实地，勤奋工作，认真履行自己应尽的职责，努力完成这一伟大而光荣的任务。②

---

① 冯广艺. 语言和谐论 [M]. 北京：人民出版社，2007：1.

② 冯广艺. 生态文明建设中的语言生态问题 [J]. 贵阳：贵州社会科学，2008（4）.

第十三章　语言人与语言生态

　　"语言人"是现代语言学中经常提到的一个术语，法国学者海然热（Claude Hagege）专门写了一部著作，题目就是《语言人——论语言学对人文科学的贡献》（*L'Homme de paroles——Contribution linguistique aux sciences humaines*），《缤纷的语言学》（*Linguistics：A Very Short Introduction*）一书的作者、英国学者马休斯（P.H.Matthews）也在书中辟有专章讨论"语言人"（Homo loquens）。诚然，将"语言"和"人"组合成一个整体，其根据是"人是使用语言（符号）的动物"这一命题，恩斯特·卡西尔在《人论》中说："依靠把人定义为符号的动物，我们也就达到了进一步研究的第一个出发点。"[①] "语言人"最本质的特征就是使用语言（符号），将语言作为必需的交际工具，在一定的语言生态环境中生存并不断完善自我。从这一点看，"语言人"与语言生态环境具有唇齿相依的关系，因而，研究"语言人"和语言生态环境的内在联系也就是理所当然的事了。

一、语言人

　　语言和人是水乳交融的一个整体，当我们讨论严格意义上的"人"时，实质上已经包含了"语言"，因而，现代语言学中"语言人"才成为一个

---

① 恩斯特·卡西尔. 人论 [M]. 上海：上海译文出版社，1985：35.

专门术语，被学者们广泛使用。

（一）国外学者的论述

法国学者海然热的论述：

海然热在《语言人》一书的序言中，谈到了他写作这本书的具体设想：该书分三个部分："第一部分（上编）首先介绍当前对语言行为的研究的几个主要方向。第二部分（中编）谈谈语言学对了解人类有哪些主要贡献。第三部分（下编）阐明可以在此基础上建立有关人和社会的语言学理论。通贯全书的是一个含有互动意义的概念：对话。"海然热尤其注意解释语言和人之间的密切关系，他强调指出："语言行为是人类特有的一种禀赋，外在表现为词句。"他的书的中心课题是揭示"人类执拗不变的跟同类进行交谈的能力和从事交流的禀性"。他认为："词语的交流是决定所有其他交流形式的源头。因为，智人（homo sapiens）首先是作为语言人（homo loquens），即会讲话的人类出现的。"[①]

法国学者沙尔·巴依的论述：

作为语言人，在与其他人进行交际时，应该注意交际者之间的关系，根据不同的交际对象，适当调整自己的语言表达。沙尔·巴依说："与某人说话或者听某人说话的时候，我就忍不住会表现出特别的关系（或是亲密的，或是体面的，或是被动的，或是正式的），而这种关系就存在于我与这个人之间。我本能地就会考虑到我希望对他产生的影响和他可能对我产生的影响。我不断地想到他的年龄、性别、地位、他所属的社会阶层。所有这些考虑都会调整我对语言表达的选择，同时让我避开所有不得体的、伤感情的以及引起痛苦的表达。"[②]

印度学者克里希那穆提的论述：

运用语言与人交流是人类活动中最重要的活动方式，没有语言交流，人将失去一切，所以说，语言是人的存在之所，人是在语言中栖居的。印

---

① 海然热. 语言人——论语言学对人文科学的贡献 [M]. 北京：生活·读书·新知三联书店，1999：4-5.

② 沙尔·巴依. 语言与生命 [M]. 南京：南京大学出版社，2006：31.

度学者克里希那穆提说："没有任何人能与世隔绝，能完全摆脱与外界的联系。我们需要和花草树木、山川河流还有林中的鸟儿进行交流；我们需要同晚霞和朝露进行交流；我们需要同自己的邻居、伴侣和儿女进行交流。这种交流，是不受任何外界干扰的、纯粹的交流。只有通过这种方式，才能和外界事物真正地交流，才能让过去固有的种种成见从我们的脑海中消失。"①

美国学者萨丕尔的论述：

萨丕尔认为人"是生活在特定的语言之中"的，他说："人类并不仅仅像一般人所理解的那样生活在社会活动中，而更大程度地是生活在特定的语言之中，语言已经成为人类社会的表达媒介。如果以为一个人可以不运用语言而使自己基本适应现实，或以为语言仅仅是一种解决特定交际问题或思考的随行工具，那完全是一种错觉。事实是，'现实世界'在很大程度上是无意识地建立在一个社团语言习惯基础上的……我们看到、听到，以及其他方式获得的体验，大都基于我们社会的语言习惯中预置的某种解释。"②

德国学者海德格尔的论述：

德国学者海德格尔也对语言和人的密切关系做过深刻的论述，他认为说话是人的天性，语言最贴近于人的本质。他说："人说话。我们在清醒时说话，在睡梦中说话。我们总是在说话。哪怕我们根本不吐一字，而只是倾听或者阅读，这时候，我们也总是在说话。甚至，我们既没有专心倾听也没有阅读，而只是做着某项活计，或者只是悠然闲息，这当儿，我们也总是在说话。我们说话，因为说话是我们的天性。……无论如何，语言是最贴近于人的本质的。处处可见语言。所以用不着奇怪，一旦人有所运思地寻视于存在之物，他便立即遇到语言，从而着眼于由语言所显示出来的东西的决定性方面来规定语言。人们深思熟虑，力图获得一种观念，来说明语言普遍地是什么。适合于每个事物的普遍性的东西，人们称之为本

---

① 克里希那穆提.自然与生态 [M].上海：学林出版社，2007：20.

② 本杰明·李·沃尔夫.语言、思维和现实——沃尔夫文集 [M].长沙：湖南教育出版社，2001：119.

质。按流行之见，一般地把普遍有效的东西表象出来，乃是思想的基本特征。据此，对语言的思考和论述就意味着：给出一个关于语言之本质的观念，并且恰如其分地把这一观念与其他观念区别开来。"①

德国学者赫尔德的论述：

J.G. 赫尔德在《论语言的起源》中也谈到了语言和人的关系问题，他指出："假如有一个人像动物那样不会说话，甚至在其心灵中也不能用词思维的人，那他就是创世主造出的最悲惨、最没有意义、最遭冷遇的生物，而且与他作为人本身也是最大的矛盾。人孤立独处于宇宙之中，他不依附于任何物象，但又必须面对所有物象；他的生存没有任何保障，自我防御的能力也很低下。因此，人要么屈服于自然，要么就必须统治一切；要么以任何动物都不具备的智慧建立秩序、占有万物，要么就死亡。他必须在二者之间选择：或甘为奴隶，或借助理性成为万物的君主！或走向灭亡，或创造语言！迫于如此危急的需要，人的所有心灵力量都聚集起来，整个人类都为成为真正的人而奋斗——在这种情况下，可以发明、构造、组织、整理的东西真是太多了！我们如今已成为社会的人。……我们的社会由许许多多的个人组成，他们的能力和活动应当作为一个整体发挥作用，因此，从青少年起，社会就对能力和机会做出分配，使得人人有所不同。这样，社会或许要求一个人只有理性，以解答代数问题，而要求另一个人只需有刚毅、勇气和拳头就够了。后一个人对社会的用处在于，他虽非天才，但很勤勉；前一个人的用处在于，他只在一个方面是天才，在其他方面什么都不是。每一只飞轮都必须有确定的位置，所有的飞轮必须保持一定的相互关系，否则就不成其为一台完整的机器。"②

英国学者马休斯的论述：

英国学者马休斯说："语言学家认为'理智'且'博学'的智人首先是作为语言人，即会'说话'的物种而出现的，因为人类与其他物种最明显的区别就在于语言。"马休斯在比较了黑猩猩、大猩猩和人类的不同后谈到了"语言人"的社会由言语来维系的观点，在论述"'语言人'是如何

---

① 海德格尔. 在通向语言的途中 [M]. 北京：商务印书馆，2004：1-2.

② 赫尔德. 论语言的起源 [M]. 北京：商务印书馆，1998：78-79.

进化的"这个问题时，马休斯强调指出："人类社会规模较大，在其不断壮大的过程中，相互关系的维系主要是通过复杂的言语行为方式。'语言'成为维系社会的有效手段。"①

英国学者韩礼德的论述：

韩礼德的《语言与社会》（*Language and Society*）一书的第二部分设有"语言和社会人"（Language and Social Man）一节，他认为社会人与其他人的关系、社会人与以人构成的环境之间的关系是我们应该关注的问题。没有语言就没有社会人，没有社会人也就没有语言。② 韩礼德所说的"社会人"即"语言人"。

（二）国内学者的论述

我国学者陈原在《语言与人》这本书的序中说："语言和人是一种共生现象。"③我们对陈原先生的话进行了阐释，我们认为："语言离不开人，人离不开语言，这种共生关系决定了人只有运用语言来进行交际，交流思想，才能作为人而存在，也决定了语言只可能在人间存在，在除人之外的生物圈中是没有语言存在的。"④

2005年，商务印书馆出版了钱冠连先生写的一本书，书名是《语言：人类最后的家园——人类基本生存状态的哲学与语用学研究》，书名形象地说明了语言和人的关系。作者在论述"人活在语言中"时，深刻地指出：

> 我们生活在世，总是偏安于一所，不是我们不想占据所有的现实世界，而是注定不能。但是，我们有办法突破被圈居的一所。为此，我们得进入语言世界。语言既可以追古（时间维度）叙述古代，也可以言远（空间维度）谈论天边与天外。绝大多数的现实对于你来说是蒙蔽的、遥远的、虚幻的（只要你没有到过夏威

---

① P.H.Matthews[马休斯]. 缤纷的语言学 [M]. 南京：凤凰出版传媒集团、译林出版社，2008：13-26.

② M.A.K.Halliday.Language and Society，北京：北京大学出版社，2007（英文版）：65-130.

③ 陈原 . 陈原语言学论著第二卷 [M].，沈阳：辽宁教育出版社，1998：367.

④ 冯广艺 . 语言和谐论 [M]. 北京：人民出版社，2007：123.

夷，它对你就是蒙蔽的、遥远的、虚幻的、不现实的），但语言铺陈的世界，却是更真实的。在语言中展开的生活，就是可靠的与具体的。当人追求有意义的生活的时候（动物不知道追求有意义的生活），除了语言的叙述，几乎没有别的办法，能够使你感到什么是有意义的。正是词语，才真正向人揭示出比自然客体更接近于他的世界（人到死都只能接触到极小极小一部分自然客体）；正是词语，才真正直接地触动他的幸福和苦恼（人一生所体验到的幸福和苦恼是人世间幸福和苦恼中的极小极小的一部分）……

人，一生下来就哇哇大叫，稍稍有了半点感觉就冲着向他或她打招呼的一切人手舞足蹈，嘴里啊啊回应，这便是在冲向语言。冲向语言，就是冲向生活，冲向灿烂的生命。

言说真的是最具体的生活，因为大多数行为就寄生在言说上；言说真的是现实的生活，因为人是活在话语场里。①

钱先生的这一段话可以帮助我们认识语言和人的内在联系。

李国正先生的《生态汉语学》认为人群系统属于语言生态系统中的"自为系统"，人群系统是影响语言系统的一个环境变量，语言系统的"创造者是人群，使用者也是人群"。"人群是主体"。人群系统是"作为自在系统环境与语言系统相互联系的中介结构而存在"的。书中指出：

在生态语言系统中，可以把文化系统作为比社会系统更高的层次来加以研究。至于语言系统，它一方面在一定的社会中萌发，一方面又在一定文化中产生，它的创造者是人群，使用者也是人群。人群是主体，语言是人群主体与环境相互作用的产物。但是，在生态语言系统中，由于语言系统成为研究的中心对象，人群系统实际上只是影响语言系统的一个环境变量，另外语言系统与文化系统、社会系统、自然系统的相互作用，也都是通过人群系统

---

① 钱冠连.语言：人类最后的家园——人类基本生存状态的哲学与语用学研究 [M].北京：商务印书馆，2005：106–107.

来实现的。这样，人群系统就不仅作为自为系统而存在，而且作为自在系统环境与语言系统相互联系的中介结构而存在。①

孙周兴在《语言存在论》一书中说：

> 因为人在语言中，正是语言使人成为人，包括科学研究在内的人的活动，都是在语言中并通过语言来进行的。②

中外学者对语言和人的论述很多，有几点是一致的：第一，语言是人特有的，人是语言的动物。第二，"语言人"是一个特定概念，这个概念蕴涵着一个道理，语言和人是分不开的，在现代语言学领域里，"语言人"是一个整合概念。第三，语言和人都离不开社会，社会是语言和人必需的生存条件。第四，语言的发展和人的发展也是密不可分的。这四点是我们讨论语言和人的问题的基本前提。

二、语言人——语用主体

人是自然生态的主宰者，同样也是语言生态的主宰者。在自然生态面前，现代社会里的人是具有决定作用的因素，人可以利用自然、改造自然、美化自然，也可以污染自然、摧毁自然，破坏自然生态的和谐共生。

人是语言的运用者、操作者，人类社会中不同的民族都有自己的不同的语言，语言是民族的标志，也是民族的凝聚物，一个民族的语言如果在语言生态系统中失去它应有的位置，它可能会消亡，可能会出现濒危等。这是语言生态系统中的一种常见现象，固然有其深刻的政治、社会、文化等原因，但起关键作用的是人。例如一个国家对自己的全民共同语的规范、对官方语言的选择、对记录语言的符号系统的选定等，都是人为的因素在起作用。新中国成立以后，我国政府积极推广普通话，进行简化汉字

---

① 李国正. 生态汉语学 [M]. 长春：吉林教育出版社，1991：57.

② 孙周兴. 语言存在论 [M]. 北京：商务印书馆，2011：285.

和语言规范化工作，我国的语言生态与语言和谐都跨入了新的历史时期，普通话和方言之间的关系、汉语和汉字的关系、社会语用者之间的关系等都十分融洽。第一次简化汉字本已取得了巨大的成绩，但产生于"文革"期间的"二简字"，由于人为的极"左"思潮的干扰，破坏了汉字形、音、义之间的和谐关系，使简化汉字工作走上了歧途，乃至后来不得不废除"二简字"。

语用主体的可塑性是指一定的社会环境对语用主体影响所形成的语用主体的语用能量，从语言生态学的角度看，语用主体的可塑性受制于一定的语言生态环境。同一个语用主体，由于所处的语言生态环境不同，所表现出的语用能量是不同的。由于语言生态环境的不同，语用主体必然会不得不采取各种不同的适应性策略，如同生物在不同的自然生态环境下不得不通过不断地变异以适应其生存条件一样。语用主体的可塑性具有几个鲜明的特征：一是语言生态环境决定语用主体的动态趋向。二是语言之间的竞争决定语用主体的语用活力。三是语言生态变异决定语用主体的生存意识。

1.语言生态环境决定语用主体的动态趋向。良好的语言生态环境，可以吸引语用主体，使语用主体心情舒畅地进行语用实践，相反，恶劣的语言生态环境，则是语用主体极力回避的，它也直接影响着语用主体正常地进行语用实践。在语言生态环境中，如果各种语言的语言地位是一样的，语言也是平等的，不存在强势和弱势之分，语用主体的动态趋向不太明显，如果各种语言的地位不同，且存在着语言不平等，强势语言和弱势语言非常清楚，语用主体可能会发生不同的动态趋向，要么依附于强势语言，要么对强势语言产生嫉妒甚至对立心理，趋向于同情或支持弱势语言。语言生态环境还决定语用主体运用语用手段的基本态势，因为语用手段的运用和语言生态环境的关系十分密切，人们会根据不同的语言生态环境采取不同的适应性的语用手段。

2.语言之间的竞争决定语用主体的语用活力。就像自然生态环境中各种生物之间存在激烈的竞争一样，语言生态环境中，各种语言之间也存在着激烈的竞争。各种语言之间的竞争包括语言地位的竞争、语言使用范围的竞争、语言权利的竞争以及语言生存条件的竞争等。由于语言竞争涉及语用主体的切身利益，所以它深深地影响着或者说刺激着语用主体的语用活力。一般说来，语用主体对自己所使用的语言，抱有深厚的语言感情，在语言竞争中，为了使自己所使用的语言获得竞争上的胜利，语用主体往往会发挥重要的作用，他们会为其语言地位的巩固和提高、为其语言使用范围的保持和扩大、为其语言权利的拥有和持续、为其语言生存条件的改善和长久而焕发出更加充沛的语用活力。我们曾指出，语言之间的竞争，就是人的竞争，即语用主体的竞争。语用主体为自己所使用的语言而焕发出的语用活力是影响语言竞争成败的重要因素。

3. 语言生态变异决定语用主体的语用变化。语言生态是动态的，它处于不断的变异之中，语言生态是朝着良好的方向变异、发展，还是朝着恶劣的方向变异、发展，对语用主体的影响是很大的。语用主体在良好的语言生态环境中使用语言，无论是语用心态还是语用行为，都很正常，语用主体会根据表达的需要，正常地使用语言。而在恶劣的语言生态环境中，语用主体不可能正常地使用语言，语用主体的语用心态和语用行为都会发生变化，甚至出现语用心态和语用行为上的不正常。所以，关注语言生态变异，了解语言生态环境对语用主体的影响，是非常必要的。

三、语言人的竞争与合作

不同语言的竞争说穿了是人的竞争，是人所创造的社会实力（包括语言这种"软国力"）的竞争，如不同的人所运用的母语之间的竞争，多种族、多语国家采用何种语言作为"国语"的竞争，在世界范围内，采用哪一种或哪些种语言作为"通用语"的竞争等，这些竞争会对语言生态环境产生一定的影响，这些竞争的掌控者是人。人的语言态度、语言忠诚、语言素质、语言选择等直接作用于良好语言生态的构建，也决定着语言生态系统发展、演变的走向。如当今社会，英语作为"强势语言"，风靡全球，一方面与美、英等国"唯英语独尊"的语言政策有关，另一方面也跟英语本身在语言竞争中获得了较高的国际地位有关，与不少国家、地区和人民的语言选择、语言态度等有关。

使用某种语言的人数的多少会引起这种语言的生态位发生变化。一种语言，使用人数多，且形成了坚固的语言阵营，其语言竞争力就很强，反之，一种语言，使用人数少，且没有形成坚固的语言阵营，其语言竞争就很弱。如果一种语言到了没有人使用的境况，这种语言就没有什么竞争力可谈了。

使用人数的多少是衡量语言竞争力的重要指标。尼古拉斯·奥斯特勒所著《语言帝国：世界语言史》一书称世界上使用人数排在前20位的语言为"今日二十强"，即汉语（普通话）、英语、北印度语、西班牙语、俄语、孟加拉语、葡萄牙语、德语、法语、日语、乌尔都语、韩语、汉语（吴语）、爪哇语、泰卢固语（印度东部德拉维拉语言）、泰米尔语、汉语（粤语）、马拉地语（属印欧语系印度语族）、越南语和土耳其语。不过，这里将汉语吴方言、粤方言和汉语（普通话）分别当作三种不同的语言统计是不妥当的。[1]

一个社会局部的语言生态环境和整体的语言生态环境的营造，依赖于人的积极作用。人既可以在某一个范围内创造良好的语言生态环境，就像人可以创建某一个地区的自然保护区一样，人还可以通过某个集体、某个团体的合作，甚至整个人类的合作，使世界范围内的语言生态处于良好的境况之中，当然，这只是一种理想，在现实社会里，语言生态之所以遭到人为的破坏，与不同的人的不同主张、不同行为是密切相关的。因此，人与人之间有必要为构建良好的语言生态进行磋商，达成共识。新加坡的语言状况就说明了这一点。新加坡是一个多语国家，英语、华语（汉语）、马来语和泰米尔语和谐相处，形成了一个非常融洽的语言生态，几种语言在经济社会和人际交往中都发挥了应有的作用。

在语言实践中，个人的语言运用如果很好地遵循合作等语用原则，注重与他人密切配合，可以形成良好的语用环境。2010年7月10日，在华中科技大学2010届本科生毕业典礼上，该校校长、中国工程院院士李培根

---

[1] 尼古拉斯·奥斯特勒. 语言帝国：世界语言史 [M]. 上海：上海人民出版社，2009：481.

做了一篇题为《记忆》的演讲，16分钟充满个性和魅力的演说，被掌声打断了30次。全场7700余名学子为之热泪盈眶，不约而同地起立高喊："根叔！根叔！"在2000余字的演讲稿中，李培根把4年来的国家大事、学校大事、身边人物、网络热词等融合在一起。"俯卧撑""躲猫猫""打酱油""妈妈喊你回家吃饭""蜗居""蚁族""被就业""被坚强"……都是李培根演讲中出现的词汇。一个"不讲官话"的校长，一个用心与学生交流的校长，一个文笔平平的校长，却用自己的真诚和素朴赢得了学生的尊重，李培根也成了当年最受欢迎的校长。

人在现实生活中的基本状况（如政治上、经济上、精神上、物质上的状况等）是形成人对待语言生态的基本态度的重要条件。在对待自然生态方面，人对自然生态的积极的、消极的利用，跟人的政治上、经济上、精神上、物质上的境况紧密相连，例如，"绿色和平组织"（Greenpeace）和日本捕鲸者发生冲突，主要原因是"绿色和平组织"主张保护自然生态环境，保护"鲸"这一珍贵种群，而日本捕鲸者则与"绿色运动"相反，他们与"绿色和平组织"的政治主张背道而驰，出于获取经济利益的需要，大肆捕杀鲸群，既严重地造成了海洋生态的不平衡，也助长了生态环境破坏者的气焰。对待语言生态亦是如此。如在当前我国建设社会主义生态文明的同时，一定要重视语言生态问题，努力处理好普通话和方言的关系、汉语和外语的关系、汉语和少数民族语言的关系、少数民族语言之间的关系、方言和方言的关系等，尤其要慎重对待濒危语言，坚决反对语言领域里的帝国主义（linguistic imperialism），反对语言霸权主义，为维持语言和谐共生的生态环境而做出贡献。

语言人是语言生态的主宰者，语言人在良好的语言生态环境构建中的作用也是无与伦比的。作为语用主体的语言人，具有极强的可塑性，他们既可以在良好的语言生态构建中发挥积极的作用，使语言生态环境更加和谐美好，也可以在良好的语言生态构建中成为消极的因素，使语言生态环境朝着不好的方向发展。因此，语言生态环境的好坏，人是决定的因素。关注语言人的竞争与合作、关注语言人的语言态度等是语言生态学的一项重要工作。

第十四章　语言态度的三种表现

在现代语言学中，语言态度（language attitudes）是人们经常谈论的一个话题，它指的是："不同语言（或变体）的说话人对自己的语言和彼此的语言的态度。对一种语言表示正面或反面的情绪有可能反映一个人对语言的难度、语言的重要性和语言的社会地位的看法，也可以表现出人们对说某一种语言的人的态度。在第二语言或外语的学习中，语言态度可以施加一定的影响。检验语言态度可以提供对语言教学和语言规划的有用的信息。"[①] 简言之，语言态度是指人们在语言生活中对待某种语言的基本意见、主张以及由此带来的语言倾向和言语行为。从语言生态学的角度看，语言态度对构建良好的语言生态十分重要。本文讨论语言态度中的三种突出表现：语言忠诚、语言特权和语言忧患。

一、语言忠诚

劳允栋《英汉语言学词典》对"语言忠诚"（language loyalty）的解释是："一个国家的少数民族在使用该国的优势语言之同时竭力保持自己的民族语言的现象。如美国的一些移民群体（爱沙尼亚等）表现出高度的语言忠诚。"[②] 我们认为语言忠诚是热爱和忠于自己的民族语言、竭力保持自己的

---

① 劳允栋.英汉语言学词典[M].北京：商务印书馆，2005：320.321.

② 劳允栋.英汉语言学词典[M].北京：商务印书馆，2005：320.321.

民族语言的一种情感和行为。

当语用者自己的民族语言和外来语言发生矛盾，外来语言试图取代民族语言时，语言忠诚就表现得比较突出。都德的小说《最后一课》反映了这种情感，小说中的人物韩麦尔先生就是一个对法语抱有语言忠诚的人，他说："法国语言是世界上最美的语言——最明白，最精确；我们必须把它记在心里，永远别忘了它，亡了国当了奴隶的人民，只要牢牢记住他们的语言，就好像拿着一把打开监狱大门的钥匙。"

语言忠诚往往和政治倾向、民族情感联系在一起，跟一个国家的语言制度或语言政策联系在一起。当一个国家在国家共同语的制定、官方语言的选择等方面涉及民族语言问题时，语言忠诚的问题就凸现出来了。美国学者约翰·甘柏兹在《言语共同体》中说：

> 当一种书面体成为某个民族或社会运动的象征时，就牵涉到语言忠诚问题。语言忠诚将各个地区集团和社会阶层团结在一起，尽管个人在家庭圈子里很可能说各自的土话。书面语为阅读和公共交往所用，因而体现一个民族或地区的文化传统。人们选用书面语表示自己对于比家庭或家族观念更大的政治观念的忠诚。①

这一段话中有几点值得我们注意：第一，将某一种语言作为社会或民族的"象征"时，要充分考虑人们的语言忠诚问题，因为语言忠诚问题会引起社会政治问题，或者说会引发社会矛盾、政治矛盾和民族矛盾。第二，语言忠诚是"团结"各个地区集团和社会阶层的"标杆"，是具有社会凝聚力的精神力量，必须高度重视，在公共交往时使用某种语言更能体现出"一个民族或地区的文化传统"。第三，要考虑人们在不同的场合有使用不同的语言的问题，在社会公共交往中和在私人家庭圈子里可以使用不同的语言（或语言的变体），应该允许语用者有这种自由。但当二者有冲突时，在语言选择上，个人家庭圈子的"土话"要服从社会"公共交往所用"语言的需要。

---

① 祝畹瑾.社会语言学译文集[M].北京：北京大学出版社，1985：43.

　　我们对海南省三亚市凤凰镇水姣村委会下属四个行政村黎族人使用黎语的情况和他们的语言态度进行过调查，调查主要采用问卷调查法和深度访谈法，发放调查问卷90份，问卷涉及各年龄段人群，问卷内容主要涉及居民黎语掌握程度、对黎族传说故事熟悉程度和对母语的态度评价等方面。

　　发放的90份问卷调查对象都会说黎语，而且在家庭、村子、本族人之间，黎语是最主要的交流手段，同时他们的汉语普通话掌握水平也较高（他们能用汉语与我们进行较通畅的日常交流）。

　　下表是对年龄层在20岁以内的调查对象的抽样反应：

姓名	年龄	文化程度	黎语掌握水平
符慧芬	6	小学	会，不好
符贝贺	7	小学	会，一般
董娟娟	10	小学	会，很好
箫颖	10	小学	会，一般
符阿文	13	小学	会，一般
王东东	15	初中	会，一般
符乃珊	17	初中	会，很好
符乃元	17	初中	会，一般
高也妙	18	高中	会，一般
周雪	18	初中	会，很好
苏仙	18	中专	会，一般
符静	19	中专	会，一般
苏正卡	19	初中	会，一般

　　下表是对年龄层在20岁至30岁的调查对象的抽样反应：

姓名	年龄	学历	黎语掌握水平
符人士	20	初中	会，很好

续表

姓名	年龄	学历	黎语掌握水平
董班琴	20	高中	会，一般
符向梅	22	本科	会，一般
苏卷泽	22	初中	会，一般
符照亮	23	专科	会，很好
王丽妹	25	初中	会，很好
胡秀梅	25	高中	会，很好
符超丽	27	中专	会，很好
李小凡	28	初中	会，一般
蒲金燕	28	高中	会，很好

下表是对年龄层在30岁至40岁的调查对象的抽样反应：

姓名	年龄	学历	黎语掌握水平
李桃	32	高中	会，很好
董春凤	32	初中	会，很好
蒲乃元	34	初中	会，很好
兰秀	37	初中	会，一般
董文华	38	初中	会，一般

下表是对年龄层在40岁至80岁的调查对象的抽样反应：

姓名	年龄	学历	黎语掌握水平
蓝秀英	40	小学	会，很好
符爱	40	初中	会，一般
林成英	40	初中	会，很好
蓝容	43	初中	会，一般
符章平	46	初中	会，很好

姓名	年龄	学历	黎语掌握水平
王开明	50	高中	会，很好
符定辉	59	高中	会，很好
符金英	60	小学	会，很好
符定详	64	初中	会，很好
董阿一	70	没上学	会，很好
苏有昌	72	初中	会，很好

100% 的村民基本掌握黎语，村民掌握黎语状况的详情如下表：

年龄段	人数	很好		一般		不好	
		人数	百分比	人数	百分比	人数	百分比
5~19 岁	26	7	26.9%	17	65.4%	2	7.7%
20~29 岁	29	20	69%	9	31%	0	0
30~39 岁	11	8	72.7%	3	27.3%	0	0
40~59 岁	16	11	69%	5	31%	0	0
60 岁以上	8	8	100%	0	0	0	0

　　总体而言，这四个行政村的黎族人都会说黎语，黎语掌握传承情况比较乐观，主要是因为这四个行政村是黎族聚居密集地区，这是黎语稳定使用的客观条件，居民有符、兰、罗、董等姓，其中又以符姓最多，呈高度聚居状态，但无论哪个姓氏基本都属哈支系族群，据调查了解这四个行政村内人员的婚姻多于村内、附近黎族村或往来于三亚市黎族族群。另外，村周围主要是一些黎族聚居的小村庄，往乐东县城方向与福报、千家等黎族村相连，呈现大片黎族聚居状态，这为同属哈[①]支系的黎族聚居提供了一个母语使用的较大空间，是黎族语言能够长期完整留存下来的客观

---

① 礼记・曲礼下 [M].

条件。

　　开放的语言观念有利于黎语的稳定使用。对一种语言的语言态度是决定着使用者是否使用及如何使用这种语言的重要因素。对某种语言持什么态度、什么感情往往影响对这个语言的使用，语言态度包括了对母语的态度（是否忠诚）、对其他语言的态度以及双语态度等，黎族没有文字，口耳相传是文化传承的重要方式，所以水蛟村、白鸡村、下乙村、上乙村黎族居民都体现出其对自己民族语言的热爱，在调查的90份问卷中，所有的人都认为应该抢救和保护黎语，所有的人都会说黎语，只是掌握情况不同，即使第二语言很熟练的人回到村中，也只用黎语与同族人交流，表示对村民尤其是对长者的尊重。水蛟村、白鸡村、下乙村、上乙村居民对第二语言的态度也表现得比较积极，对海南话、普通话等的掌握都使得村民能够更好地发展经济，提高生活水平，这也使得海南话、普通话在潜在意识层面上对他们的母语产生了他们自己都没意识到的影响。

二、语言特权

　　世界上所有的人都具有同等的语言权利。但是由于存在着语言不平等，就会形成有些人享有语言特权。对于某种语言而言，语言特权主要表现为优势语言享有在国际事务中的语言特权，如英语在很大程度上享有语言特权，在国际事务中英语的语言特权表现在它已然是国际通用语，对一些弱势语言形成了强烈的冲击和威胁。对于个人而言，语言特权主要表现为掌握话语权的人在决策活动中使用语言的权利。语言特权是客观存在于现实社会之中的，要构建良好的语言生态环境，消除语言特权是十分必要的。

　　语言特权是不平等的社会现实的产物。社会的不平等将社会成员分成不同的等级，不同等级的人都有一套属于自己的独特的话语，处于最高等级的自然享有最大的语言特权。封建社会里的皇帝就是如此，皇帝的话是"圣旨"，皇帝一言既出，天下必照办之；皇帝否决之事，天下不能再议。对于处在不同等级上的人，必须采取与其相适应的语言表达方式来称谓，否则就不符合等级要求，不与语言特权配套。《礼记》中对封建等级及其特权（包括语言特权）有详细的记载，这里选录几条：

> 天子死曰"崩"，诸侯曰"薨"，大夫曰"卒"，士曰"不禄"，
> 庶人曰"死"。①
> 天子穆穆，诸侯皇皇，大夫济济，士跄跄，庶人僬僬。[5]
> 天子之妃曰"后"，诸侯曰"夫人"，大夫曰"孺人"，士曰
> "妇人"，庶人曰"妻"。公、侯有夫人，有世妇，有妻，有妾。
> 夫人自称于天子曰"老妇"，自称于诸侯曰"寡小君"，自称于其
> 君曰"小童"。自世妇以下曰"婢子"。子于父母则自名也。②
> 礼不下庶人，刑不上大夫。③
> 王者之制禄爵，公、侯、伯、子、男，凡五等。诸侯之上大
> 夫卿、下大夫、上士、中士、下士，凡五等。
> 天子之田方千里，公侯田方百里，伯方七十里，子、男五十
> 里。不能五十里者，不合于天子，附于诸侯，曰附庸。天子之三
> 公之田视公侯，天子之卿视伯，天子之大夫视子、男，天子之元
> 士视附庸。④

这当然是一种不正常的社会生态和语言生态，只有到了民主和法治的
社会里，这种情形才会发生改变。

消除语言特权必须摒弃特权观念。特权观念是社会不平等观念的体
现，特权观念蔓延，必然导致语言特权思想产生，从而使一些人的语用行
为出现畸形变异，并引发语言暴力。诸如"老子是检察长""我爸是李刚"
之类的话语就会在人们的语用实践中经常出现。只有在社会平等、消除特
权观念的条件下，语言特权才没有市场。

我国是一个主张语言平等、反对语言特权的国家，我国政府的相关法

---

① 礼记·曲礼下 [M].
② 礼记·曲礼下 [M].
③ 礼记·曲礼上 [M].
④ 礼记·王制 [M].

律、法规都对此有明确的规定。如《中华人民共和国宪法》中规定："中华人民共和国各民族一律平等。""在中国，各民族一律平等包括三层含义：一是各民族不论人口多少，历史长短，居住地大小，经济发展程度如何，语言文字、宗教信仰和风俗习惯是否相同，政治地位一律平等；二是各民族不仅在政治、法律上平等，而且在经济、文化、社会生活等所有领域平等；三是各民族公民在法律面前一律平等，享有相同的权利，承担相同的义务。"具体落实到语言上，就是各民族"享有使用和发展本民族语言文字的权利。宪法规定：'各民族都有使用和发展自己的语言文字的自由'。在国家政治生活中，全国人民代表大会、中国人民政治协商会议等重要会议，都提供蒙古、藏、维吾尔、哈萨克、朝鲜、彝、壮等民族语言文字的文件或语言翻译。中国人民币主币除使用汉字之外，还使用了蒙古、藏、维吾尔、壮四种少数民族文字。民族自治地方的自治机关在执行公务时，都使用当地的通用的一种或几种文字。同时，少数民族语言文字在教育、新闻出版、广播影视、网络电信等诸多领域，都得到了广泛的应用和发展"①。以新疆为例，《新疆的发展与进步》中指出："国家坚持各民族语言文字一律平等的原则，反对任何形式的语言特权。自治区政府根据新疆的具体情况，于1988年和1993年相继颁布了《新疆维吾尔自治区民族语言使用管理暂行规定》和《新疆维吾尔自治区语言文字工作条例》，从制度上保障少数民族使用本民族语言文字的自由和权利。新疆目前13个世居民族使用10种语言和文字。自治区及各自治州、自治县机关执行公务时，同时使用自治民族和汉语两种语言文字。新闻、出版、广播、电影、电视等都广泛使用少数民族语言文字。《新疆日报》用维吾尔、汉、哈萨克、蒙古四种文字发行。新疆电视台用维吾尔、汉、哈萨克、蒙古四种语言播放节目。新疆人民出版社用维吾尔、汉、哈萨克、蒙古、柯尔克孜、锡伯六种文字出版各类图书。新疆各出版社出版的图书与音像制品中使用少数民族语文的占到70%以上。"②这些事实充分说明，新疆是一个维护语言一律平等的地方，在那里语言特权是没有市场的。

---

① 中国的民族政策与各民族共同繁荣发展.光明日报，2009-09-28（9）.

② 光明日报，2009-09-22（11）.

三、语言忧患

语言忧患即人们常说的语言忧患意识。语言忧患意识也是和语言生态紧密相连的，它主要是由人们对现实语言生态环境的不满和忧虑所引起的。何九盈先生说："眼看英语独霸天下，汉语地位今不如古，语言污染日益严重，语文滑坡之势几乎无法逆转。中年以上的文化人，'语文忧患意识''母语忧患意识'油然而生。"① 语言忧患意识表现在对自己母语的忧患、对国家的社会语言生活的忧患、对世界语言系统中不同语言的命运的忧患和对个人语言使用前景的忧患等方面。

1. 对自己母语的忧患

2005年，文化艺术出版社出版了一本由朱竞主编的名为《汉语的危机》的书，一看书名就可以猜出这本书的大致内容。仔细翻阅后，我对书中文章的作者便产生了一种敬意，书中分"汉语与语境""汉语与危机""汉语与失语""汉语与暴力""汉语与忧思""汉语与未来"等单元，文章作者多为作家、诗人、评论家，我们佩服这些作者敏锐的学术眼光，也赞赏他们对自己的母语的强烈的忧患意识。我们认为，对自己母语的忧患，来源于语言态度上对母语的忠诚和热爱，同时，表现出一个人的语言素质或语言修养。

关于母语和外语的关系。我们认为，无论如何，母语都是第一位的，母语是基础，母语不好，要想学好外语也是做不到的。何九盈先生指出："处在全球化的背景下，尤应坚持母语第一、外语第二的原则；外语重要，母语更重要。从个人修养而言，多一门外语就多一双眼睛，学习外语，多多益善；从职务要求而言，应区别对待，以实际需要为考核标准，不能一刀切。不论在任何情形下，我们都应注意，语言问题乃民族生死存亡所系。语言扩张，语言同化，时刻都在发生，我们要有相应的政策、制度，抵制扩张，抵制同化。而且，汉语要走向世界，积极参与竞争。传播汉民族的语言文化，也是为全球做贡献。"②

---

① 何九盈.汉语三论[M].北京：语文出版社，2007：2.272.

② 何九盈.汉语三论[M].北京：语文出版社，2007：2.272.

改革开放以来，尤其是进入21世纪以来，出于对外交流的需要，外语学习受到重视，母语的学习和教育在某种程度上被忽视了，我们的母语及其所蕴含的文化被一些人淡忘了，不少有识之士看到了这一点。《光明日报》2009年7月31日发表史灿方题为《复兴母语文化的思考》的文章，文章分析了"母语文化式微现象种种"，主要原因是：

a. 重外语教育而轻母语教育，母语教育边缘化导致母语文化传承的危机。

B. 重应试教育而轻母语能力培养，导致学生母语修养的缺乏。

C. 重通用语言和规范字推广而轻方言繁体字保护，导致弱势方言和繁体字文化传承的濒危。

D. 重简单的知识教育而轻母语文化的情感教育，导致母语文化主流地位的丧失。

我们认为史先生所说的四点是非常重要的，应该予以高度重视，我们在充分重视外语教育的同时，不要忘了我们的母语，不要忘了我们的母语所蕴涵的文化，这是我们的"根"。就像一首歌里所唱到的，我们应该"把根留住"！

提高母语水平是非常重要的，我们应该把对自己母语的忧虑转化为提高母语运用水平的实际行动。国家语委副主任、教育部语用司司长王登峰说："一个人的母语水平，用爱因斯坦的话来讲，是真正反映这个人的创新能力的。不能用母语思考的人，他的创新能力是有限的。中国汉字，其实就是蕴涵了中国文化的思维方式在里面。客观上来讲，我们对外语的要求甚至超过了对母语的要求。高考之后，对母语的要求就没有了，而对外语的要求却是持续终身的。这样一来，就使得很多人都只有一个基础性的母语知识，再进一步的提升就没有了。"[①] 提高母语水平，要求国家在语言政策的制定上要有明确的规定，要求各级行政部门要有必要的措施，同时要求每一个公民要有学习母语、提高母语水平的决心和信心。

另外，要强化人们的语言素质。语言素质即一个人在语言方面的素养。在《语言素质概论》一书中，我们指出："语言素质表现为个人借助语

---

① 该用中文的地方一定用中文——访国家语言文字工作委员会副主任王登峰 [N]. 光明日报，2010–09–15（10）.

言文字媒介服务社会、谋求自身生存和发展的适应程度以及熟练水平。具体地说，应为一个人有语言文字知识、语言文字技能、语言文字能力、语言文字方法等四个基本方面构成的有机整体，其中，语言文字知识是指有关语音、词汇、语义、语法、文字、语用、修辞等的基本概念、基本观点、基本原理；语言文字技能是指学习、理解和运用语言学理论，分析语言现象，提出、解决与语言文字有关的问题的能力；语言文字方法着重指上升到哲学高度的语言学一般方法，如历史比较、结构分析、转换生成等对其他学科有过或正在产生重大影响的观念和方法。"[1] 现在看来，语言素质还应该包括一个人贯彻和执行国家语言政策等方面的能力和水平。从语言生态学的角度看，还包括一个人自觉维护良好的语言生态环境的责任感。

2. 对国家的社会语言生活的忧患

一个国家的语言生活应该是和谐、健康的，教育部语用司司长王登峰在《构建和谐的语言生活》一文中指出："语言文字是人们传递信息和沟通的工具，是社会历史和文化的载体，做好语言文字的管理工作，构建和谐的语言生活，是保证我们国家、民族可持续发展的基础。在新形势下，语言文字工作的指导思想是依法管理，对语言文字形势的发展做到因势利导，落实语言文字工作'以人为本'的方针，促进语言文字工作的全面、协调、可持续发展，做到统筹兼顾。"[2] 在一个多民族统一的国家里，国家语言生活最重要的方面是要处理好几个关系，即国家推行的民族共同语和各民族自己的语言（民族语）之间的关系、民族语与民族语之间的关系、民族共同语和方言之间的关系、方言与方言之间的关系，还有全民语言规范与个人言语变异之间的关系、语言与文字的关系等，这些关系处理不好，不仅影响和谐语言生活的构建，还会影响国家的长治久安，影响国家的可持续发展。世界上有的国家，由于上述几个关系没有处理好，引发国家分裂、民族矛盾和语言冲突，这是值得引以为戒的。从语言生态的角度看，处理好上述几个关系，是形成良好的语言生态环境的基本条件。

一个国家的社会语言生活是这个国家语言生态的重要标志，这个国家

---

① 王登峰.构建和谐的语言生活 [N].光明日报，2008-02-22（10）.

② 晓义（冯广艺）.语言素质概论 [M].武汉：湖北教育出版社，2000：2.

的社会语言生活是和谐有序的，健康鲜活的，其语言生态也是如此。近年来，我国政府相关部门十分注意对社会语言生活的关注，从2005年起，每年都颁布《中国语言生活绿皮书》，绿皮书全面、深入、具体地记录了我国语言生活的面貌，反映出我国的语言生活基本是和谐的，语言生态环境是良好的。

3. 对世界语言系统中不同语言的命运的忧患

荷兰学者斯旺说："世界上的语言形成了一个自成一体、井然有序的系统。语言集团的格局一直变动不居，仍将不断变化。有的集团人口大增，语言传于后世，而有的集团则在饥馑、疾病或失败中消亡。移民到了新地方，也会带去他们的语言。但如果人们习得了母语之外的新语言，语言系统的变化就会快很多。以前，这种语言学习反映着不平等的关系：战败和被统治的集团被强制（有时则没有被强制）采用征服者和统治者的语言；或者，弱小贫穷的集团与强大富有的集团开展贸易时被迫学习后者的语言。语言学习呈'向上'之势：小语言学习大语言，小传统学习大传统，贫穷的语言集团学习富有的语言集团，被征服的民族学习征服者。"①

世界语言系统中不同的语言，其命运也是不同的。从语言生态学的角度看，不同的语言所处的语言生态环境是有差异的，这是因为语言与国家、社会的联系太紧密了，国家、社会的基本状态等决定了语言的状态。现实社会中处于优势的国家，其所运用的官方语言往往也是优势语言，英语之所以成为世界上炙手可热的优势语言，与美、英等在世界上的优势地位密切相关，尤其是与美国在世界上的霸主地位密切相关。另外，由于不同的语言使用人口有多有少，有的使用人口极少的语言的命运就值得担忧了。例如，我国的少数民族赫哲族使用自己的赫哲语的人数只有几十人，赫哲语是高度濒危的语言，其命运当然令人担忧了。仅我国类似赫哲语的语言有十余种，这应该引起人们的高度重视。

4. 对个人语言使用前景的忧患

个人语言使用主要体现他的母语是什么或他的语言选择方面，一般来

---

① 艾布拉姆·德·斯旺. 世界上的语言 [M]. 广州：广东出版集团、花城出版社，2008：31.

说，他的母语或在语言选择上所选择的是强势语言或优势语言，他可能不会对自己的语言使用前景存在忧患。他的母语或他在语言选择上所选择的是弱势语言，他当然会对自己的语言使用前景有所忧患。事实上，一个人所使用的语言或者说他的语言选择，跟一个人所处的国家、社会等有必然的联系，同时也跟一个人的语言态度、语言忠诚、语言情感紧密相连。如果说一个人对自己的语言使用前景存在忧患的话，倒不如说是他对他选定的语言的一种情感的表现，因为他使用的语言最大的可能是他的母语，也有可能是他所钟情的某种语言。个人对语言使用的前景的忧患，主要体现在：他认为他所使用的语言（包括他的母语）能否在世界语言系统中继续生存和发展，他所使用的语言能否继续作为他的国家、他所属的民族（或种群等）的语言继续使用下去，他所使用的语言能否得到进一步的发展和壮大，他所使用的语言能否在文化传承和民族凝聚方面发挥重大的作用等。这些问题是个人语言使用的前景问题，是每一个语言使用者，尤其是在语言使用上属于弱势语言的语言使用者应该担忧的问题。在我国，目前有很多汉语学者对汉语（母语）的前景有所忧虑，有学者提出要"保卫汉语""捍卫母语"，有学者还认为我们应该有一种"汉语情结"，以此来抵制英语这种强势语言的扩张。[①] 还有学者把自己的生存和母语使用前景紧密地联系在一起，用形象化的语言说："我们只能在母语中生存。一个汉语写作者，与其孜孜于让外国人说好喝彩，梦寐以求登上斯德哥尔摩的颁奖台，不如潜心倾听他生息其上的那片土地的歌哭，用母语的音符谱写一部部交响乐或者一支支小夜曲。"[②] 汉语是世界上使用人数最多的语种，只要我们认真做好语言规划，增强母语意识，制定恰切的语言政策，提升整个中华民族运用汉语的水平，在国际语言社会里更好地发挥汉语的功能，汉语是会有美好的发展前景的。

[①]　戴昭铭. 全球化、英语霸权和中国的语言教育政策——对英语扩张的人类语言学透视 [M]// 语言学问题论丛（第一辑）. 北京：生活·读书·新知三联书店，2006：199.

[②]　彭程. 在母语中生存 [M]// 汉语的危机，北京：文化艺术出版社，2005：78.

第十五章　语言接触对语言生态的影响

语言接触（language contact）是指"同一地区或邻近地区交往频繁的不同民族的相互融合及相互影响。影响涉及语音、语言结构和语义等方面，也会涉及称呼和问候语等的交际方法上。语言接触多发生在有大量移民的地区（如美国、拉丁美洲、澳大利亚和非洲一些地区），以及语言接壤地区（language border area，如印度的一些地区）"①。语言接触的情形十分复杂，特别是在当今信息社会里，除了大量移民地区、语言接壤地区有语言接触之外，在网络世界、在现代化的信息传递过程中，也存在着语言接触。语言接触是影响语言生态的重要方面，它在引起语言变化的同时，也使语言生态格局和环境发生了变化。

我们认为语言接触对语言生态的影响主要有如下八个方面。

一、形成语言兼用

在开放的社会环境里，语言兼用的现象越来越普遍。一是在双语和多语的环境里，人们常常采用兼语方式，根据不同的交际需要选择不同的语言。如我国的特别行政区香港属于双语（汉语和英语），香港居民大多是汉语和英语兼用者。我国少数民族地区，很多地方都是汉语和民族语兼

---

① 劳允栋. 英汉语言学词典 [M]. 北京：商务印书馆，2005：320.

用。如：内蒙古自治区很多人兼用蒙古语和汉语，广西壮族自治区很多人兼用壮语和汉语等。

从语言制度上讲，语言兼用和双语制、多语制是联系在一起的。在一个国家和地区如果实行的是双语制或多语制，那么就会有很多的双语人和多语人，就会有语言兼用的现象存在。语言兼用有多种类型，涉及母语和其他语言的关系。如果是语言兼用，母语和其他语言有平等兼用、不分主次的情况，也有一主一次、一主多次的情况（或是以母语为主，其他语言为次，或是以某种其他语言为主，以母语和别的语言为次）。袁焱博士在《语言接触与语言演变——阿昌语个案调查研究》一书中对阿昌族语言兼用做过深入细致的研究，她认为阿昌族的语言兼用有如下类型：一是从兼用范围上分，可分为全民型和局部型；二是从程度上分，可分为熟练型和半熟练型；三是从数量上分，可分为二语型和多语型。从语言获得顺序上，可分为并行型和先后型；从语言获得途径上，可分为自然习得型和学校获得型；从兼用语的功能上分，可分为共同语兼用型、区域语兼用型、族内语兼用型、外语兼用型。[①] 阿昌族的语言兼用很有典型性。2010年暑期，我们赴海南岛调查黎语的使用现状，发现黎族人中，存在着语言兼用的现象，尤其是年龄大的黎族人，兼用汉语和黎语，在兼用程度上有熟练型的，也有半熟练型的。由于在语言兼用上存在着各种不同的类型，必然形成不同语言兼用者具有不同的语言能力和语言运用水平。另外，语言兼用者也会根据不同的语用场合和自己的语言能力和语用水平，优先使用自己所兼用的语言当中的一种语言，有学者称这种情形为"双语使用场合的互补和谐"。

语言兼用中会出现几种现象，一是语言兼用者会因不同的场合、环境和交际对象的不同，而灵活地进行"语码转换"（如上引文中就有这种情况），这说明，语言兼用不是整齐划一的，往往比较灵便，语言兼用者会自觉不自觉地根据自己的语言特长，适应特定的需要转换使用语言。二是语言兼用还存在着"语码混用"，即在使用一种语言时常常夹杂着另一种

---

① 袁焱. 语言接触与语言演变——阿昌语个案调查研究 [M]. 北京：民族出版社，2001：103–104.

语言的成分（尤以词汇夹杂居多）。三是因语言兼用的类型以及语言兼用者主观和客观条件的不同，会使语言兼用的情形复杂多样。在语言接触中，语言兼用和语言转用有密切的联系，当社会条件发生改变、语用环境发生变异，语言兼用者的语言态度发生变化以后，语言兼用可能会转化为语言转用。

语言兼用造就了大批双语双言人或多语多言人，这些人语言能力强，语用水平高，在现实社会中发挥了巨大的作用，他们在不同国家、民族或地区之间的政治、经济、文化、教育等的交往和不同语言之间的交流方面做出的贡献是不可磨灭的。

二、促使语言转用

语言转用是民族语言学、社会语言学等学科十分关注的问题，语言生态学同样十分重视这个问题，因为只要发生语言转用，就意味着语言生态发生了变化，语言转用的规模、速度等都跟语言生态紧密相连。语言转用的规模大、速度快，表明语言生态变化大、来势猛，反之，语言转用的规模小、速度慢，则表明语言生态变化弱，速度缓。无论如何，语言的生态格局都有所改变。

戴庆厦先生主编的《社会语言学概论》一书对语言转用的类型和社会条件做过深刻全面的论述，认为语言转用按范围分可分为"整体转用型"和"局部转用型"，制约语言转用的社会条件大致有三种情况，即"分布杂居或散居""部分人群脱离了民族的主体""族际婚姻"[1]。整体型语言转用会造成语言生态的重大变化，因为一个民族的人如果整体上放弃自己的母语，而转用其他民族的语言，势必造成这个民族语言的消亡。从这一点看，语言转用是造成语言消亡的原因之一。如果一个民族的语言转用是局部型的，其走向可能会有几种情形，一是继续维持着这种局部转用状态，一部分人发生了语言转用，另一部分人则继续使用自己的母语。二是语言

---

① 戴庆厦. 社会语言学概论 [M]. 北京：商务印书馆，2004：107–108.

转用的人数越来越多，使用自己母语的人数越来越少，逐步向整体型语言转用发展。三是语言转用的人数越来越少，使用自己母语的人又多了起来，这当然会使民族语言能够继续发展，保持活力。值得注意的是，前两种情况在语言转用中占主导，这是语言生态学应该认真对待的一个问题，因为它涉及如何保持语言的多样性等问题。

我们对海南保亭黎族苗族自治县加茂镇黎语使用情况做过调查，发现该镇不同年龄段的黎族人语言使用情况是不同的，其中语言转用也是不同的，因此形成了不同年龄段黎语和汉语等的不同使用情况。下表是不同年龄段黎族人黎语使用的抽样调查情况：

年龄段	人数	很好		一般		不好	
		人数	百分比	人数	百分比	人数	百分比
70 岁以上	7	7	100				
60 ~ 70 岁	11	8	72.7	3	27.3	0	0
40 ~ 60 岁	15	9	60	6	40	0	0
20 ~ 40 岁	19	10	52.6	6	31.5	3	15.9
7 ~ 20 岁	18	6	33.3	5	27.8	7	38.9

值得我们注意的是，在这里很多家长最先教小孩的不是黎语而是普通话，他们认为对于黎族小孩来说普通话比黎语更难学也更有用，至于黎语，他们认为等孩子长大了以后自然就能够学会。因此在黎族很多地区中普通话取代了黎语成为黎族青少年的第一语言。也就是说，他们已经发生了语言转用。这些小孩说黎语的机会很少，有的甚至不乐意去说黎语。而在不同民族或同一民族不同方言通婚的家庭中成长起来的青少年则基本上不懂黎语，也就是说他们已经发生了语言转用。[①]

满语接近消亡，主要原因之一是语言转用。戴庆厦先生指出："满语也已接近消亡。满族10682262人中，大部分都已转用汉语，只有居住在

---

① 冯广艺，李庆福，邵丹，王薇，龙明春 . 海南黎族语言现状调研报告 . 未刊稿，2010.

黑龙江省爱辉县和富裕县的少数满族还不同程度地会说满语。满语走向消亡，虽有其政治、经济、文化等多种原因，但起主要作用的是分布的变化，即满族从过去的相对聚居变为后来的杂居。顺治元年（1646年）清军入关，大批满族人进入内地，分散在汉族的居住地，与汉族生活在一起。加上满族贵族顺应历史潮流，大力提倡学习汉语文，因而在文化、语言上不能不受汉族的强烈影响，使满族转用了汉语文。满语的消亡大约经历了三百年之久。"①

三、争取语言保持

语言保持又称语言维持（language maintenance）。劳允栋《英汉语言学词典》上是这样解释的：一个个人或一个群体继续使用本身语言的程度，特别是在双语或多语通行区域，或在移民群体中。影响语言维持的因素很多，如：（1）该语言是否是官方语言；（2）是否是工具语言（如用于宗教或教育）；（3）在同一地区说这种语言的人有多少；等等。在某些地方，某些语言使用的程度大大减低以后，有些语言又恢复使用起来，如威尔士的威尔士语（Welsh），苏格兰某些地方的盖尔语（Gaelic），等等。"②

在语言接触中，如果弱势语言和强势语言长期接触，对弱势语言而言，就存在着是否争取语言保持的问题。语言保持是和语言转用相对的，语言转用往往是使用某种语言的人放弃自己的语言（一般为自己的母语）而改用其他语言（一般是强势语言）。语言保持是在有其他语言的强大压力下，仍然保持使用自己的语言。语言保持依赖于对自己的语言（母语）深厚的语言感情和真挚的语言忠诚，依赖于一个民族通过语言所凝聚的巨大的民族内心力。语言保持往往与政治力量等因素联系在一起，在语言接触中也往往因是否争取语言保持、为语言保持而斗争而引发国家与国家或民族与民族、语言与语言之间的矛盾。因此，在语言接触中，要慎重对待语言保持问题，充分尊重不同语言使用者的不同意见，避免上述各种矛盾

---

① 戴庆厦.中国濒危语言个案研究 [M].北京：民族出版社，2004：8.
② 劳允栋.英汉语言学词典 [M].北京：商务印书馆，2005：321.

的发生。

争取语言保持，要做好以下几个工作：

1. 力争这种语言在国家、民族和地区内应具有的语言地位，例如能否争取作为官方语言而存在，能否继续作为民族语而为某一个民族、族群或群体所运用，能否成为某一国家、民族和地区所使用的工具语言等。这几个方面如果都能够实现，那么语言保持就获得了一定的生命空间，其生存和发展就具有了语言生态上的条件。

2. 强化语言使用者的语言忠诚，使语言使用者具有一致的语言态度。一种语言能否继续保持，与使用这种语言的民族、族群、群体的语言忠诚、语言态度是密切相关的，如果使用一种语言的民族、族群、群体对自己所使用的语言具有绝对的语言忠诚，形成了认为自己的语言必须继续保持的一致的语言态度，这种语言的保持就获得了一定的社会和语言使用者语言情感上的支持。

3. 进一步巩固这种语言的使用范围、使用领域和使用群体，制定这种语言的语言政策，完善语言规划，处理好语言内部的各种关系，从而使这种语言具备较好的语用环境，使其能够健康持续地生存和发展。例如我国政府对少数民族语言都在语言政策和语言规划上制定了一些保护措施，包括鼓励他们有使用自己的语言文字的自由等，希望少数民族语言在使用范围、使用领域和使用群体等方面能够继续保持下去。

4. 在一个国家内部和在国际社会活动中，为这种语言争取一定的合法权益。一方面争取这种语言在国家内能够具有应有的合法权益，例如在多民族、多语种的国家内，哪些语言可以成为官方语言或族际语言等；另一方面争取这种语言在国际社会活动中有一席之地，使其得到国内和国际社会的认可，为其进一步的发展壮大开辟广阔的天地。例如哪些语言可以作为国际通用语言（联合国工作语言）或区域语言等。

四、发生语言混合

语言混合的前提是语言接触，德国学者汉斯·约阿西姆·施杜里希说："一个民族或部落认识或说不同的另一个民族或另一个部落的语言，并与他们进行交往，在这个过程中，他们中的一些人必须学习对方的陌生语言并充当翻译的角色以便于双方的交流；一个民族带着他们的工具、武器和风俗来到一个陌生地，同时他们也带来了自己的语言；一个民族被征服，被异族占领并且同时还要接受占领者的语言；各民族的语言经历着不断混合，所有这一切自古以来就一直发生着。"①

因不同的语言接触方式不同，语言混合有多种情形。我国是一个多民族统一的国家，我国不同民族语言的混合具有自己的特点，孙宏开、胡增益、黄行主编的《中国的语言》一书，对我国境内129种语言进行了逐一的介绍和描写，其中包括5种混合语。这5种混合语是：五屯话、唐汪话、诶话、扎话和倒话。实际上，这五种混合语的形式和内涵是不同的。五屯话是青海省黄南藏族自治州同仁县隆务公社五屯下庄大队、五屯上庄大队和江查麻大队的五屯人所使用的语言。陈乃雄先生指出："五屯人的语言，很早就吸引着人们的兴趣。有人认为五屯话是汉语的一种方言；有人认为五屯话是藏语的一种变体；也有人因五屯人同自治州内的汉、藏、蒙、土、撒拉等族人民交往颇密，便把'五屯'讹读成'五通'。'五通'者，兼通汉、藏、蒙、土、撒拉五种语言之谓也。认为'五通'话就是这五种语言的混合体。"而陈先生自己则认为"'五屯'话是一种长期受到藏语强烈影响的以汉语为基础发展而成的'独特的语言'"②。因此，关于五屯话，学术界的意见还不统一。唐汪话是甘肃省东乡族自治县的东北部唐家村和汪家村的人所使用的既不同于汉语也不同于东乡语的唐汪话，讲这种话的人大约两万人。阿·伊布拉里麦先生说："唐汪话比较特殊，一方面它的词汇中绝大部分词是汉语的，另一方面它又有数、格、态、体等语法范畴。这些范畴与邻近的东乡话极为接近。"③这说明唐汪话是汉语和东乡语的混合语。诶话是广西融水苗族自治县内永乐乡12个村寨和三防乡一个村寨自称为[e55]的人所使用的语言（大约5000人）。罗美珍先生指出："诶

①　汉斯·约阿西姆·施杜里希.世界语言简史[M].济南：山东画报出版社，2009：32.

②　孙宏开、胡增益、黄行.中国的语言[M].北京：商务印书馆，2007：2568.

③　孙宏开、胡增益、黄行.中国的语言[M].北京：商务印书馆，2007：2581.

话在很大程度上改变了其侗台语言的原有性质，正沿着汉语的方向演变。在历史上它曾是侗台语族的一个独立语言，但是大量覆盖的土拐话表层，使它现在难于继续归入侗台语族，而残留下的侗台语成分又不能将它看成是汉语的一个独立方言，现在只能看成是一个混合语。也有可能完全被土拐话所替换。"①罗先生最后说，这种语言"现在只能看成是一个混合语。也有可能被土拐话所替换"是值得我们注意的。扎话是西藏自治区察隅县的下察隅乡（镇）的居民所使用的语言，孙宏开先生将其命名为"扎话"②。江荻、李大勤先生说："被称为'杂'的语言群体是本地最早定居的居民，本地人认为察隅的名称来源于'杂隅'，而这个'杂'即因'杂人'（扎话语言群体）居住于此而得名。……扎话有部分基本词汇与格曼语相近，而文化词大多与藏语相近。其语言地位还有待进一步研究。"③倒话是青藏高原东部、四川西部甘孜藏族自治州雅江县境内的一种特殊语言，讲这种语言的居民主要来自藏汉两个民族。意西微萨·阿错先生指出："倒话最显著的特点在于：一方面，词汇主要来自汉语，其基本词汇中来自汉语的词占绝对优势的地位；另一方面，在语法结构层面上又与藏语有着高度的同构关系。语法结构与藏语的这种关系，突出表现在它是一种 SOV 型语言，同时也是一种'作格型'语言（ergative language），也表现在诸如动词的复杂的体、态、式、情态等语法范畴和有表征名词代词在句中语法地位的格标记体系等方面。通过和当地藏语方言的比较，能够充分地确认倒话的语法结构主要来自藏语。"④这一段话明确地说明倒话是汉语和藏语的混合语。

我国境内的这几种"混合语"有几个特点：一是它们都形成于民族地区，包括多民族的聚居和杂居区，有汉族与少数民族聚居杂居区，也有少数民族与少数民族聚居杂居区；有两种不同民族语言之间的混合，也有多个不同民族语言之间的混合。二是语言内部的几个要素具有不同表现，如

---

① 孙宏开、胡增益、黄行. 中国的语言 [M]. 北京：商务印书馆，2007：2603.

② 孙宏开. 六江流域的民族语言及其系属分类 [J]. 北京：民族学报，1983（3）.

③ 孙宏开、胡增益、黄行. 中国的语言 [M]. 北京：商务印书馆，2007：2605.

④ 孙宏开、胡增益、黄行. 中国的语言 [M]. 北京：商务印书馆，2007：2621.

混合后语音、词汇是以一种语言为主，而语法则是以另一种语言为主，其混合的方式有各自的规律。三是有的混合语，发展情况还较复杂，今后的走势如何，还需做进一步的跟踪研究。因而混合语涉及语言生态环境的变更。

五、造成语言濒危

一种语言是否处于濒危状态，主要是由如下几个因素决定的：一是使用这种语言的人的原因，二是这种语言的交际范围，三是这种语言的社会地位，四是这种语言的内在变故。先说第一种情况。使用语言的人的原因包括人数的多少、人群的聚散和人的语言态度等。一种语言的使用人数锐减，尤其是在语言接触中，大多数人发生了语言转用，原有的语言使用群体、使用人数由多到少，几乎到了寥寥无几的地步，这种语言的活力必然下降，以致衰竭。居住于我国东北松花江畔的赫哲族人所使用的赫哲语就是如此。赫哲族中使用赫哲语的人比原先大大减少，赫哲语现在处于濒危状态。使用语言的人群的聚散也对语言是否濒危有影响。使用某种语言的人群聚居，使人们运用这种语言进行交际成为日常生活中必需的一件事情，不可或缺，也使这种语言有了存在和发展的根基。如果使用某种语言的人群分散、隔开，并且散杂在其他语言使用群体之中，他们不再继续使用自己原用的语言进行交际，逐渐发生了语言转用，他们原来所使用的语言一定会走向濒危。我国的满语就是这种情况。人的语言态度也直接影响着一种语言的发展趋向。在语言接触中，使用某种语言的人的语言态度可以决定这种语言的兴衰，因为人的语言态度制约着人对语言的取舍，如是否坚持语言忠诚，是否发生语言转用等。如果使用某种语言的人全部坚持语言忠诚，那么这种语言一定时期内是不会濒危的，如果使用某种语言的人放弃语言忠诚，而大多发生语言转用，那么这种语言就会呈现濒危状态。

再说语言使用的范围。这一点跟语言使用的人数有关。语言使用的范围有大有小，大到世界范围，小到某一个部落、某一个村寨，甚至只有少数几个人。从语言使用范围看，一种语言的使用范围急剧缩小，原先使用范围大，语言所获得的社会交际面广，语言的活力就比较强，反之，语言使用范围缩小，语言的社会交际面窄，语言的活力就比较弱。随着语言使用的范围越来越小，语言的活力就越来越弱，直至衰竭。我国少数民族语言中，有的语言成为濒危语言，其原因之一就是语言使用的范围越来越小，使用人数越来越少。

六、导致语言消亡

语言消亡，有些语言学著作称"语言死亡"（language death），国内外学者的论述比较多。戴维·克里斯特尔认为语言的保持、转变和消亡都跟语言接触有关，都是受强势语言的影响而造成的，他对这三种情况进行了区分，他说："一般都把一种语言尽管受到强大的邻近语言的影响而仍在恪守自身的情形（语言的保持）同一种语言屈从于这种影响，讲该语言的人已接受了占统治地位的文化的情形（语言的转变）区分开来。其他可能发生的情况包括：一种语言广泛借入词汇或由于语言接触的结果而出现一种新的'混合语'，如皮钦语和克里奥尔语的情形。最后，正如凯尔特诸语言的历史表明的那样，语言接触能导致一种语言的完全消亡（语言的消亡）。"[①]

简·爱切生在谈到语言的死亡时，也认为语言接触的影响会造成某种语言的死亡，但他更强调政治或社会等因素的影响，他说："人类决不会停止说话，那么一种语言的死亡，并不是因为一个人类社会忘了怎么说话，而是因为政治或社会原因，另一种语言把原有的一种语言驱逐出去而成了主要语言。"[②]爱切生还谈到"语言的自杀"问题，他说："语言自杀的情况最常发生在两种语言彼此十分接近的时候。比较不太有威望的语言很容易从另一个社会上比较喜用的语言中借用词汇、结构和语音。从长期

---

① 戴维·克里斯特尔. 剑桥语言百科全书 [M]. 北京：中国社会科学出版社，1995：558.

② 简·爱切生. 语言的变化：进步还是退化？[M]. 北京：语文出版社，1997：261.

角度来看，这种比较不太有威望的语言很可能在发展过程中消灭自己。"①这里，虽然说的是"语言的自杀"，但立足点还是讲这种"自杀"的语言是受其他语言的影响，长期借用其他语言中的词汇、结构和语音等而形成的结果。

我国学者李宇明把语言死亡的原因归结为以下三个方面："1. 整个民族彻底地实现了语言转用；2. 由于战争、饥荒、疾病、水患等灾难或强势社团的民族灭绝措施而导致民族群体的死亡；3. 民族群体被驱散而无法保持民族语。"②这三个原因既有联系，也有区别。第一点更多的是从语言上找到的原因，语言转用和不同民族及其语言接触相关，如果一个民族彻底地放弃了自己的民族语（母语）而转用其他民族的语言，原先的自己的语言（母语）已经丧失了交际功能，其生命力当然随之完全丧失。这里面既有主动意义上的语言转用，也可能有被动意义上的语言转用。第二点既有天灾，也有人祸。天灾（饥荒、疾病、水患等）是大自然带给人类的灭顶之灾，而人祸则是人类自相残杀的恶果，民族灭绝（种族灭绝）的现象在古今社会里都发生过。在人类跨入生态文明建设的今天，这类现象希望不要再发生。第三点主要是强调有没有相对集中的语言使用环境对语言生命力的影响。如果一个民族被驱散，这个民族的人散落在其他不同的民族当中，他们无法再用原先自己的语言（母语）交流，他们只得学习和使用自己所在的他族人的语言，民族群体被驱散了，他们的语言已经没有相对集中使用的环境，久而久之，必然死亡。这种语言的死亡可以说是本族使用者在无奈的情形下被动接受的。如果被驱散了的民族群体能够重新聚集在一起，他们的语言获得了相对集中的使用环境，可能会发生语言史上的奇迹，即语言死而复活（如犹太人使用的希伯来语）。

七、优化语言功能

语言接触是开放的社会中值得深思的重要问题。由于有了接触，语言

---

① 简·爱切生. 语言的变化：进步还是退化？ [M]. 北京：语文出版社，1997：261.

② 李宇明. 中国语言规划论 [M]. 北京：商务印书馆，2010：34.

与语言之间的关系变得密切和复杂起来，语言与语言既互相竞争，又协同发展。在这样的态势下，优化语言功能就成为处于竞争和发展中的语言的首要选择。张公瑾、丁石庆《文化语言学教程》在谈到"生态系统多样化与语言间的协同发展"时指出："多语言环境中语言之间的接触和交流一方面可能会导致部分语言因交际功能的萎缩而最终消亡，这是语言竞争的一种必然结果；另一方面，在通常情况下，多语环境中相互竞争的语言之间进行交际职能上的重新分工。一些语言由于其使用者群体在政治、经济、文化等方面的优势地位而成为地域性的交际中介，而另一些语言则成为服务于特定社区、家庭的交际工具。由于民族心理以及无法割舍的民族情感，这些语言所发挥的职能在一定时期内是无法替代的。作为全社会通用语言的族际中介语，一方面不断排挤同一地域范围内的弱势语言的职能范围，但与此同时，又不断地给弱势语言注入新鲜的血液。社会发展在强势语言中表现出来的新词术语通过经济的交流和文化的传播，源源不断地流入相邻的弱势语言中，成为这些语言不同历史时期的外来词。外来词的出现往往导致这些语言中新的音素的产生，对纯外来文化的观念的表达则往往导致语法手段的借入。所有这一切，使弱势语言的内在结构以及表现力都得到了丰富和发展。反过来，作为族际中介语的强势语言，在共同的人文生态环境中与其他语言的接触过程中也不断地从它们那儿吸收有用的语言成分来丰富自己。多语环境中的不同语言之间，甚至可以说世界范围内的所有人类语言之间，就是在这种相互竞争而又相互接触和影响的状态下协同发展的。即使是已经消亡了的语言，也会在曾经与之接触、竞争过的语言当中留下一些痕迹。"[①] 这一段话说明了几层意思：一是语言之间的接触，使语言处在相互竞争的状态中，它促使"语言之间进行交际职能上的重新分工"，这种"重新分工"就是重新审视并优化语言的交际职能，找准语言在交际职能上的"生态位"。不同语言的"生态位"是不同的，明确交际职能"各在其位，各尽其能"是最佳途径。只有这样，才能更好地发挥语言的交际职能。二是语言接触中的弱势语言可以吸收强势语言的

---

① 张公瑾，丁石庆. 文化语言学教程 [M]. 北京：高等教育出版社，2004：71.

有益成分，使自己的内在结构和表现力都得到丰富和发展。综观世界上不同语言之间的接触，这一点非常重要，很多弱势语言通过跟强势语言的接触，优化了自己的交际功能，焕发了勃勃的生机。三是强势语言也在语言接触中从其他语言中吸取了养分，进一步优化了自己的交际功能。从以上几点我们可以看到，语言接触可能实现语言与语言之间的"双赢"，使不同语言都得到功能上的优化，成为真正的受益者。

八、谐和语言关系

不同语言之间的接触是一把"双刃剑"，它既会引发不同语言的激烈竞争，也会带来不同语言的协同发展，它在谐和语言关系方面也常常起到很大的作用。不同语言之间的接触是在一个开放的社会环境下进行的，开放的社会环境往往给不同的国家、不同的民族、不同的地区和不同的人民的交往提供了方便，它改变了在封闭的社会环境下"鸡犬之声相闻，民至老死不相往来"的格局。语言作为人们交往时必须使用的工具，在人们的交往中发挥了巨大的作用，过去从来不发生联系的语言，一经接触，必然碰出耀眼的火花，正如上文所谈到的，不同的语言可以相互学习，取长补短，从而形成良好的语际关系。新加坡是一个开放的多语国家，在那里，汉语（华语）、英语、马来语和泰米尔语处在频繁的语言接触状态之中。由于新加坡政府在语言制度的制定和推行上非常得当，频繁的语言接触不仅没有影响各种语言在不同的情境中的正常运用，反而使不同的语言相互关系融洽。在世界语言系统中，类似新加坡的情况还很多，我国多个少数民族聚居和杂居的地区，不同的民族使用不同的语言，不同的语言接触也十分频繁，然而他们的语言也没有发生矛盾，这也说明不同语言之间的接触对谐和语言关系是有好处的。

在我国，很多少数民族的语言观念和开放的社会环境一样，也是开放的。由于不同语言的接触，形成了双语或多语的社会环境，语言兼用的现象十分普遍。在语言兼用的同时，人们善于处理不同语言之间的关系。戴庆厦先生在分析云南省兰坪白族普米族自治县的语言使用特点时指出：

"人们以能兼用其他民族语言为荣，称赞多语者为能者。河西乡乡长何海亮是位傈僳族，除会傈僳语外，还能熟练地使用汉、普米、白三种语言，在乡基层工作中见到什么民族就能用什么民族语言与之交谈，很受群众赞扬。儿童从八九岁起就学会兼用另一种语言，他们是在日常生活中不知不觉地学会别的语言。有许多家庭，两种语言交替使用，父母交替使用不同的语言，子女也跟着使用。特别是一些由不同民族组成的家庭，父母大多习惯用自己的母语与子女交谈，因而子女从小起就成为双语人。家长也不规定子女一定要说哪种语言，顺其自然。如普米族中有位叫和树开的姑娘，父亲是普米族，母亲是白族，她同父亲说普米语，同母亲说白语，在学校里则说汉语，从小起三种语言都会，在不同的环境里轮流使用。类似这样的双语人在兰坪县到处可见。"[①] 这种根据不同的环境轮流使用不同的语言的情况，恰好说明在语言接触频繁的地区，运用哪种语言，都是根据需要，"顺其自然"的。对于个人而言，多种语言已"和谐"地共存于大脑中，可以根据不同的情况进行"输出"上的任意选择。对于群体而言，用哪种语言进行交流也是可以根据言语交际者的不同而选用的，不涉及用一种语言抵制另一种语言的问题，也不涉及对不同语言的褒贬问题。这只有在和谐、融洽的语言环境中才能做到。

以上所谈到的形成语言兼用、促使语言转用、争取语言保持、发生语言混合、造成语言濒危、导致语言消亡、优化语言功能、谐和语言关系等八个方面，都跟语言接触有一定的关系，其中有的是直接的，有的是间接的；有的是正面的，有的是负面的；有的是近期显现的，有的则是需要一定时期的积累才形成的。语言接触是语言生态中的常见现象，由语言接触带来的语言生态变化是复杂多样的，加之语言接触是在一定的社会环境中发生的，社会环境中的各种因素都不同程度地对它有所影响，因此，分析语言接触和语言生态的关系，必须综合考虑社会环境中的各种因素，通过具体深入的研究，恰切地解释语言接触所引起的语言生态变化。

---

① 戴庆厦. 语言和民族 [M]. 北京：中央民族大学出版社，1994：164

第十六章　语言交流形式的生态变迁

　　人类社会的发展进程，如果从语言的交流形式上看，主要有几个大的阶段：一是人类语言的"原始生态交流形式"阶段，这一阶段是一个漫长的历史时期，从人类语言产生直到文字产生都属于这一阶段，这一阶段的语言交流形式，即单一口语形式。二是语言的"一般生态交流形式"阶段，这一阶段大致从文字产生到网络信息交流形式出现之前，我们称这一阶段的语言交流形式是语言的一般交流形式，具体表现为口语和书面语双轨形式。三是"语言的特殊生态交流形式"阶段，是人类社会进入网络信息时代以后形成的，语言交流形式是特殊的立体式的多轨形式，即综合了口语、书面语以及网络视频、电信等的形式。三个大的历史阶段，第一阶段最为漫长，第二阶段时间较长，而第三阶段则时间较短。从语言交流形式上看，第一阶段虽然时间长，然而其语言生态上的变革并不复杂，第二阶段时间较长，语言生态上出现了不同的变迁，而第三阶段时间虽然最短，引发的语言生态上的变更却是巨大的，因为它使语言交流形式的变更更加复杂多样，更加迅猛异常。

一、语言的原始生态交流形式——单一口语形式

　　美国人类学家路易斯·亨利·摩尔根在作为"人类从蒙昧时代经过野蛮时代到文明时代的发展过程的研究"的《古代社会》一书中，引用贺拉西《杂诗》作为题首语，诗曰：

大陆始形，禽兽蠕蠕。

初民方瘖，橡食野居。

拳爪是奋，梧梃继诸。

兵刃晚作，维时所需。

乃有言词，以语以呼。

爰筑城郭，攻战是虞。

爰造律令，无敢穿窬。

无敢越货，无敢淫污。[①]

　　诗句所写的是古代社会的基本情形。从语言方面看，人类的古代社会经历了"初民方瘖"的年代，也经历了"乃有言词，以语以呼"的年代，这是一个漫长的历史时期，这个时期就是人类的语言从无到有，且停留在只有口语交流的单一交际形式的时期。从语言的起源和语言的交际方式看，语言的"原始生态"只是口语形式，因为从语言产生的那一天起到文字创制之前，人类的语言只可能是口耳相传的。这是一个相当长的历史时期，这个历史时期的语言生态具有几个特点：一是由于没有文字，没有形成书面语，人类的语言交际的形式单一，完全依靠口头语言；二是由于当时生产力很落后，语言也只是在封闭的环境中使用，基本上没有不同语言之间的语言接触，因而语言各自的特点保留完好；三是不存在语言上的不同功能定位，因为那时人类的不同语言只是在一个很小的范围内使用（如部落、氏族等），不像现在，语言的使用扩展到不同的国家、地区和民族中甚至国际上，那时语言的功能仅限于满足很小的范围的交际的需要。其实，在现代社会里，因为基本与世隔绝，不受外部社会的影响，世界上仍然还有的地方存在着语言的"原始生态"形式，如保留原始社会特征的爱斯基摩人的语言等。

　　摩尔根对古代美洲易洛魁人及其部落做过深入细致的调查研究工作。

---

① 路易斯·亨利·摩尔根. 古代社会上册 [M]. 北京：商务印书馆，1992（题首语）：180.

易洛魁人在部落增多、方言分歧、战争不断的情形下，仍只能用口语交涉，这是因为他们处在没有文字只有单一口语交际形式的时代。摩尔根说："部落和方言的增多，成为土著间不断发生战争的根源。一般而言，相持最久的战争总是在不同语系的部落之间进行的，如易洛魁人与阿耳贡金人的战争、达科他人与易洛魁人的战争即是。反之，阿耳贡金人与达科他人彼此一般相安无事。否则，他们就不会占据相邻的地域了。易洛魁人即是一个最恶劣的例外，他们对与自己有血缘关系的部落伊利部、中立部、休伦部和苏斯魁罕纳部进行了一场歼灭性的战争。操同一语系方言的各部落之间可以凭口语交涉，通过这种方式解决他们的纠纷。他们也知道，彼此同宗，原是天然的盟友，理当互相依靠。"

单一口语形式阶段，是人类语言史上时间最长、依靠口耳相传、形成口语文化社会的阶段，这一阶段的语言生态相对来说并不十分复杂，单一口语形式使人们的交流多为面对面方式，即使是传话也需要传话人与被传话人面对面的方式解决，因而口头（发音器官）和记忆（大脑）是否正常和健全尤为重要。沃尔特·翁说："在口语文化社会里，口头记忆的技能是很珍贵的财产，这是可以理解的。然而，口头记忆在口语艺术形式里的运作方式，和过去读书人通常想象的方式是截然不同的。在书面文化里，一字不变的记忆一般是从文本获得的，记忆者常常回头去完善和检查逐字逐句掌握的情况。过去的读书人一般认为，口语文化里的口头记忆同样达到了绝对一字不变的重复水平。录音技术发明之前，如何能够证明这样的记忆和重复水平，这个问题并不清楚。因为在没有文字的情况下，检验一字不变地重复大段文本的唯一办法应该是两个以上的人在一起同时背诵同样的段落。前后相继的背诵是不能够互相验证的。但在口语文化里，几乎没有人尝试同时背诵相同的段落。读书人仅仅满足于假定：据他们自己的一字不变的文本记忆的模式来看，超常的口头记忆应该也能以某种方式运行。"[①]从语言生态学的角度看，单一口语形式是一种简单的、对语言生态的影响并不明显的交流形式，在这种情形下，语言的基本面貌是"原生态"的。

---

① 沃尔特·翁. 口语文化与书面文化[M]. 北京：北京大学出版社，2008：44.

二、语言的一般生态交流形式——口语和书面语双轨形式

文字的产生是语言发展史上的一大革命，文字的产生以及书写工具的改进、印刷技术的发明等，使书面语成为现实，也使人类的语言交际从单一的口语交际发展到既有口语又有书面语交际的双轨式交际形式，它带来了语言生态的深刻变化。怎样看待书面语和口语？如何正确地处理二者的关系？学者们的意见是不同的。英国语言学家戴维·克里斯特尔强调两点："首先，强调书面语和口语是语言的两种不同的、平等的体现。不应该把文字看成仅是'记录下来的词语'，因为文字无论在形式上的特点，还是产生和理解的方法均与口语大不相同。其次，'书面语'的概念范围广，呈现出多面性，包括语言的任何一种视觉体现（如手稿、打字稿、印刷品）。"[①] 他对学术界几种不同的观点做了评述。他认为，大致归纳起来，对待书面语和口语有三种意见：一种是书面语至上论。这种观点认为书面语是占据首位的，"它是文学的工具，因此也是判断语言优劣的根据"。它能"使语言具有永久性和权威性"。二是口语至上论。这种观点认为，口语比书面语产生的年代要早，"文字系统是衍生的——大部分是以口语为基础的"，他引用美国语言学家伦纳德·布龙菲尔德的话说"书面语不是语言，而仅仅是用能看到的符号来记录语言的方式。"这种观点主张口语应该是语言研究的主要对象。三是调和论。这种观点认为"不管它们的历史关系如何，事实是：现代社会的成员可以使用两种非常不同的交流系统，各自为满足特殊的交流的需要而得到发展，并提供了另一种系统不具备的表达能力。书面语不能替代口语，口语也不能替代书面语，也不会发生什么有重大损害的事"[②]。

口语和书面语的关系是语言生态中最值得关注的问题。世界语言史上，不同语言所形成的口语和书面语的关系无外乎以下几种关系：一是口语和书面语关系和谐一致；二是口语和书面语关系矛盾不一；三是口语和书面语的关系界于前二者之间。跟没有文字的单一口语交流形式相比，有

---

① 戴维·克里斯特尔.剑桥语言百科全书 [M].北京：中国社会科学出版社，1995：282-283.

② 戴维·克里斯特尔.剑桥语言百科全书 [M].北京：中国社会科学出版社，1995：282-283.

了由文字所记录的书面语之后，语言生态发生了重大变革，不同语言也有了不同的发展走向。书面语带来了社会文化的飞跃，带来了人类文明的新天地，也带来了语言生态的复杂性和多样性。

从语言生态系统来看，一种语言的两种语言表现形式是否平衡，它们的关系如何，对这种语言发展变化的走向有着深层次的影响。书面语和口语一致、统一，关系正常，发展程度平衡，表明这种语言生态环境正常、健康，其发展变化的走向也是正常的、健康的。反之，书面语和口语不一致、不统一，互相矛盾，发展程度失衡，则表明这种语言生态环境不正常、不健康，其发展变化的走向也是不正常、不健康的。世界语言史上，大凡重要的语言的发展变化的事实都有力地证明了这一点。

我们以拉丁语和汉语为例稍做论证。

拉丁语被学者们誉为"欧洲诸语之母"，曾是流行于古罗马时期的语言，在它鼎盛时期，可谓风光得很，"它起初只是台伯河畔山丘上一个简朴的小村庄所使用的语言（或者应该说是方言），后来却发展为一个世界帝国的官方语言和行政用语，并且成为这个帝国大多数居民所使用的口语"[①]。但它却于公元500年至600年离奇般地消失于人们的口语交际中，在书面语交际时，它也被其他语言（如由它派生出来的印欧语中的一些语言）所替代。严格地说，拉丁语现在是一种"死亡的语言"，它只以某种"遗迹"存留语医学术语、生物学术语和有些语言的词汇系统之中。德国学者施社里希在《世界语言简史》中从语言外部和内部两个方面分析了拉丁语"没落"和"死亡"的原因，关于语言外部的原因，他说："当'蛮族'尤其是日耳曼部族跨过帝国边界入侵之时，这个世界帝国就已经开始瓦解了，这最终导致拉丁语作为一种'活'语言的结束。所谓'活'语言，指的是那些被居住在相对封闭范围内的众多人群在日常生活中使用的语言。科学研究认为，拉丁语成为'死'语言的时间大约是公元500年或600年。"[②]关于语言内部的原因，他认为拉丁语的"没落"和"死亡"是因为口语和书面语"统一性的丧失"，他指出："大约从6世纪起，拉丁语作

---

① 汉斯·约阿西姆·施社里希. 世界语言简史 [M]. 济南：山东书画出版社，2009：75.81.82.

② 汉斯·约阿西姆·施社里希. 世界语言简史 [M]. 济南：山东书画出版社，2009：75.81.82.

为文学、科学和宗教语言大大偏离了口语，或者更确切地说，是与口语完全背离——不断变化的通俗拉丁语与书面拉丁语相差越来越大。"[①] 我们认为，从语言内部看，拉丁语由盛到衰再到死亡的主要原因是书面语和口语的两极分化，从不一致、不统一到完全脱节、分离。一种有文字的语言，如果书面语和口语两极分化，完全脱节、分离，就会造成这种语言的生态环境发生异变，不利于这种语言健康、持续地发展，从而直接影响语言的生命力。拉丁语的变化历程充分地说明了这一点。

汉语在发展变化过程中，经历了文言与白话的分离到文、白统一这样一个过程。张中行先生在《文言与白话》一书中说："文言和白话，实物是古已有之，名称却是近几十年来才流行的。两个名称相互依存，互为对立面，因为提倡照口语写，所以以传统为对立面，并称作文言；因为一贯用脱离口语的书面语写，所以以革新为对立面，并称作白话。文言，意思是只见于文而不扣说的语言。白话，白是说，话是所说，总的意思是口说的语言。"[②] 从这里对文言和白话的解释看，文言和白话的关系实际上也是书面语和口语的关系。

汉语的文、白对立，时间是相当长的，可以从汉字产生并成为记录汉语的符号系统算起，直到"五四"时期。在漫长的没有汉字的岁月里，汉语还只是单一的交际形式，人们依靠的是口耳相传。汉字产生以后，汉语有了记录表达内容的符号，于是汉语只靠口语的"口耳相传"变为既有口语又有由文字记录的书面语的双轨交际形式。这样汉语的口语就和书面语形成了相互联系又相互独立的两种形式了。汉语书面语和口语究竟是在什么时候分离而造成"言文不一致"的情形的，现在不得而知。有人认为有了汉字，汉语的书面语就和口语分道扬镳了。这似乎于常理相悖，难道我们的古人造出汉字来就是为了故意用另一种方式交际吗？我们认为，最初，汉语的书面语和口语是一致的，作为记录汉语的符号，汉字也是"如实"地记录汉语口语。后来慢慢地变得不一致，估计有以下几个原因：一是由于书写汉字的工具比较落后，如我国古代很长时间内所使用的毛笔、

---

① 汉斯·约阿西姆·施社里希.世界语言简史 [M].济南：山东书画出版社，2009：75.81.82.

② 张中行.张中行作品集第一卷 [M].北京：中国社会科学出版社，1995：3.

简帛、纸张、墨、砚等，不仅携带不方便，而且书写要求很高，成本也很高，这就要求人们在书写汉字记录汉语形成书面语时尽量做到简洁明了、能省则省，久而久之，书面语较之口语就显得简洁一些。二是在我国古代，能读书识字并能熟练地书写汉字的多为有钱人和士大夫，他们的语言本来就和下层没有文化的劳动人民的语言有差别，加上汉语书面语多出自他们之手，因此汉语书面语出现与口语不同的情形也就不足为奇了。三是在有些文人的心目中，汉语书面语应该是口语的加工，且加工加得越大也就越好，这样自然会带来书面语和口语的差别越来越大。经过几千年的不断演化，汉语书面语和口语的不一致（言文不一致）也就很自然了。从语言生态学的角度看，书面语和口语是语言的两种表现形式，它们是相互联系、相互依存、相辅相成、齐头并进的，如果分道扬镳，甚至背道而驰，当然是一种不正常的语言生态。因此，"五四"时期的有识之士希望改变这种"言文不一致"的情形，他们的努力成功了，汉语的书面语和口语统一了（言文一致了），汉语获得了长足的发展。

汉语中，建立在口语基础之上的白话文和建立在书面语基础上的文言文，是汉语的两种表现形式，它们之间的恩恩怨怨、是是非非，我们暂且不说，仅从语言生态的角度看，它们不应该是矛盾的、敌对的，如果不能做到和谐一致，自然就会像前面所述的拉丁语一样，走向衰亡。秦牧《艺海拾贝》中说："就是在文言文流行，以至于完全占着支配地位的古代，有才能、有见识的作家，也早就采用朴素生动的群众口语入文入诗了。这些句子，使他们的诗文像注进了一股清泉似的，清新动人。'黄河之水天上来，奔流到海不复回''两个黄鹂鸣翠柳，一行白鹭上青天''野火烧不尽，春风吹又生''竹外桃花三两枝，春江水暖鸭先知'之类的句子，可不就是这样吗！"[①]汉语中文言和白话的分分合合，恰恰说明文字的产生以后，有了用文字记录下来的书面语，构成了书面语和口语的双轨形式，使语言生态较之于单一口语形式要复杂得多，与社会环境等方面的关系也要复杂得多。

从语言与文化的关系看，语言的两种表现形式——口语和书面语双轨

① 秦牧.艺海拾贝[M].北京：作家出版社，1998：325–326.

形式并行不悖，使口语文化和书面语文化都很发达，且丰富多彩。口语和书面语之间如果关系和谐一致，还可以互相补充，相得益彰，即在书面语中恰当吸纳口语的成分，在口语中也适当运用书面语成分，从而提高了语交流的质量，是语言生态向好的方向发展。事实上，无论是口语还是书面语，它们只不过是全民语言的不同表现形式，都是为表达思想内容服务的，因此，是否真正为人民大众所理解和运用，恰切地表达了思想内容，才是评判它们孰优孰劣的标准。中国历史上出现的"八股文"，是封建专制社会的特殊产物，孔庆茂《八股文史》一书中认为"八股文只是一种空文"，"它是与封建社会的观念相适应的"，它"复古僵化的内容与时代的发展"是"矛盾"的，"八股文"的封闭性必然导致其灭亡的结果。① 八股文是封建社会中，为极少数人服务的、思想内容表达僵化、空洞无物的、毫无生机的书面语，是中国封建社会里语言生态的"畸儿"，它被历史所淘汰是不可避免的。

王力先生在《略谈语言形式美》一文中论述了语言形式的"整齐的美""抑扬的美"和"回环的美"，认为："有声语言才能表现这种美，纸上的文字并不能表现这种美。文字对人类文化贡献很大，但是我们不要忘记它始终是语言的代用品，我们要欣赏语言形式美，必须回到有声语言来欣赏它。"② 王力先生所说语言形式的三种美，是从语音的角度出发的，而语音是口语的表现形式。文字是记录语言的，是书面语的表现形式，只有从有声语言（表现为口语）上，才能真正体味语音的整齐、抑扬和回环的美感。文字产生以后，发挥了巨大作用，促使语言有了口语和书面语的双轨交流形式，但形诸文字的书面语和活生生的口语是有明显区别的，一种语言在语音上的特质往往需要从口语上去领略，这是形诸文字的书面语无法做到的。当然，口语和书面语双轨形式是社会进步和语言发展的产物，文字在记录语言的过程中，会不断地改进和优化，逐步向能够如实地记录语言的方向迈进，形诸文字的书面语也会逐步与口语取得协调一致。口语也会在书面语的影响下，逐步变得规范和标准，口语和书面语良性互动，

---

① 孔庆茂.八股文史 [M].南京：凤凰出版传媒集团、凤凰出版社，2008：416–418.

② 王力.龙虫并雕斋文集：第一册 [M].北京：中华书局，1980：477.

从而使口语文化和书面语文化携手共进，共同繁荣，这种生态是语言的正常生态，如果口语和书面语不是良性互动，语言生态就不正常，就会出现口语和书面语双轨叉开，甚至背道而驰，发生语言生态危机。

三、语言的特殊生态交流形式——网络信息形式

电报、电话、录音技术等的发明，使语言交流形式在原有的双轨形式下又增加了新的形式，从而使语言交流形式变得更加多样和复杂。电报以电信号传递信息，用于军事和其他特殊领域（场合），编码电报和传真电报等是建立在语言文字基础上的交流形式。电话改变了过去口语交流必须面对面的传统方式，程控电话和传真电话已经具有一定程度的语言交流的综合性特点。录音技术使有声口语打破了仅依靠面对面才能传递的限制，在时空上拓展了有声口语的传播功能。我们认为，电报、电话、录音技术等是在网络信息形式产生之前就已经在使用且至今仍在运用的特殊交流形式。当今社会是一个信息社会，随着网络的勃然兴起和迅猛发达，语言生态发生了重大变化，人们又增加了一种建立在语言文字基础上的特殊交流形式——网络信息形式，而且用这种交流形式的人越来越多。在网络信息方面，既可以发送手机信息，也可以拨打视频电话，既可以发送电子邮件，也可以进行视频聊天，所以它综合了口语、书面语以及视频、电信等交流方式，是特殊的立体式多轨形式。随着网络时代的到来，语言的生态环境又增添了新的内涵，所以网络语言的生态环境也是语言生态学要研究的重要内容。

如果说文字的产生突破了语言在时空上限制，使口语和书面语成为人类交流的双轨形式，标志着人类社会步入文明时代，那么语言的特殊生态交流形式——网络信息形式则进一步缩小了语用者的交流距离，使人类成为"零距离"接触的地球村居民，标志着信息社会给语言生态带来了新气象。语言的立体式多轨交流形式使人们的语言交际观念发生了改变，也引起人们社会生活发生改变。例如过去我们强调语言交际是人与人在特定的时空里的活动因时间不同、空间各异而在交际方式、策略方面具有不同的

特点，语言的网络信息交流形式，使人们认识到只要是地球村的居民，不存在"天涯海角"，大家都可以通过立体多轨形式进行"面对面"的交际，达到一定的交际目的。口语和书面语双轨形式条件下的远距离交流，人们多用"写信"的书面形式来完成，而在网络信息形式条件下，人们可以通过上网进行视频交流或通过手机发送信息等形式解决问题。我们认为，语言的立体式多轨形式——网络信息形式是语言在交流形式上的一场革命，它给语言生态带来了深远的影响。

网络信息上的语言生态环境具有以下几个特点：第一，现代科技性。网络信息上的语言交流是有效地利用现代科学技术手段形成的，其传递方式超出了传统的单一的形式，口语、书面语、视频和其他科技手段都集中于一体，使语言运用富有了新的内涵和新的表现形式，也使语用生态出现了新的面貌。如一个人和另一个人在网络上进行视频聊天，虽然相隔万里，宛若就在眼前，各种语言的、非语言的手段的综合运用，充分地体现了科学技术对语用形式所产生的影响以及对语言生态的变革所带来的冲击。第二，便捷性。网络信息给人们的语言交流带来了方便和快捷，在网络上，空间距离感没有了，人们能在第一时间表达和传递信息，交流思想；不同的交流形式，给人们的语用选择也带来了方便，口语、书面语、综合视频等随意运用。这是传统的交际形式无法做到的。第三，语用手段的综合性和复杂性。在语言的一般生态交流形式阶段，最重要的是处理好口语和书面语的关系，做到口语和书面语双轨形式相互配合，协调一致，并行不悖。而网络信息形式是综合性立体式的交流形式，语用手段涉及的因素更加复杂，如语言的、非语言的，视觉感知的、听觉感知的、通感的，通过视频"面对面"的交谈、依赖高科技含量的电信、电波进行远距离对话的（如地面与太空宇航员的电话等）……语用手段常常和高科技手段紧密相连，超出了以往一般的简单的口语和书面语的交流形式，充分显示出它的综合性和复杂性。第四，语言表达的新奇性和变异性。仅就语言表达而言，网络信息上的语言具有新奇别致的特点，除了使用正常的语言表达之外，还富有创新地运用了多种特殊手段，图形符号、数字谐音等都是常见的手段，且构成了语言表达在语音、词汇、语法、图形符号甚至字母形体等方面的变异。

　　由于网民越来越多，采用网络信息形式进行交际的人自然会越来越多，因而形成了语言的特殊的人为的生态环境，这种生态环境是现代信息社会的产物，我们必须适应语言的这种特殊的生态环境，有效地利用这种特殊的生态环境为交际服务。

　　上述三个阶段，第一阶段"语言的原始生态交流形式——单一口语形式"，时间漫长，依赖于人类的口耳相传来记忆和传递信息，应该说这个漫长的历史阶段人类的大脑记忆能力和口语表达能力是随着时间的推移而逐步进化的，语言的基本面貌是"原生态"的。第二阶段"语言的一般生态交流形式——口语和书面语双轨形式"，以文字的产生为标志。文字的产生是人类进入文明社会的开始。文字产生以后直到网络信息形式产生之前，其间文字（字母等）不断演进，书写工具不断改善，印刷技术不断提高，书面语成为和口语相对应的交流形式——这是语言的一般常规的生态交流形式。书面语和口语成为双轨交流形式以后，它们就成了形成良好的语言生态环境的重要因素，它们之间是否和谐一致，也成为决定语言兴衰的重要条件，世界语言史上的一些语言实例充分地说明了这一点。第三阶段"语言的特殊生态交流形式——网络信息形式"，融入了网络时代的科技手段，如网络视频、电信以及其他非语言的辅助性手段等，它带来语言交流形式的生态变化，就是在口语和书面语双轨形式的基础上又增加了体现网络时代特征的内容，使语言交流形式走上立体式多轨性综合发展之路。当然，由于世界上各个国家、民族、地区甚至族群及其语言的发展是不平衡的，上述三个阶段的发展也是不平衡的，可能有的地方还处于第一阶段（如有的民族或部落至今还处于原始社会生活状态，还有的族群或部落基本是文盲社会等），也有的地方还处于第二阶段（如还没有被现代网络所覆盖的地区等），这是值得我们注意的。

第十七章　网络语用生态及网络新型话语衍生动因

美国语言生态学家萨利科科·S.穆夫温认为语言是"寄生物种"（parasitic species），"其生命和活力依赖于其宿主（hosts）即说话者（的行动和安排）、他们所形成的社会以及他们所生活的文化"①。从语言生态学的角度看，语言的生存发展和活力展现，依赖于包括人在内的社会语用生态，良好的社会语用生态是语言兴旺发达的必要条件，而不良的语用生态则是语言衰弱濒危的原因之一。当今社会是一个信息社会，语用生态急剧变革，体现在互联网上，就是网络语用生态显示出全新的面貌。本文讨论网络语用生态的特点、网络新型话语的衍生及其对传统语言交流形式的超越、网络新型话语衍生的动因，从语言生态学的角度解读网络语用生态与语言内在生态、外在生态以及语用主体的关系。

一、网络语用生态

互联网（Internet）1994年落户我国，至今仅20多年历史，然而它却给人们的社会生活和语言生活带来了翻天覆地的变化，网络语言已成为一种时尚的与人们的工作、生活息息相关的交际语言。从语言交流方式看，网络语言交际和传统语言交际有明显的不同，网络语用生态也区别于传统语用生态。人类的语言交流形式，大致经历了三个大的历史时期，一是在文字产生之前的"原始生态交流形式"，这一时期的基本特征是只有单一

---

① 萨利科科·S.穆夫温.语言演化生态学[M].郭嘉，胡蓉阿错，译.北京：商务印书馆，2012：27.1.245.

口语交流形式，没有用文字作为语言记录符号的书面语形式。二是文字产生以后到互联网产生之前的口语和书面语并用的"常态交流形式"，这一时期的基本特征是语言以口语和书面语两种方式并用的形式呈现于社会生活的各个领域，在个别特殊领域有少量的电讯交流（如用于军事和邮政的电报等）。三是近20年来人类社会进入网络信息时代的语言的"立体多轨交流形式"，这一时期的基本特征是综合运用了口语、书面语、网络视频、电视媒体等现代化、信息化手段的交流形式。① 第三个时期最短，然而它所引发的社会变化最大，给语用生态带来的影响也最大。我们可以从以下几个方面考察网络语用生态。

第一，网络语用生态是一种打破时空限制的语用生态。传统意义上的语言运用是在一定的时间和空间里进行的，无论是口语交际还是书面语交际，都离不开一定的时间和空间，这是一种受时空限制的语用生态。网络语用生态与之不同，这是因为网络语言交流形式与传统的口语和书面语交流形式不同。首先，网络语言交流没有空间的约束。例如，2013年6月20日上午10时05分至55分，翱翔太空的"神十"航天员王亚平在"天宫一号"上向距离约340公里的祖国大地的中小学生授课。这次"太空授课"内容明确，画面清晰，互动性强，效果很好，充分利用了现代空间技术、网络信息技术等技术手段，化解了"天上""人间"的空间阻隔，是网络语言交流的新模式。其次，网络语言交流具有时间上的灵活性，甚至可以穿越"时间隧道"。网络语言交流可以允许"时差"，例如在BBS上发帖、跟帖和"潜水"，是一种交流，这种交流与传统的"面对面"式的语言交流讲求"即时性"和话轮对应性不同，尤其是跟帖，可以即时跟，也可以延时跟，当然还可以不跟，采取哪一种"跟法"，网络语言交流者有自主权。另外，在时间的调配和时间的显示上，网络语言交流者也可以根据自己的需要，安排时间跟帖（或回帖），自由地在网络上显示时间，这也是传统的"面对面"式的语言交流难以办到的。总之，网络语言交流可以综合利用现代化、信息化的技术手段，化解时空因素，打破时空限制。

---

① 冯广艺.论语言交流形式的生态变迁[J].中南民族大学学报，2011（5）.

第二，网络语用生态是一种自主游移的语用生态。从网络语言交际者（网民、网友、网虫等）看，自主性和游移性是他们的共同特点，而这样的特点也构成了网络语言生态的特殊性。网络语言交流者上网除了工作、学习的需要之外，还有多种自身的需求，如交友、娱乐、游戏和其他消遣等，因而自主意识是十分强烈的。如他们用什么网名、进什么网、用什么方式、交什么网友、在网上聊些什么或处理什么事情等都是自主的，个人的主观意志起着十分重要的作用。网络语言交流者的游移不定是网络语用生态与传统语用生态的一大区别。传统语用生态要求语言交流者围绕一个共同的话题，在交际双方（或多方）一起参与的条件下，在特定的时空里，通过互动的方式完成交际任务。网络语用生态并不刻意要求网络语言交流者这么做。例如在 BBS 上，网络语言交流者甲有什么思想观点、求助愿望、交友信息、逸闻趣事等，可以发帖至"留言板"，网络语言交流者乙、丙、丁等都可以根据自己的意愿自由自在地"跟帖"，网名不限，意见不限，方式不限，时间不限，这样的语用生态有利于网民畅所欲言，发表真知灼见。

第三，网络语用生态是各种交流手段并用的语用生态。网络语言交流者善于运用各种各样的交流手段，从语言符号上看，有语言的、非语言的；从感知形式上看，有听觉感知的、视觉感知的、通感的；从视频技术上看，视频的、非视频的；从语种上看，有单语的、双语或多语的；从语码运用上看，有语码混合的、语码转换的……这些交流手段的变换运用和综合运用，使网络语用生态复杂多变，呈现出与传统语用生态极不相同的面貌。这里举两个手机短信的例子。先看语码转换的例子：

> 祝聪明的 Monkey：棒棒的 body，满满的 money，多多的 honey，少少的 silly，无忧无虑像 baby，狗年多多 happy！

这则手机短信中，汉语英语语码自由转换，同时英文单词押韵，朗朗上口。再看语言符号和非语言符号合用的例子：

/（e
/_；）

/（e

　　新年将至，送个笑脸给你，祝你顺利，将手机顺时针旋转90度，你的生活就会如同笑脸，快乐每一天！

　　按这则手机短信提示，顺时旋转90度，是一个"笑脸"的象形图。

　　第四，网络语用生态是创意迭出的语用生态。网络语用生态是崇尚创新、讲求创意、充分体现网络语言交流者意旨和情趣的语用生态，可以说，没有创意、没有独特的意蕴，要想在网络上获得好评、引得追捧是不可能的。无论是网络话语形式，还是在BBS上发帖、跟帖，无论是发表微博、微信，还是在手机发一个短短的"段子"，没有思想、没有创意、没有特色等是无人问津的。网络话语的最大创新是表达方式的创新。以"手机短信"为例，首先，"短信"的内涵已大大超越了传统意义上的"信"的范畴，它不仅是传统意义上"信"，更是现代意义上的"信息"，小小手机的屏幕上，可以无所不写，无所不能。其次，手机短信可以运用各种语体形式，在用词、造句、篇章结构以及采用各种语言的和非语言的表达手段等方面丰富多样，鲜活别致。再次，手机短信上新词新义新用法层出不穷，富有个性，精彩的"段子"传播迅捷，影响广泛。正因为如此，"手机短信不仅仅是个人的一种信息交流，同时也变成了一种大众传播，一种公众行为，进而演变为一种文化传播，社会传播"①。

　　第五，网络语用生态是语言接触频繁的语用生态。穆夫温说："在所有类似的发展过程中，语言接触是重要的因素。"②网络语用生态给语言接触带来了便捷条件。这里，"语言接触"是一个宽泛的概念，它不仅指不同语言的接触，还指不同人的语言（严格地说是"言语"）的接触、语言与方言的接触、方言与方言的接触，还包括特定人群（如青少年、不同QQ群等其他网络语用群体）的语言接触等，可以说，网络语用生态是语言的百花园、竞技场。本国的语言、外国的语言、规范的语言、不规范的语

---

① 郑庆君.手机短信中的语言学[M].长沙：湖南大学出版社，2008：286–287.

② 萨利科科·S.穆夫温.语言演化生态学[M].郭嘉，胡蓉阿错，译.北京：商务印书馆，2012：27.1.245.

言、时尚的语言、古典的语言、方言、土语、行业语、习惯语、杜撰语、谐趣语，甚至粗俗、詈骂语等，林林总总，良莠杂陈。这样的语言接触，一方面显示出语言的活力，另一方面也给语言规范和语言净化提出了新的课题，即我们如何看待网络语用生态，如何分析和评价网络语言。

　　网络语用生态是动态发展的语用生态。网络语用生态发展变化迅猛，从互联网诞生的那一天开始，"动态"和"更新"就是网络语用生态的鲜明特征。"动态"是语言生态的一般特征，但网络语用生态有它的特殊性。无论是交流手段，还是话语内容，网络语用生态都是社会生活的最迅捷、最生动的体现，"更新"则是网络各项技术（包括各种硬件和软件技术）的更新为网络语用生态的发展创造了优越的条件。例如微信，微信（Wechat）2011年由腾讯公司推出，是具有发送文字、图表、照片、视频，支持多人对讲的手机软件。由于它的功能全面、先进、实用，至今其用户已突破4亿，这个数据还在快速增长，有人认为当今已进入"微信时代"，这不仅是个实用人数的问题，而是网络语用生态的发展变化问题。《光明日报》2013年9月27日曾开辟"微信时代的群众文学"专版，转载网络上的微信作品，说明微信的巨大的影响力和鲜活的生命力。

二、网络新型话语的衍生

　　在良好的、开放的、宽容的网络语用生态环境下，网络新型话语不断衍生，给网络语言世界带来了一片色彩斑斓的天地。英国话语研究专家诺曼·费尔克拉夫（Noman Fairclouph）说："话语实践方式在传统方式和创造性方式两方面都是建构性的，它有助于再造社会本身（社会身份、社会关系、知识体系和信仰体系），它也有助于改变社会。"[①]从宏观上看，到目前为止，网络新型话语主要有BBS（即Bulletin Board System，也称电子布告板、电子论坛）、手机短信、电子邮件（E-mail，也译为"伊妹儿"）、博客、微博、微信等。我们之所以称这些为"新型话语"，是因为它们与

---

① 诺曼·费尔克拉夫.话语与社会变迁[M].殷晓蓉，译.北京：华夏出版社，2003：59.

传统话语及其交流方式有显著的不同。

这里仅以手机短信和 BBS 为例。

手机短信是网络信息社会里最普及、最便捷、最实用的新型话语之一。可以说人不分男女老幼，地不分东南西北，手机短信已成为当今流量最大、承载信息最丰富的话语形式。虽然名曰"短信"，实则形式灵活多样，内容丰富多彩。它可以运用各种文体，如诗歌、散文，小说（微型或微微型小说）、戏剧等都可以在手机屏幕上出现，它可以传输各种各样的内容，国家大事、政治时事、家庭琐事、交友叙旧、谈情说爱、嘘寒问暖等都可以键入手机，传给信息接收者，手机短信的这些功能正是网络信息时代新型话语的功能，是传统的话语所不具备的功能。通过手机短信开展各种文化娱乐活动已成为新媒体的一种方式。如《光明日报》2012年曾发起"诗词中国"传统诗词创作大赛，这个赛事与以往最大的不同是参赛作品都是通过手机短信的形式发送、接收的，参赛的工具已不是传统的纸笔了，而是手机，而在文体上，"短信"可以是"诗"（传统的"诗"，包括七律、七绝等），可以是"词"（各种词牌的"词"），也就是说，"短信"可以运用各种文体来写，手机短信的文体内涵就不是传统意义上的"信"了，而是一种综合性的概念，这也是我们称之为新型话语的原因。以下是刊登在《光明日报》上的两首参赛作品（形式：手机短信；文体：诗、词）：

①七律·秋韵

（短信 ID：006634）159×××× 0418

秋风裹雨荡清塘，拂柳轻摇一树黄。

篱下新菊初饮露，天边归雁已成行。

山横水远三江秀，云淡松明五谷香。

润笔新描晴朗日，飞红把盏醉流觞。

（《光明日报》2012年11月16日第9版）

②浣溪沙·壬辰中秋

（短信 ID:4775）182×××× 0796

　　一任寒烟笼桂花，心等明媚照天涯。悠然竹径认谁家？

　　造化有情钟月夜，江山无恙旧中华。何当东海拔鲸牙？

　　（《光明日报》2012年10月23日第5版）

　　以上两例，一例是诗，一例是词，是不同文体在手机短信上的书写。手机短信甚至可以用小说、戏剧式的文体书写。如：

　　③一女太丑始终嫁不出去，希望被拐卖，一天终于梦想成真，被人绑架，绑匪嫌丑，欲将其送回原处，女坚决不下车，绑匪头咬牙跺脚地说："走，车不要了！"

　　④时间：一生一世；地点：无论何处；人物：你，我；事件：我爱你！

　　以上两例，是小说文体的写法，是戏剧文体的写法。[①]

　　BBS是网络上最活跃的新型话语之一，也是网络语言中新词新语新用法的"集散地"。BBS的基本交流方式是发帖、回帖、潜水（只是浏览获得一定的信息并不发帖、回帖，潜藏着，不显露身份，故曰"潜水"）等。在用词、造句、话语结构、语体风格等方面都具有鲜明的特色。如用词方面，BBS用词灵活，彰显个性，如顶、赞、挺、囧、晕、晒、酷、炫、雷、萌、嗨等单音词频繁运用，既节省了时间，又在表义上富于变化，耐人寻味。话语结构方面，主帖与跟帖的关系和传统话语结构有所不同，往往是"一主多跟"，即一个主帖发出，多个跟帖（有时是成千上万）呼应，因而使BBS话语互动热烈，语用活跃。这种话语结构可以概括为AX式（A为主帖，X为跟帖，X可以是B、C、D……网上一般说多少"楼"）：

　　　　↗　　B

A　→　C

　　　　↘　　D

---

①　郑庆君 . 手机短信中的语言学 [M]. 长沙：湖南大学出版社，2008：286–287.

由于网络语言交流在时间和空间上的特殊性，因而会产生一些变化形式，如中途合而为一、中途岔断持续等形式。BBS 上语体风格多样化，这是因为 BBS 是一个自由参与、自主发表意见的场所，BBS 上的语用主体在语体风格等方面没有硬性的约束和限制。

三、网络新型话语衍生的动因

网络新型话语不断衍生的动因是什么？这是一个值得深思的问题。

网络新型话语不断衍生，在很大程度上改变了人们的交际语言和交际方式，进而促使语言发生急剧的演化和发展，这与当今社会的语用生态特别是网络语用生态有密切的关系。正如美国语言生态学家穆夫温所说的那样："关于语言演化的种种问题（比如为什么一种特定的语言会发生重构，重构的具体方式是什么，或者，为什么一种特定的语言会曾经 [或即将] 濒临灭绝）的答案都可以在该语言所处的生态中去寻找，既包括内在生态，也包括外在生态，既有结构性的，也有非结构性的。……语言系统具有渗透性，没有哪一种结构过程的差异可以断然地只与外在生态因素或者内在生态相联系。"[①]

我们可以从语言的内在生态、外在生态和网络语用主体等方面考察网络新型话语不断衍生的动因。

（一）语言的内在生态（internal ecology）是指一种语言系统内部的基本面貌及其发展变化状况，具体地说，就是一种语言在语音、词汇和语法等方面的基本面貌及其发展变化状况。网络新型话语不断衍生，得益于网络语用生态环境中语言的内在生态。

应该指出的是，语言内在生态的构造在网络信息时代发生了变化。语言系统的各个要素（语音、词汇、语法等）在网络语用中大致出现了几种变异：1. 由异样的谐音而生发的表达机制。谐音是一种利用语言单位之间音同或者音近而构成的表达手段，网络语言交流中不仅谐音用得多，而

[①] 萨利科科·S. 穆夫温. 语言演化生态学 [M]. 郭嘉，胡蓉阿错，译. 北京：商务印书馆，2012：27.1.245.

且呈现出异样的面貌，如频繁运用数字谐音：201314（爱你一生一世）、7456（气死我了）、9494（就是就是）、740（气死你）等；合音谐音：酱紫（这样子）、酿子（那样子）等；英语谐音：CU（see you）、IC（I see）等；部分省略、部分谐音：酒吧（win98, win 省略，谐98音）、酒屋（同前，win 省略，谐95音）等；用汉字读音的汉语拼音缩写而形成谐音：FQ（fuqi，夫妻）、MMD（mamade，妈妈的）等。当然更多的是汉语字词之间的谐音，但都具有网络语言特色，如："幽香"谐"邮箱"，"斑竹"谐"版主"，"王八"谐"网吧"，"竹叶"谐"主页"等。[①] 当这样的谐音一旦从网络流行到全社会，对社会语用的影响是很大的，如流行语"神马都是浮云"就是如此。2. 由词义的翻新带来的老词新义。词义翻新是网络语言用词的一个特点，所谓词义翻新是指某个词语在词典中的固有意义在网络语用中获得了新的与以往不同的意义，我们把这种现象称作老词新义。如"晒"是一个老词，近年来在网络上使用频率很高，《现代汉语词典》第6版增加了"展示自己的东西或信件供大家分享"（多指在互联网上），并认为与英语"share"有关。我们认为它是老词新义，因为"晒"过去有"晒图"之类的说法，网络语言中在这类说法的基础上衍生出新用法和新词义是很自然的。[②] 像正能量、恐龙、打铁、神童、青蛙、水鬼、白骨精、坛子、潜水、土豪等都属于网络语言中的老词新义。3. 由杂糅的语码引发的混成语法。网络语言中常常将不同语言的词汇和语法糅合在一起，构成一种混成语法，如将英语中的 V+ing 格式中的 V 改为汉语动词，形成一种"另类"的语法格式。如：

> 的确，对我口味～～～
> 以前常来，潜水…思过 ing ～～～
> 羡慕 ing ～～～

> (http://gsjqchenjin.blog.sohu.com/)

阿拉伯数字"2"，英文中对应的是"two"，"two"与"to"同音，于

---

① 冯念、冯广艺. 网络词语的谐音及规范问题 [J]. 海南师范大学学报，2005（1）.

② 中国社会科学院语言研究所. 现代汉语词典：第6版 [M]. 北京：商务印书馆，2006：1184–1185.

是网络语言中就有了"year 2 kilo"(y2k，千年虫)，这里的"2"是"two"意思；"face 2 face""consumer 2 business"中的"2"是"to"的意思。"4u"，即英文的"for you"，英文中"four"（4）与"for"同音，"u"与"you"同音，因而构成"4u"这种混成格式。4. 由综合的图符显现的整合语形。网络语言善于综合运用现代化的表达手段，将各种图符和语符结合在一起，显示在电子屏幕上，成为"整合语形"，无论是手机，还是电脑，这种方式已普遍运用，真正形成图文并茂、妙趣横生的语用情景。如：

中秋节将至，愿（🙈）在一生中有用不完的🎋，以后的日子风和🌞丽，风调🌊顺，偶尔有人请🍲，平时经常有人给你送🎁，有人逗你😁，想💥谁就💥谁，永远有个最善良的🖤，在你最需要的时候有🎎，没事时听听🎵，寂寞时和朋友📞📧，有时间时和朋友一起☕…🍚…🍶…🏆…⚽，还要记得常常🐧，有个👍的身体，遇事别😡，这样你就会永远😁，天天好🖤情！提前祝中秋节快乐！①

这段短信，用了 24 个表示各种意义的图符，结合文字表达中秋节的问候，富有情趣。

（二）语言的外在生态（external ecology）包括语言所依存的社会政治、经济、文化、教育、科学、技术、历史、地理、风俗、习惯等。

互联网是当代社会科学技术，尤其是信息技术高度发展的产物。它所依赖的基本条件只有在当代社会里才能满足。电子设备的尖端化、通讯手段的综合化、信息技术的智能化，都为网络语言交流及网络新型话语的不断衍生提供了优越的外在生态条件，没有这些外在生态条件，不可能出现网络新型话语不断衍生的情况。

当代社会，随着人们的物质生活越来越富有，精神生活需求越来越高端，对网络及网络语言交流的要求也越来越苛刻。如手机产生的初始阶段，人们通过手机发送信息，但并不满足于一般短信的交流，随之推出了

---

① 张玉玲. 网络语言的语体学研究 [D]. 复旦大学，2008:79.

手机彩信，近年来又发展到使用微信传输手段，而且仅在我国使用这种"软件"的人已经超过了4亿。可以说，网络新型话语的不断衍生，如果没有强大的经济实力和社会需求做后盾是难以想象的。

文化交流频繁化、语言交流国际化和语言生活多样化等因素不仅促使人们在网络交流的时间增多，而且促使人们采用更加便捷、先进、多样的交流形式。例如网民在互联网上跟外国人谈生意、跟身处国外的亲戚朋友做视频聊天以及跟学界专家学者在BBS上讨论学术问题等，采用不同的网络新型话语也是十分必要的。

（三）人是网络语用主体，是形成语言内在生态和外在生态的主要因素，也是网络新型话语衍生的真正动因。

1. 语用心理：变异与趋同

网络语用主体在使用网络语言时的语用心理是我们分析网络新型话语衍生动因应该重视的一个问题。变异与趋同是一对矛盾的统一体，网络语言是一种变异性的语言，或者说，网络语言是一种特殊的语言表达样式，它在用词、造句、组构话语类型、综合各种表义手法等方面，都对传统的话语交流形式有所变异。同时，网络语言又具有趋同特征，这种趋同特征主要表现为有的语言表达手段经过某一个或某一群网络语言交流者运用，在网络上（尤其是在BBS上和网络博客中）会迅速传播，有时甚至是一呼百应，一呼万应，成为网络流行语（包括词、句、某种格式等），而这正是网络语用主体趋同心理的表现。

2. 语种选择：语内与语际

网络语用主体在语种的选择是多种多样的，他们可以选择用同一种语言交流，即"语内"交流，也可以选择用不同的语言交流，即"语际"交流，还可以用不同的语言混合交流，即语码转换或语码混用。这样的语种选择，网络语用生态新颖别致，例如网络写上"886"，男女老少都知道它是"拜拜了（再见）"的意思，而不经意中就做了语码转换。从另一个角度看，多种多样的语种选择，是互联网的基本要求，也是信息时代网民的基本素质。互联网中，语内交流重要，语际交流更重要，必要的语码转换和语码混用也是允许的。正因为如此，看了下面A和B对交流，我们当然"见怪不怪"了：

  A：哪儿：

  B：上海，U

  A：北京。见到U真高兴

  B：me 2！呵呵

  A：家？

  B：no。公司

  A：MM　or　DD？

  B：D！我有事，走先，886！

  A：OIC，BB！

3. 语言修养：洁雅与媚俗

  网络语用主体的语言修养是构建良好的网络语用生态的重要条件。在网络语言交流中，保持洁雅的语用风尚是对网络语用主体的基本要求，而媚俗的语用习气则是要坚决杜绝的。要做到洁雅，首先要保证使用规范、纯洁的语言，反对在网络上使用不规范的、粗俗的、下流的语言。其次，网络语言交流是跨越国家界别、不分男女老幼、不讲职位高低，也没有贵贱之分的平等的交流，不应该也不允许有语言暴力行为和语言歧视倾向。再次，要反对把网络当作"垃圾场"，在网络上滥扔垃圾，如发黄段子、写下流话，传色情片等，同时还应具备拒腐蚀、抗诱惑、不媚俗的免疫能力，不断修炼，提高和完善语言修养。

4. 语用形式：综合与单一

  网络语用形式是一种综合形式，它与传统的单一语用形式不同，这是由网络语言的基本性质所决定。网络语言交流不像传统语言交流那样，在限定的时间和空间里，运用单一的口语或书面语进行交际，网络语言交流可以超越时空，可以利用现代化、信息化的高科技手段，可以结合视频、画面、图符等进行立体式交流，这就给网络语用主体提供了更加广阔的施展自己才华的舞台。传统的语用形式，要求语用主体能说话、会写字即可，而网络语用主体除此之外，还应该具备基本的网络交流技术，如上网、视频传输、画面制作、图符设计选用、接收信息以及整体合成等。从这些看，网络语用形式是综合的技术含量很高的形式，而不是单一的、技术要求不高的一般形式。

5. 语用情态：释放与约束

这里的语用情态是指网民在网络上进行语言交流时的情绪和状态，我们大致将其分为释放型和约束型。所谓释放型就是在网络语言交流时善于释放或抒发自己的主观意愿、情感以及各种意见看法等，也就是大胆地将自己的观点等告白于天下。从网民年龄上看，这一类多为年轻人，以大中学生为代表。所谓约束型是指在网络语言交流时善于把控自己的意愿、情感，发表自己的各种意见、看法很理性、冷静，常常有所约束和保留。从网民年龄上看，年龄也大一些，且多为公务员等在职人员。当然，释放和约束只是对网民语用情态的粗略分类，它只是从一个侧面反映了网络语用生态的面貌。正因为有了这种区分，这两类网民在选择运用网络新型话语时具体表现也是不同的，如释放型网民多在 BBS 上、在博客上等公开发表自己的意见、观点等，而约束型网民则多在手机上发表意见和看法，即使是在 BBS 上或在博客上等发表意见和观点时也是有所保留的。

6. 语用形表：潜隐与显现

语用形表即网络语用的形式表现。从语用的形式表现看，网民在网上的语言交流，无外乎潜隐形式和显现形式。潜隐形式，即网民所说的"潜水"形式，它是指在网上能够看到各种官方网站信息和网民交流信息，而自己又不显现网络"身份"的情况，这在当下的网络语言交流中普遍存在，即时是在一个小小的 QQ 群中，也是如此。显现形式当然就是在网络上显现自己网络"身份"的形式，如网名等。应该指出的是，这种"身份"只是网络身份，不是现实生活中的真正身份。由于有了这两种语用形表的不同，网民在选用网络新型话语时也就有了一定的自由度。如只想在 BBS 上看到一些网民语言交流信息，可采用潜隐形式。如果想参与讨论，发表自己的意见看法，可采用显现形式等。

以上几点，都是作为网络语用主体的人在网络上的种种表现，这些表现是网络新型话语的衍生以及各类新型话语的运用的真正动因，也是形成网络语用生态的重要因素。在研究网络语言及其生态环境时，网络语用主体是我们研究的主要对象。

第十八章 分享经济社会中的"语言分享"

"分享"是当下语言生活中的一个"热词"。在日常语言交流中,它是人们每天都在使用的一个词或一种交流方式。在经济社会中,它是一种理念,一种经济形态的标志,如分享经济(sharing/sharable economy)等,随着"物联网"(internet of things)时代的开启,它甚至成为一种主义——分享主义(Sharaism)。这种"主义"驱使下的经济社会即为分享经济社会。[①]分享经济社会中的"语言分享"是一种通过语言信息的获取创造社会价值(包括经济价值、文化价值等)的分享模式,它伴随着网络信息传递技术的快速发展,不断更新,形式越来越多,技术手段也越来越高,利用语言文字、音乐视频、信息处理等技术手段的综合性分享已成为人们普遍使用的手段。

一、分享经济是语言分享的孵化剂

分享经济给语言分享注入了新鲜血液。分享经济依赖于用户驱动、信任驱动、平台驱动、数据驱动和价值驱动等五大驱动机制。语言分享中的"用户"就是语言使用者或曰"语言消费者",语言使用者的意愿、需求、选择、体验等都是建立在互相信任的前提下,通过互联网搭建的平台,分

---

① 刘方喜. 当"分享"成为"主义":物联网开启新时代 [J]. 读书,2016(1):1-10.

享社会化资源，同时通过信息化、数据化技术手段，实现语言的功能价值和社会价值。

在分享经济社会里，语言分享意味着语言不是私有的或封闭的东西，而是一种无与伦比的社会共有财富，语言及其所传递的信息也是社会共有财富，人们通过语言及其信息的分享，互利互惠，共生共赢。语言分享与所谓"私人语言"（私人性）具有本质的不同。在西方语言哲学史上，曾经有过关于"私人语言"（也称"私有语言"）的讨论。维特根斯坦（Ludwig Wittgenstein）在《哲学研究》中提出是否存在私人语言的问题，他的观点是否定的，一些语言哲学家不同意他的观点，艾耶尔（A.J.Ayer）在《可能有一种私人语言吗？》一文中指出："在一个相当通常的涵义上，显然可能有私人语言，之所以可能有，是因为确实有。当一种语言被设计得使有限数目的人能够以不让圈子之外的人理解的方式彼此交流时，可以说它是私人的，按照这个标准，盗贼的黑话和家庭的隐语是私人语言，这样的语言不是严格的私人的，也就是说，它们并不是只是被一个人使用和理解，但是，很有可能有严格涵义上的私人语言。我们已经知道有人用不打算让别人理解的密码记日记。一个私人的密码实际上不是一种私人语言，而是写下某种给定语言的一种私人方法。不过，这种情况可能存在，即一个非常守口如瓶的记日记者也许不满足于把熟悉的语词放入不熟悉的记法（notation）中，相反可能更愿意创造新的语词：不过两种过程不是截然不同的。如果他的创造达到足够的程度，他就可以被恰当地说成是在使用一种私人语言。就我所知，人们实际上已经这样做了。"[①]杜威对"私人语言"提出了批评，他认为："语言是一种关系，至少要有两个人参与，人们在使用声音'建立真正的行动共同体'的时候使声音获得意义，成为语词。人们从群体习得语言，独白则是与他人会话的产物和反映。"[②]其实，对"私有语言"的看法，无外乎一派认为有之，一派认为无之。这涉及对"语言"及"私有语言"的本质的认识。从语言这个层面看，语言是人类的交际工具，构成语言的基本要素（语音、词汇、语法）是操一种语言的全体

[①]（美）A.P.马蒂尼奇.语言哲学[M].牟博等，译.北京：商务印书馆，1998：873.

[②] 陈嘉映.语言哲学[M].北京：北京大学出版社，2003：185.

成员共知共享的，不是个人私有的产物，因而不存在"私有语言"。从所谓"私有语言"层面看，严格地说，"私有语言"中的"语言"不是语言，而是"言语"，是个人在使用全民语言时体现出来的一种特征。如果说真有所谓"私有语言"的话，这里的语言只不过是个人在使用全民语言时的一种私下行为，如有些人为了保密和不露隐私等的需要在私人日记中运用的特殊表达方式、神秘符号等。显然，这样的"私有语言"，是不愿与人分享的"语言"，更不可能是共享的"语言"。在分享经济社会里，这样的"私有语言"很难拥有语用市场。

分享经济讲求信息对称，遵守游戏规则，注重协同协作，有学者称之为"分享经济的三大基石"。分享经济社会中的语言具有可塑性。著名学者陈章太认为，语言的可塑性是"指语言及语言生活形成以后，并不是不可改变的，而是可以通过语言规划使语言及语言生活朝有利于国家、民族、社会及语言使用者的方向发展"[1]。语言分享是当今社会中人们语言生活的新方式，语言在分享中通过交流信息、遵守交际准则、协作互动而发挥作用，体现价值。语言分享中语言激发出巨大的可塑性。这主要表现为在语言分享过程中，分享者（个人或群体）与分享者（个人或群体）一起构成影响社会、影响每一个人的一种整体力量，这种整体力量表现为语言的可塑性。正如德国学者威廉·冯·洪堡特所说："一个民族的语言多少世纪所经验的一切，对该民族的每一代人起着强有力的影响，而接触这种影响的只不过是单独一代人的力量，更何况这种力量从来就不是纯一的，因为正在成长中的一代人和正在消逝的一代人总是交混生活在一起。如果考虑到这些，就可以看出，面对语言的威力（Macht），个人的力量实在是微不足道的。只有依靠语言极大的可塑性（Bildsamkeit），依靠以许多不同方式把握的形式但又无损于一般理解的可能性，以及依靠生动的精神力量对僵死的传统质料所施予的强力（Gewalt），个人才能保持与语言的平衡关系。"[2]语言分享可以使语言获得"整体力量"，从而最

---

① 陈章太.语言规划研究 [M].北京：商务印书馆，2005：20.

② （德）威廉·冯·洪堡特.论人类语言结构的差异及其对精神发展的影响 [M].姚小平，译.北京：商务印书馆，1997：74–75.

有效地为经济社会服务。

二、语言分享是一种社会交际方式

从言语交际的角度看，分享是一种交际模式。言语交际是言语表达者和言语接受者共同完成的，日常交际中我们特别强调交际的双方的互动、合作，强调交际双方通过一定的言语表达手段彼此沟通，达到交际的目的。网络语用生态给人们的言语交际带来了较大的变化，那就是在互动的基础上，通过分享的方式实现交际目的。美国学者 P.B. 邓斯和 E.N. 平森在《言语链——说和听的科学》一书中认为"联接说话人与听话人的言语链的主干"是"三个平面"，指出："信息的传递是从选择恰当的单词和句子开始的，这可以称为言语链的语言学平面。言语过程继续下去，便到达生理学平面，包括说话人一方的神经与肌肉活动，最后到达言语链的物理学平面。在言语链的听话人一方，则是相反的过程。当传来的声渡作用于听觉机制时，言语过程从物理学平面开始。它继续下去，就到达生理学平面，包括听觉与感知机制中的神经活动。到听话人听懂了由说话人那里传来的单词和句子时，言语链便在语言学平面上完成了。因此，首先在说话人一方，然后在听话人一方，言语链至少包括在语言学、生理学和物理学这样三个不同平面上的活动。"[①] 这是从语言学、生理学和物理学"三个平面"意义上对一般口语交际过程的解释，也是在互联网产生之前，或者说进入"分享经济"之前，人们对语言分享的一般解释。分享经济社会中的语言分享，依靠互联网构筑的语言交际平台，传递和接受语言信息，服务经济社会。网络语言交流往往打破时空限制，人们可以在世界的任何地方，甚至在太空交流，也可以不在同一时间里（如通过网上留言、收藏话语信息后隔时交流等）进行非"面对面"的非"即时性"的交流。网络语用生态环境中的语用主体（网民）在网上交流大多具有自主性和游移性，同时综合使用多种多样的交流手段，使得网络语言交际丰富多彩，新

[①]（美）P.B. 邓斯,E.N. 平森. 言语链——说和听的科学 [M]. 曹剑芬等，译. 北京: 中国社会科学出版社，1983: 7–8.

颖别致。网络语言中，"分享"在语用形式上还表现为一种话语标记。网民发送分享信息时，用"分享"标明信息的基本特征。如"分享作文600字""分享到各大社会化网络""分享阅读""微分享"等。进入"分享网""人人分享网""VIP分享网"等，点击你需要查询的关键词，百度上会出现很多"分享"信息。再如进 bshare，你可以看到很多标有"分享"字样的信息。

现实生活中，人跟人的联系必须通过语言这一最重要的交际工具，因而语言分享是人在社会生活中必须做的一件事情。洪堡特说："个人始终与整体——与他所在的民族、与民族所属的种族，以及与整个人类——联系在一起。不论从什么角度看，个人的生活都必然与集体相维系。对个人外在的、从属的方面和内在的、更高层次的方面进行考察，可以使我们得出类似前述场合下的结论。个人在地球上的生存仿佛是植物般无意识的，他需要帮助，而这样的需要促使他同别人建立联系，并且要求人们为了从事集体活动而通过语言达到相互理解。"[①]一个人要做到"语言分享"，就要克服"语言自闭症"，时时处处都要与人沟通，与人形成言语互动、信息共享的和谐共存关系，否则很难做到洪堡特所说的"个人始终与整体——与他所在的民族、与民族所属的种族，以及与整个人类——联系在一起"。

三、语言分享的基本特征

分享经济社会中的语言分享是一种资源分享。语言是一种资源，是国家"软实力"的体现，是人类社会里的无价之宝。澳大利亚语言学家罗伯特·迪克森说："语言是最珍贵的人类资源，每一个语言都有着与众不同的音韵、形态、句法和语义结构。只有通过研究各种语言的不同情况，我们才能大致了解与语言活动有关的人类大脑的属性。通过研究某些罕为人知的语言的组织意义的方式，语言学家可以揭示出某些语义结构的普遍特

---

① （德）威廉·冯·洪堡特.论人类语言结构的差异及其对精神发展的影响[M].姚小平，译.北京：商务印书馆，1997：74–43.

征，或者提出某些有助于解决现代社会问题的新思维方式来。"① 语言资源具有鲜明的特征。我们认为，分享经济社会中语言资源的分享是不同国家、不同民族、不同集团、不同人群都必须面对的一件大事。在交际活动中，人们时时刻刻都在使用语言，语言这种资源是一种耐用性资源，它和其他资源（如水资源、矿资源等）不一样，语言资源是一种取之不尽用之不竭的资源，无可限量，语言资源只有通过不断利用，才能更好地发挥作用。而其他资源（如水资源、矿资源）则是一种限量性资源，这种限量性资源只会越用越少，直至枯竭。从这个意义上看，分享经济社会中，对语言资源的分享越多，语言的功能作用就越大，而且没有限量。哪一种语言资源所获得的语言分享越多，哪一种语言在经济社会中的语言活力就越大，语言地位就越高，语言功能就越强。语言资源是一种普世性资源，对于整个人类而言，它跟阳光、水、空气一样，是人类不可或缺的共享资源。不同的语言承载着不同的经济、文化、科学、技术等方面的信息，通过语言将这些信息分享给需要的人们，实现共享，就会促进经济社会的共同发展，实现分享经济社会中不同经济体的共同进步。语言资源还是一种具有多样性特征的资源。现阶段世界上的语言大致有6000多种，这些语言因地域的不同、语系的不同、使用人口的不同、地位的不同以及活力的不同等，在分享经济社会中的作用会有差别，但不应该存在"语言歧视"，因为任何一种语言都是经济、文化等的承载者，都是世界语言花园中的鲜花。"如果我们在周游世界时，发现一块块田地、一座座花园是一模一样的，只生长着一种颜色的花朵，这个世界该有多么的单调和乏味。如果这个世界只有一种颜色的花朵，又在形状、大小和颜色上没有变化，这个世界又该是多么的沉闷和贫瘠。……世界上的语言花园也是一样。如果世界上只有一种多数民族语言（例如英语），那将是多么的单调。……花园中语言的多样性会使世界变得更丰富、更有趣，更加绚丽多彩。"② 正因为有了语言这种具有多样性特征的资源，在分享经济社会中，人们才有可能根据不同的需要，选择和运用不同的语言从事语言分享活动，达到一定的目

---

① （澳）罗伯特·迪克森.语言兴衰论[M].朱晓农等，译.北京：北京：北京大学出版社，2010：97.

② （英）科林·贝克.双语与双语教育概论[M].翁燕珩等，译.北京：中央民族大学出版社，2008：46.

的。最近，著名学者李宇明提出"文化视角下的语言资源保护"问题[①]，这是分享经济社会中的语言资源保护的重要途径。

语言分享是语言生态的一种新常态。人类社会的不同历史阶段，由于经济社会的条件不同，语言的外在生态（external ecology）不同，内在生态（internal ecology）也不同。所谓语言的外在生态，是指一定社会的政治、经济、文化、教育、科技、地域、气候等外在环境及其与人的关系所形成的语言生态，所谓语言的内在生态则是指语言的内在因素、规则及其与人的语言运用的关系所形成的语言生态。例如在经济社会十分落后、人类的语言只有口语交际、没有文字记录的时代（文字产生之前的漫长社会）里，人们的语言交流形式依赖于口耳相传，原始单一，语言分享的方式只有口头形式，再简单不过了，无论是语言的外在生态，还是语言的内在生态，都是处于原始的低级的状态。当人类社会经济有了一定的发展，创制、发明了文字之后，人类的交流方式发生了巨大的变化，口语和书面语双轨式的交流成为经济社会中人们使用的方式，语言分享由此带来语言生态的变化，除了口耳相传之外，记录口语的符号——文字成了语言分享的载体，语言分享的方式也从单一模式变为双轨模式。

互联网带来了语言生态的巨变，它使语言形成了特殊生态交流形式，即网络信息形式。语言交流的网络信息形式充分利用了当代科学技术手段，它集口语、书面语、网络视频（包括影像、画面、音乐）等于一体，人们通过立体多轨式的信息传递，冲破时空的限制，达到语言交流和分享的目的。这样的交流和分享，正是分享经济社会的典型特征。如一个人需要在网络上从事商业活动，他可以开网店，可以利用网上银行有效地进行资金运作，他可以在网上销售、购物，可以在网上进行商业谈判、可以在网上发送和接受各种商业信息等。也就是说，他的经济活动都是在网上完成的。因为有了这样的网络经济活动，"物联网"才有了可能，人们才能在分享经济社会中"分享"网络语言信息交流带来的不可估量的经济社会效益。因此，从语言交流模式的生态变迁上看，分享经济社会的语言生态不同

---

① 李宇明. 文化视角下的语言资源保护 [N]. 光明日报，2016–08–07（7）。

于以往经济社会的语言生态。①

语言分享是语言权利的一种表现。在分享经济时代，人们的经济生活方式中，有没有语言分享，或者说有没有通过语言信息的相互传递形成语言信息的收受关系，是人们取得一定的经济地位并分享经济社会带来的一系列有用价值的重要途径。尤其是网络语言交际平台上的语言分享，更能体现这一点。在分享经济社会里，一个人如果语言分享不多，说明他享有的语言权力不大，如果完全没有语言分享，其语言权利的行使无疑是微弱的，甚至是几近于零的。同理，语言分享还与话语权有关系。语言分享的始发者，是拥有一定的话语权的。例如在一定的社交平台，在一定的网络朋友圈或一定的交际网络，语言分享的始发者会根据他心目中的具有一定话语权的分享对象，传递语言分享信息。在分享经济社会中，个人拥有个人的话语权，群体具有群体的话语权，民族具有民族的话语权，国家具有国家的话语权。不同层面的话语权具有一个共同特征，就是在话语权对等的前提下，语言分享就很顺畅，就可以有效地实现语言共享，也就是信息共享，也就是分享经济社会中经济利益或价值的共享。反之，如果话语权不对等，语言分享就不顺畅，就很难实现语言共享，也就不可能有信息共享，也就不存在分享经济社会中的经济利益或价值的共享。

在分享经济社会里，语言分享是语言功能的突出表现，甚至可以说，语言功能只有在语言分享中得以实现。在网络语言交流中，语言分享以各种各样的方式进行，网络语言中衍生出很多新型的话语形式，从语言符号上看，有语言的、非语言的；从感知形式上看，有听觉感知的、视觉感知的、通感的；视频技术上看，有视频的、非视频的；从语种上看，有单语的、双语或多语的；从语码运用上看，有语码混合的、有语码转换的……② 而从语言分享的角度看，则有己享（自己享有）和他享（分与他人享有）、索享（向他人索取享有）与弃享（放弃享有）、圈享（在朋友圈里分享）和群享（在一定范围的"群"中分享）、存享（收藏起来享有）和拒享（拒绝享有）、文享（文字上的分享）和图享（图片分享）、语享（话

---

① 冯广艺.语言交流形式的生态变迁 [J].中南民族大学学报，2011（5）：168–172.

② 冯广艺.网络语用生态及网络新型话语衍生动因论 [J].中南民族大学学报，2015（4）：154–158.

语分享）和乐享（音乐分享）、久享（长期分享）和暂享（短时分享）、单一分享（单一形式上的分享）和综合分享（综合多种形式的分享）等[①]。在多种多样的分享形式中，语言功能无处不在，即使是非语言的分享形式和拒绝分享的言语行为，也离不开语言分享的"标记"提示，因而语言功能在语言分享中得到了充分的展示和发挥。语言分享和语言功能成正比，语言分享的内容越丰富、形式越多样，语言功能就越强大、越突出。

四、语言分享的几个原则

分享经济社会中的语言分享必须遵循一定的原则。

"己所不欲，勿施于人"是一条为人处世的原则，也是分享经济社会中语言分享的最基本的原则。人在经济社会中的任何活动，都是从实际愿望出发，通过一定的手段实现这一愿望的。语言分享过程中，"己"与"人"的关系是十分重要的，"己"与人之间通过语言分享，实现自己和他人在经济社会中的共生共赢，是社会和谐、经济繁荣和人类进步的体现。如果"己"与"人"关系不融洽、不和谐，在语言分享中"己所不欲，强施于人"，势必影响分享效果，因此摆正语言分享者的动机，强调语言分享者的"合作"精神很有必要。语言分享并不是强制性的，语言分享者完全可以根据自己的意愿，自由、自主地选择发送或接收分享信息，"合则留之，不合则去"，从而在一个宽松的语境中真正享受语言分享的快乐并从中受益。

语言分享严格遵守"用则勿疑，疑则勿用"的原则，依赖于互联网的语言分享的空间，既有现实的空间，也有虚拟的空间。我们应该认识到，分享经济社会中的语言分享十分复杂，真实的、虚假的、善意的、恶意的、试探的、挑衅的、赞美的、诽谤的……各种各样的语言信息杂糅其间，良莠不齐。从获取经济利益和价值的角度看，分享经济社会中这些不同性质的语言信息是客观存在的。这就需要语言分享者有很强的语言信息

---

① 冯广艺.说"分享"[J].2016（2）：31–33.

辨察能力和毅然果断的态度，糟粕者弃之，精华者受之，尽可能有选择地分享语言信息。

语言分享应该提倡"社会协作，共创利益"的原则。由于"分享经济侧重消费领域的社会协作"①，因而分享经济社会中的语言使用也应以协作为基本点，通过协作使语言使用者共同获得利益。如前所述，语言是人类社会中的宝贵资源，对语言资源的利用（或曰语言资源的消费）是每一个公民、每一个群体、每一个民族、每一个国家无时无刻不做的一件事情。协同使用语言资源，共享语言资源，利用互联网、物联网等新的信息技术手段，通过语言资源创造经济价值，是分享经济社会的显著特征。

语言分享必须坚持"平等互利，和谐相处"的语言平等原则。在语言分享过程中，势必涉及不同语言之间的相互关系问题。诚然，世界上的语言因为使用人口的多少不同、地域分布不同、在国际事务中发挥的功能不同，使用者的国度、种族等也不同，这些"不同"或差距客观存在，但在语言分享中语言是平等的，人们使用语言的权利也是平等的，不能有任何语言歧视和语言霸权的言行发生。语言分享只有在一个平等和谐的环境中才能达到目的。②

分享经济社会中的"语言分享"是以"分享"有社会价值（包括经济价值、文化价值等）的语言信息为出发点、以服务经济社会为目的的"语言分享"，分享经济是语言分享的孵化剂。在分享经济社会中，语言分享是一种全新的社会交际方式，它具有与传统的言语交际方式极不相同的特性。应该认识到，分享经济社会中的语言分享是一种资源分享，它汇集了分享经济社会中可直接利用的或间接利用的宝贵资源，服务于经济社会。同时，它是语言生态的鲜活表现，在语言分享中，语言权利和语言功能得到了进一步彰显。只要人们遵守一定的社会公约和原则，语言分享的目标就一定能实现。

分享经济社会中的语言分享是语言应用研究的新课题。在分享经济社会中，语言分享已成为一种综合性的服务方略，它充分依赖分享经济的驱

① 王宁.发展分享经济 培养公民精神 [N]. 中国社会科学报，2016-09-14.

② 冯广艺.生态文明建设中的语言生态对策 [J]. 贵州社会科学，2012（6）：9-14.

动机制，最大限度地发挥语言这一人类最重要的交际工具的功能，在经济社会发展中体现其社会功能。研究分享经济社会中的语言分享，应着重考察语言分享在分享经济社会中的作用，分析作为一种全新的社会交际方式的语言分享的基本特征，探讨语言分享的内在规律和外部功能，剖析语用主体（分享经济社会中的语言分享者）的各种表现，关注语言分享对语言生态的影响，建构合理而实用的语言分享模式等问题。总之，研究分享经济社会中的语言分享是一项长期而艰巨的任务。

第十九章　语言生态所涉及的各种关系

　　良好的语言生态涉及各种关系。和谐是天地万物形成良好相互关系的基本标志，也是形成良好语言良好的基本条件。《易转·系辞上》说："古者疱牺氏之王天下也，仰则观象于天，俯则观法于地，观鸟兽之文与地之宜，近取诸身，远取诸物，于是始作八卦以通神明之德，以类万物之情。""鸟兽之文与地之宜"即是鸟兽等动物与大自然相和谐的一种表现，于培杰先生在《论艺术形式美》中指出："一般地说，客观存在的自然物和自然现象，其内容与形式天使其然地协调一致。虎豹的凶猛与它们的巨体和利齿相统一，鹿马的善奔与它们轻捷的四肢相和谐。一旦某个物种的内容与形式产生了背离，那么，造物主或者迫使它改变自己的机体机构以顺应环境，或者干脆淘汰它。恐龙早已被淘汰了，鸵鸟则因失去了飞翔的内容而退休了翅膀，即改变了自己的外在形式，以适应行走的生活内容。"[①] 这里虽然是从内容和形式统一的角度谈客观事物的和谐问题，但它对我们探讨语言和谐的外部条件是有借鉴意义的。从人与自然、人与社会、人与人、人与语言、语言与语言、语言与民族的关系看，又何尝不是如此呢？

[①]　于培杰. 论艺术形式美 [M]. 华东师范大学出版社，1990：5.

一、人与自然的关系

人类总是在不断地通过适应自然、改造自然，达到与自然相和谐的。恩格斯在《自然辩证法》一书中指出："……我们必须时时记住：我们统治自然界，决不像征服者统治异民族一样，决不像站在自然界以外的人一样。相反地，我们连同我们的肉、血和头脑都是属于自然界，存在于自然界的；我们对自然界的整个统治，是在于我们比其他一切动物强，能够认识和正确运用自然规律。"① 从某种意义上讲，人类是在适应自然、改造自然的过程中成长的。娄成武、王潜在《论人与自然和谐发展的生态价值观》一文中说："在人类发展的历史长河中，人对生态的认识经历了从'敬畏'到'征服'，再从'征服'到和谐的曲折过程。这其间，哲学界关于人与自然关系的论战一直没有休止过。'人类中心论'对立地看待人与自然的关系，强调人在生态系统中的主导、支配作用，把自然生态系统作为人类提供物质的源泉，离开了人一切自然物就无'价值'可言，从而导致了对资源的过度开采，对环境的肆意破坏。'自然中心论'毫无区别地将人与自然等同，否定人的主观能动性和创造性，强调自然的地位和权利，认为人类只能顺应自然，这势必阻碍经济发展和社会进步。科学发展观注意区别人与自然的不同，既充分考虑到人的利益和创造性，又考虑到自然生态系统的作用，强调坚持以人为本，人与自然和谐发展。"②

中国哲学思想体系中，"天人合一"一直是历代学者十分重视的哲学命题，季羡林先生说：

> 谈到"天人合一"这个命题的来源，大多数学者一般的解释是说源于儒家的思孟学派。我深得这是一个相当狭隘的理解。《中华思想大辞典》说："主张'天人合一'，强调天与人的和谐一致是中国古代哲学的主要基调。"《周易·乾卦·文言》说："'大人'者与天地合其德，与日月合其明，与四时合其序，与鬼神合吉凶，

① 恩格斯.自然辩证法[M].北京：人民出版社，1971：159.
② 光明日报，2006-01-22（7）.

先天而天弗违，后天而奉天时。"这里讲的就是"天人合一"的思想，这是人生的最高的理想境界。董仲舒《春秋繁露·人副天数》中说："人有三百六十节，偶天之数；形体骨肉，偶地之数也；上有耳目聪明，日月之象也，体有空窍理脉，谷川之象也。"《阴阳义》中说："天亦有喜怒之气，哀乐之心，与人相符，以类合之，天人一也。"①

从人与自然的关系看，"天人合一"主要表现为人与自然的和谐一致，人与自然的和谐发展。人与自然的和谐发展主要表现为人类对自然的适应和改造。人类对于自然的适应和改造大致经历了四个阶段，即不能适应和改造阶段、被动适应和改造阶段、一般适应和改造阶段、主动适应和改造阶段（也叫科学知识和改造阶段），四个阶段的具体情况不同，人与自然所形成的和谐程序也不同。1. 不能适应和改造阶段。这主要是指人类形成之初的情形，这一时期的人，刚刚从类人猿进化而来，智商低下，思维能力和劳动能力极差，一方面，对大自然的恩赐坐享其成，另一方面，对大自然的灾害束手无策，衣不遮羞，食不果腹，天火不知扑灭，洪水不知逃避，物不知存，病不知医，一切都处在大自然的掌控之中。可以说，这一阶段的人和自然是极不和谐的。在语言使用上，人类可能只会一些简短的对话。2. 被动适应和改造阶段。这一阶段人类懂得了一些适应大自然的知识，如钻木取火，用火将生的野兽的肉烤熟，用火取暖，人类还用石头等制造出简单的工具，天冷了，知识用兽皮或树叶等裹身，也知道大家一起驱赶野兽，天热了，懂得纳凉，也懂得用水解暑等，但由于当时生产十分落后，人类仍然受大自然的制约，对大自然的适应仍然是被动的，还没有改造大自然的能力。在语言使用上，只会口耳相传，还没创造文字。3. 一般适应和改造阶段。这一阶段，人类具备了一定的智力，主要表现在能够制造生产工具，懂得了集体劳动的重要性，懂得了耕作和种植，有了一些抵抗自然灾害的能力，能够根据四季的气温变化着衣，在语言使用上，交

---

① 季羡林. 朗润琐言 [M]. 上海：上海文艺出版社，1997：71–72.

际能力逐步增强，创造了文字，会用文字记录语言等。4. 主动适应和改造阶段。这一阶段表现为人类能够主动地适应和改造大自然，特别是工业革命以后，生产力发展迅速，人们的抽象思维和形象思维能力非常发达，能够预防和战胜一般自然灾害，人们的物质生活和精神生活达到了相当高的水平，语言使用上人们不仅能够用本民族语言进行交际，还可以用不同的语言进行不同民族、不同国家之间的交际，不仅可以帮助没有文字的语言创造文字，还可以实行文字改革，推行语言文字的规范化。从以上四个阶段人与自然的关系看，不同阶段人们的处境是不同的，人与自然所形成的和谐关系的程序是不同的，使用语言的情况也是不同的。

二、人与社会的关系

人是一切社会关系的总和。不论在什么社会里，人总是社会发展的决定因素，社会的发展和进步离不开人的创造性劳动，离不开人的团结协作和竞争拼搏，离不开人对客观世界的和主观世界的有效的改造。另一方面，人必须生活在一定的社会里，他必须适应社会，适应环境，和社会中的其他人建立和谐友善的关系，共同为社会的发展和进步做贡献。两百多年前，德国学者 J.G. 赫尔德在《论语言的起源》一书中说："我们如今已成为社会的人。……我们的社会由许许多多的个人组成，他们的能力和活动应当作为一个整体发挥作用，使得人人有所不同。这样，社会或许要求一个人只拥有理性，以解答代数问题，而要求另一个人只须有刚毅、能力和拳头就够了。后一个人对社会的用处在于，他虽非天才，但很勤勉；前一个的用处则在于，他只在一个方面是天才，在其他方面什么都不是。每一只飞轮都必须有确定的位置，所有的飞轮必须保持一定的相互关系，否则就不成其为一台完整的机器。"[①] 赫尔德谈到了不同的人对社会的不同作用，谈到了人们在社会中"必须保持一定的相互关系"，我们认为这种关系应该是一种和谐关系，只有这样，人们才能在社会中共同发展。同时，人与

①　J.G. 赫尔德 . 论语言的起源 [M]. 北京：商务印书馆，1998：78-79.

社会的关系也可以说是一种同步发展的关系，即人的发展和进步与社会的发展与进步是一致的，低级社会里的人的综合素质是低的，高级社会里人的综合素质是高的，只有和谐社会里人与人之间才能形成和谐的关系，也只有在和谐的社会里才能形成和谐的语言。

不同社会的不同性质、特征、条件、环境等因素对人的影响是巨大的。仅从社会的安定与不安定这一点而言，处于安定祥和环境中的人和处于战争或动乱中的人无论是在衣食住行方面，还是在语言运用方面，都会有绝然不同的表现。例如海湾战争中的伊拉克人民生命没有安全感，基本生活没有保障，处于极端的恐怖之中，社会极不和谐，哪里谈得上语言和谐呢！从我国的历史看，社会稳定的时候，经济发展就快，人们的生活就富裕，社会就在一种和谐的状态下获得长足的发展，人们的语言交际自然会在和谐之中进行。十年动乱时期的情形和改革开放二十多年的面貌充分地证明了这一点。

三、语言与人的关系

陈原先生认为语言与人的关系是一种"共生现象"，他在《语言与人》一书的序中说："不能设想人与人之间的沟通（交际或通讯）可以离开语言，即使人与机器（电子计算机）之间的沟通（交际或通讯）——按照现今科学发展的水平来论断——也没有离开语言（自然语言或计算机语言）；同时，也不能设想语言能脱离人间而存在，因为——按照现今科学发展的水平论断——还没有在以外的生物圈中发现语言，这里所谓'语言'是现今人们共同认识的那种有声和表意的符号系列。正因为这样，甚至可以说，语言和人是一种共生现象；语言和人共生，比之人机共生现象似乎更能被人接受。"[①] 语言离不开人、人离不开语言，这种共生关系决定了只有运用语言进行交际，交流思想，才能作为人而存在，也决定了语言只可能在人间存在，在除人之外的生物圈中是没有语言存在的。正如法国学者海

---

① 陈原. 陈原语言学论著：第二卷 [M]. 沈阳：辽宁教育出版社，1998：367–368.

然热在《语言人——论语言学对人文科学的贡献》一书中所言："在漫长的岁月里，互动性质的营造过程把作为表义系统的语言跟人类紧密地联系在一起，而人类在愈来愈清晰地勾画出自身面目的同时，也一直在不断地完善语言。"① 正因为语言和人有这种共生互动的关系，所以人类更应该珍惜自己的语言，把语言构建得更加优美、更加和谐，享受语言给人类带来的交流思想、表达感情的便利和快感。

　　每一个正常的人从小就会讲一种语言，这种语言就是他的母语，一般来说，一个人所操的母语是与生俱来的，别无选择。如我们汉族人，出生、生活在本乡本土，自然而然地会说汉语（出生、生活在北京的会说北京话，出生、生活在各地的，会说地方方言，不学会了普通话的还会讲普通话）。但人们使用语言的情况是非常复杂的，人与自己的母语绝非简单的一对一的关系。首先，人可以通过后天的语言习得，学会除自己的母语之外的其他语言，一种、两种甚至两种以上的语言，这在当今社会里已不足为奇。同时，为了学习现代科学知识，进行国际合作，拓展自己的发展空间，努力学好外语，已经成为一种时尚。这样人与语言的关系就打破了一对一的对应关系。其次，人们使用某种语言，还有一个主观的感情因素在起作用，即人们的语言态度和语言选择。有什么样的语言态度就有什么样的语言选择，有什么样的语言选择就会形成什么样的人与语言的关系。所以，人与语言的关系（特别是在后天语言习得中形成什么样的人与语言的关系）是由人主观感情因素所决定的，决不能强迫。过去，日本侵占中国台湾五十年，强迫中国人不说汉语，改说日语，伤害了中国人的感情，日本的企图没有得逞。再次，人与语言的关系还取决于社会环境的不同。一个中国的小孩，虽然他的母语是汉语，但他从小就在美国生活、学习、成长，他在一个完全是英语的环境里长大，他必然会跟英语形成一定的关系，不然，他无法在美国待下去。

---

① ［法］海然热. 语言人 [M]. 北京：三联书店，1999：77.

四、语言与社会、民族的关系

这是社会语言学研究的一个重要问题。社会语言学认为，语言和社会的关系是一种"共变"关系，美国学者布赖特（W.Bright）在他的《社会语言学》（*Sociolinguistics*）中提出了"共变"论（Covariance），即语言是一个变数，社会也是一个变数，语言和社会这两个变数互相影响，互相作用，互相制约，互相接触，共同发生变化。陈原先生在《社会语言学》中对此有详细的论述。美国学者邓斯和平森在他们合著的《言语链——说和听的科学》中说："人类社会主要依赖于其成员之间思想的自由交流，由于这样那样的原因，人们发现了言语是最方便的交际手段。言语作为日常生活中必不可少的一种工具，通过频繁使用而发展成为一种极为有效的交流思想，甚至是交流我们最复杂的思想的手段。它能适应千变万化的生活环境。言语的这种适应性，就表现在尽管使用一种共同语言的千百万人，各具不同的嗓音，不同的说话习惯，乃至不同的方言与口音，但是言语的交际功能并不因此而受影响。同时，这种普遍适应性还表现在它有惊人的抗噪声、抗畸变和抗干扰的能力。"[①] 我们认为，语言要适应社会，与社会形成和谐一致的关系，把握语言和社会的"共变"关系是十分重要的。语言和社会的"共变"关系决定了语言必须随着社会的变化而变化，随着社会的发展而发展，也决定了社会的发展与进步需要语言的发展与进步来支撑，和谐社会的构建需要和谐的语言来支持。

在构建和谐社会的今天，有必要进一步探讨和谐社会与和谐语言的关系。语言和谐是人类社会发展的基本条件之一，语言和谐是社会和谐的基石之一。反过来说，社会和谐是语言和谐的前提，没有社会和谐也就没有语言和谐。他们之间的关系是相辅相成、密不可分的关系。我们曾在《和谐社会与和谐语言建构》一文中对这个问题进行过探讨，认为"和谐社会是和谐语言建构的社会环境"，"和谐语言建构是和谐社会的题中应有之义"。[②]

---

① ［美］P·B·邓斯 E·N·平森.言语链——说和听的科学[M].北京：中国社会科学出版社,1983：4-5.

② 冯广艺，张春泉.和谐社会与和谐语言建构[J].湖北社会科学，2006（4）.

语言与民族的关系也是研究语言和谐时值得注意的问题。每一个民族都有自己的民族语言，可以说语言是民族的凝聚物，戴庆厦先生指出："一般说来，语言和民族既有区别又有联系。从区别上看，语言和民族各有自己的特征和自身的发展规律。语言是人类社会中最重要的交际工具，承担人们互相交际、交流思想的任务，它是由语音、语法、词汇三要素组成的，与人类的思维有密切的联系。而民族则是人类历史上形成的一种稳定的共同体，它在语言、居住区域、经济生活、心理状态等方面表现为共同的特征。语言的发展主要表现在内部诸要素的变化上，而民族的发展主要反映在民族特征的变化上。民族不是人类社会一开始就有的，而是人类社会发展到一定阶段的产物，比语言要晚。"[1] 语言可以反映民族的面貌，体现民族的特点，它"既是民族的特征之一，又是民族发展所必须依赖的工具"[2]。一个民族可以使用一种以上的语言，不同的民族也可以使用相同的语言，语言和民族不是严格的一对一的对应关系。弄清它们之间的关系，对我们把握语言和谐的实质也是有好处的。

五、人与人的关系

人与人的关系自古以来就是社会中最重要的之一。原始社会里，部落首领与一般成员的关系是一种统治与被统治的关系，奴隶社会里奴隶主和奴隶的关系是一种奴役与被奴役的关系，封建社会里封建帝王与普通臣民的关系是一种主宰与被主宰的关系，资本主义社会里资本家与工人的关系是一种不平等的关系，在这样不平等的关系里语言是不可能做到完全和谐的。社会主义社会里人与人的关系是平等互助的关系，不论是什么职业、什么地位，都没有高低贵贱之分，人们通过和谐的语言达到交际的目的。就这个意义而言，人与人之间形成平等互助的关系是和谐语言赖以存在的必要条件，社会主义社会是构建和谐语言的肥沃土壤。

在一定的社会形态中，人与人的关系有时会发生很大的变化。例如中

---

① 戴庆厦. 语言和民族 [M]. 北京：中央民族大学出版社，1994：1-2.

② 戴庆厦. 语言和民族 [M]. 北京：中央民族大学出版社，1994：6.

国历史上的朝代更迭，直接影响到人与人的关系的改变，平民出身的刘邦，当上了皇帝之后，改变了他的一切，以致他发迹之前的难兄难弟（当年是平等的关系）想看看他，跟他说上几句玩笑话，都会让他大发雷霆。元代睢景臣的杂剧《高祖还乡》对此有详细的描述。剧中说刘邦："〔三煞〕那大汉下的车，众人施礼数。那大汉觑得人如无物。众乡老展脚舒腰拜，那大汉挪身着手杖。猛可里抬头觑，觑多时认得，险气破我胸脯。〔二煞〕你须身姓刘，你妻须姓吕。把你两家根脚从头数。你本身做亭长，耽几盏酒。你丈人教村学，读几卷书。曾在俺庄东住，也曾与我喂牛切草，拽坝扶锄。〔一煞〕春采了桑，冬借了俺－粟，零支了米麦无重数。换田契强称了麻三秤，还酒债偷量了豆几斛。有甚胡突处？明标着册历，现放着文书。〔尾〕少我的钱，差发内旋拨还；欠我的粟，税粮中私准除。只道刘三，谁肯把你揪捽住？白甚么改了姓、更了名，唤做汉高祖？"过去"喂牛切草，拽坝扶锄"的刘三，过去"采桑偷酒，差钱欠粟"的刘三，而今成了当朝皇帝，"唤做汉高祖"，真是天壤之别。所以，人与人的关系不是一成不变的，它会随着社会的变化，随着人的权势、地位、身份、财产等的变化而发生变化。

六、语言与语言的关系

语言与语言的关系包括：不同国家之间语言的关系，同一国家不同民族语言之间的关系，多语国家或多语地区语言与语言之间的关系等。首先看不同国家之间语言的关系。世界的语言有好几千种，它们分属若干个语系，颁布于世界各大洲，世界上有不少国家用同一种语言，如英国、美国、澳大利亚、新西兰等国家都使用英语，但更多的国家是独立地使用自己的语言作为政府的官方语言的，如中国使用汉语，韩国使用韩语，日本使用日语，俄罗斯使用俄语等，这种现象给不同国家的语言交际带来的问题是：必须争取本国语言与他国语言处于同一地位，即语言上的平等，必须争取语言交际的畅达，不存在任何障碍，必须争取语言交际始终处于和谐友善的氛围之中，保证语言交际任务的顺利完成。不同国家之间如果没有正确地处理语言关系，即没有做到语言和谐，就会带来国家与国家的矛盾，即社会的不和谐。例如，日本在第二次世界大战期间，侵占了不少国家和地区，除了在政治上、军事上强行霸权主义和军国主义之外，还在语言上采取不平等政策，强令被侵占国家和地区的人民学习和使用日语。事实上，语言的学习和使用是一种自觉行为，有十分深厚的感情成分，特别是在不同国家、不同民族之间的矛盾十分尖锐的时候，强行让一个国家或一个民族放弃自己的国语或母语，接受和运用另一种语言绝对达不到目的。

我国是一个多民族的社会主义国家，五十六个民族使用七八十种语言，新中国成立以后，人民政府采取了新的语言政策，对不同民族的语言一视同仁，帮助没有文字的民族语言创制文字，在推广普通话的同时，鼓励不同民族的人们学习和使用自己的语言和文字，不同的民族语言在共同的国家里处于平等的地位。正因为语言与语言之间有了这种平等和谐的关系，才使得我国各民族人民团结一心，和睦相处，从而给社会的稳定、经济的发展和国家的强盛提供了一定的保障。

在多语国家和多语地区，更应该处理好语言与语言之间的关系。首先从语言政策上要实行"多语制"（Multi-linguislism），即多种语言都是政府规定的官方语言或流通语言，不存在厚此薄彼或厚彼薄此的现象。如新加坡是一个多语国家，政府实行的是"多语制"，英语、华语、马来语和泰米尔语具有平等的地位。其次在语言选择上，允许人们在不同的语境里有选择不同语言的权利和自由。人们运用不同的语言完全取决于交际的需要，即根据交际对象、交际场合、交际内容等的不同而运用不同的语言。我国的澳门是一个多语地区，英语、华语、葡语是流通语言，人们根据自己的需要可以自由地选择运用。再次在语言态度上，多语国家或多语地区，人们平等地看待不同的语言，对不同的语言一视同仁，没有种族和肤色的歧视，也没有国家和语言的歧视，如果存在这些方面的歧视，政府将采取措施，予以纠正。语言选择和语言态度常常是联系在一起的，语言态度决定人们的语言选择，语言选择反映人们的语言态度。

语言与语言的关系的一种表现就是语言接触。语言接触的情形是非常复杂的，它会引起语言在很多方面的微妙变化，如所谓"强势语言"和"弱势语言"的变化等，周磊先生在《汉语和非汉语亲属语言接触研究》一文里对语言接触中所谓"强势语言"因具体交际环境的不同而发生改变的情况进行了详细的论述，他说：

> 以新疆地区为背景，在叙述语言接触时，我们把语言接触中的说汉语的汉族一方定义为"汉语人"，把说维吾尔语的维吾尔族一方定义为"维语人"。语言接触的参与者面对面地交谈，双方互为说话者和听说者。在这种语言接触中有两种情况，一种是"维语人"在某一地区占绝大多数，维吾尔语是强势语言，"汉语人"在这种环境里要努力使用受自己母语汉语影响的维吾尔语和对方（"维语人"）交谈，"维语人"也会迎合"汉语人"的不完备的维吾尔语的语言能力，使交际双方能够完成交际任务。如在新疆的和田地区，这里的维吾尔人占人口总数的95%左右，在这种交际环境中对方所使用交际语言是维吾尔语。另一种情况是在有的地区，"汉语人"占大多数，汉语是强势语言，"维语人"在语言上向"汉语人"靠拢，"维语人"在这种环境里是要努力使用受母语维吾尔语影响的汉语和对方（"汉语人"）交谈。"汉语人"也同样会为了完成交际的需要去迎合"维语人"的带有大量维吾尔语痕迹的汉语的语言能力，其目的就是为了完成语言交际的任务。[①]

以上我们简要地讨论了人与自然的关系、人与社会的关系、语言与人的关系、语言与社会民族的关系、人与人的关系、语言与语言的关系等问题，语言和谐的外部条件是由这些关系构成的，要做到语言和谐，必须处理好这些关系。

[①] 语言学问题论丛：第一辑 [M]. 北京：三联书店，2006：51.

第二十章　关于少数民族语言生态研究问题

当下，我国经济社会发展进入了新常态。新常态给我国的经济社会注入了活力，也给我国少数民族语言生态研究带来了勃勃生机。新常态下，思考如何研究我国少数民族语言生态，探讨少数民族语言生态现状及其发展演变，构建良好的少数民族语言生态系统，创建中华民族和谐共存的语言生态环境，是语言工作者神圣的使命。这里，从新常态下我国少数民族语言生态研究的意义、机遇和路径等方面论述我国少数民族语言生态研究的相关问题。

一、我国少数民族语言生态研究的意义

我国境内的语言约有129种，分属汉藏语系、阿尔泰语系、南岛语系、南亚语系和印欧语系。中华人民共和国成立后，国家推行正确的语言文字政策，尤其是施行了《中华人民共和国语言文字法》和《民族区域自治法》，我国少数民族语言生态呈现出较好的语言生态环境。现阶段，由于社会主义生态文明建设和国家构建社会主义核心价值观体系的需要，研究少数民族语言生态必然具有重要的现实意义。首先，研究少数民族语言生态具有提升语言学科研究活力的学术价值。过去我们对少数民族语言研究注重对语言内部系统进行深入细致的描写和分析并取得了巨大成功，相应地对社会生态环境对语言生态环境的影响、民族语言生态系统等研究不

多。《中国少数民族语言简志丛书》的基本写法是先简单地介绍某一少数民族的基本情况（如人口分布、地域分布、地理文化等），然后主要描写某一少数民族语言内部的语音、词汇、语法系统，前者虽然涉及语言所依存的社会环境，但语焉不详，所占篇幅很少，后者是主体，描写也非常具体、全面。研究少数民族语言生态问题，就是用语言生态学的理论和方法探讨少数民族语言生态系统，探讨少数民族语言生态与社会生态环境的关系，研究语言接触所引起的语言生态的各种变化。语言生态学（也称"生态语言学"）是一门新兴的实用性强、富有活力的学科，它对研究少数民族语言生态问题具有很强的解释力，无疑提升了语言学科的整体研究活力。其次，研究少数民族语言生态，处理好四个关系即共时描写与历时比较的关系、单一语言研究与不同语言比较研究的关系、语言本体研究与非本体研究的关系、借鉴与创新的关系，对我们正确地认识少数民族语言生态研究的理论并付诸实践，具有很强的指导意义。[①]1. 共时描写与历时比较的关系。社会生态环境是一个变量，语言生态也是一个变量，它们之间是"共变"关系，研究少数民族语言生态仅用共时描写是不够的，必须将共时描写和历时比较结合起来。如有的少数民族语言在历史上曾是语言活力很强的语言（如满语），在语言生态系统中，具有很显要的生态位，而到了当今，却演变成为即将消亡的濒危语言了。这类语言的语言生态问题，如果没有把共时和历时结合起来进行研究，就不可能找出它们从盛到衰、从强到弱甚至濒危消亡的真正原因。2. 单一语言研究与不同语言比较研究的关系。研究少数民族语言生态，应该认识到，我国的语言生态系统是一个复杂庞大的系统，把一种民族语言放在这个系统中进行语言生态研究，自然会考虑到这种民族语言与其他语言的关系了。例如，在我国语言生态系统中，谈到语言接触问题，我们至少会遇到少数民族语言同汉语的接触、少数民族语言之间的接触、少数民族语言内部各方言的接触等现象，在频繁的语言接触中，语言生态的变化是复杂多样的，有的语言在接触中语言活力变强了，有的语言变弱了，语言替换、语言转用、语言兼

---

① 戴庆厦. 正确处理民族语言研究中的四个关系 [J]. 河北师范大学学报，2006（2）.

用、双语多语等现象都会不同程度地发生，一句话，语言生态发生了改变，这些仅从单一语言上孤立地研究是远远不够的，必须将不同语言放在语言生态系统的框架内进行比较研究才能说明问题。3.语言的本体研究与非本体研究的关系。语言本体研究是指对语言体系内部语音、词汇、语法等问题的研究，在我国语言学研究领域里一直是研究的重点，语言的非本体研究是指与语言相关的问题研究，包括语言与社会、语言与民族、语言与生活、语言与应用、语言与生态等方面的研究，戴庆厦先生在这方面给我们做出了榜样。如除了在少数民族语言本体方面研究成果丰硕之外，他对社会语言学的研究、对濒危语言的研究、对语言和民族关系的研究、对双语问题的研究、对民族语言文字政策的研究、对语言教育的研究等，都取得了显著的成果。4.借鉴与创新的关系。语言研究贵在创新，研究少数民族语言生态是一个新课题，我们一方面要借鉴国内外先进的语言学理论，学习老一辈学者的治学精神和治学方法，另一方面在新常态下应有新作为和新担当，要开辟一条研究少数民族语言生态的新路子。

二、我国少数民族语言生态研究的机遇

1.社会生态环境给少数民族语言生态研究创造了条件

现阶段，和谐社会的进一步推进、生态文明建设的逐步深化和社会主义核心价值观的深入人心，给我们研究我国少数民族语言生态，构建良好的语言生态环境创造了最佳氛围。和谐社会的基础之一是语言和谐，良好的语言生态环境是生态文明建设的题中应有之义，而和谐、文明则是社会主义核心价值观的重要内容。在开放的社会环境下，由于经济建设和社会发展的需要，汉语与民族语言之间、民族语言与民族语言之间、民族语言与外语之间的接触越来越频繁，语言生态环境也会发生急剧的变化。著名语言学家戴庆厦先生指出："中国的语言，处在各民族语言相互接触、相互影响的生态环境中，其发展既有语言的分化，又有语言的融合，两者

交融一起难以分清。"①戴先生所说的各民族语言相互接触、相互影响的生态环境正是现阶段少数民族语言生态环境的显著特征，也是我们研究少数民族语言的新视野。语言接触会带来语言的一系列变化，会对语言的功能和结构等产生重要影响。以黎语为例，黎语是黎族人民的母语，主要分布在我国的海南省。海南省黎语的生态环境在改革开放前后有着显著的不同。改革开放前，由于四面环海的独特地理环境，使得黎族人民与外界接触较少，黎族社会基本处于比较封闭的状态，黎语与岛外的其他语言（包括汉语普通话等）的接触相对较少，因而黎语的生态环境是一种受外界影响较少、独自运用、独自发展的面貌，黎族人民运用自己的母语进行族内交际，兼用其他民族语言的人并不多。正如欧阳觉亚、郑贻青两位先生根据20世纪50年代的黎语调查编著而成的《黎语简志》一书所指出的那样："除琼中东部靠近万宁和琼海两个县的部分地区和白沙县西北部靠近儋县的部分地区有少数黎人使用汉语外，其余各地的黎族居民都用黎语作为主要的交际工具。"②改革开放以来，尤其是海南建省和海南国际旅游岛创建以来，海南黎族人民的经济社会生活发生了巨大的变化，黎语的生态环境也随之发生改变，他们与外界的联系增多了，黎语与其他语言的接触更加密切了，黎族人民使用黎语的情况也发生了改变。2007年出版的《中国的语言》在《黎语》部分（郑贻青执笔）中说："琼中东部靠近万宁县和琼海县的部分地区和白沙县西北部靠近儋县的部分地区，以及陵水县东部和南部一些地区的部分黎族群众已转用汉语方言海南话。居住在保亭、三亚、琼中、陵水等县的黎族一般都兼通汉语海南话。方言间人们可以用黎语交际，也可以用海南话交际。……21世纪以后，随着海南的进一步开放，外来人口不断增加，黎族操普通话的人越来越多，黎族地区正朝着双语制的趋势发展。"③郑先生所说到的黎族地区发生的语言接触、语言转用、语言兼用和双语现象等正是黎族社会生态环境的变化给黎语生态带来的变化。这给我们研究黎语语言生态带来了良机。从理论上讲，语言接触使少数民

① 戴庆厦.中国少数民族语言文字研究：导言 [M].北京：民族出版社，2012：5.

② 欧阳觉亚，郑贻青.黎语简志 [M].北京：民族出版社，1980：1.

③ 孙宏开，胡益增，黄行.中国的语言 [M].北京：商务印书馆，2007：1338.

族语言使用者在语言态度、语言选择等方面发生了改变，而随之出现了语言替换（语言转用）、语言兼用、语码混用等现象，而从民族语言整体上看，语言濒危、语言衰变等也不可避免。美国语言生态学家萨利科科·萨夫温说："生态环境是语言演化和形成中不可忽视的重要因素。""一门语言的演化通过个体使用者以及他们的话语和习语得以推动，同时在各种个体语共存的情况下，由生态作用于变异。"① 从黎语社会生态环境及其变化的角度研究黎语生态及其发展是切实可行的。

2. 以往少数民族语言研究给少数民族语言生态研究提供了借鉴

以20世纪50年代我国少数民族语言大调查为代表的我国少数民族语言研究，其基本模式大致可以概括为以田野调查为基础，以单一的少数民族语言为研究对象，以民族语言本体为核心，描写其语音、词汇和语法体系。这方面的代表性成果是《中国少数民族语言简志丛书》等。现在看来，当时取得巨大成功的经验有几点：一是国家和政府相关部门高度重视少数民族语言研究，把少数民族语言研究当作国家大事来抓，当时在国家经济尚不宽裕的情况下，组织大批人力物力，分成7个调查队，深入民族地区，开展少数民族语言大调查。二是一大批专家学者以调查研究少数民族语言为己任，具有吃苦耐劳、勤恳奉献、严谨治学、勇于创新的可贵精神。如著名语言学家戴庆厦先生当年还是个年轻人，随第三调查队深入哈尼族、景颇族聚居区，与少数民族同胞同吃同住同劳动多年，这种多年如一日的融入式调查研究，使戴先生成为景颇语、哈尼语研究的权威专家，也使得我国对这些少数民族语言的研究得到世界同行专家的认可。三是讲究科学方法，强调协作精神。当时为了做好大调查工作，组织了全国性的语言调查培训，特别注重国际音标记音训练，要求语言调查者应掌握描写语言学的理论，掌握田野调查的方法，搞好民族关系，搞好调查者与被调查者的关系，搞好调查队成员之间的关系，充分体现协作精神。四是精益求精，旨在推出精品。20世纪50年代的语言大调查是一项重大工程，《中国少数民族语言简志丛书》是这项工程"打磨"出的学术精品。我们看

---

① [美]萨利科科·萨夫温.语言演化生态学[M].北京：商务印书馆，2012（前言）：11，171，216.

到这套丛书从20世纪50年代语言大调查开始到"文革"结束后陆续出版，其中每一部著作都是调查团队、编著者少则几年、多则几十年辛勤耕耘、精心打造的佳作，至今还是研究语言学的学者案头必备的参考书。它告诉我们，学术研究，尤其是少数民族语言研究是一项长期的艰苦的工作，需要沉下心来，坚持不懈，决不能心浮气躁，观望不前。我国少数民族语言生态研究，除了继承这种语言本体研究的优良传统之外，还要重点研究：第一，少数民族语言的外在生态和内在生态。萨利科科·萨夫温认为研究语言演化生态学，"不光要关注一种语言所涉及的社会经济环境和人种环境（其外在生态 [external ecology]）……还要关注语言系统在变化前及（或）变化中各个语言单位和规则相互共存现象背后的本质（其内在生态[internal ecology]）……外在生态和内在生态在决定一种语言的演化轨迹方面都具有重要作用"[①]。第二，少数民族语言使用主体。人是决定语言生态环境的主要因素，少数民族语言使用主体即少数民族母语使用者，他们的语言态度、语言选择、语言能力等是决定一种少数民族语言能否生存、能否保持语言活力，发挥交际功能的关键。在《语言生态学引论》中，我们强调人在构建良好的语言生态环境中的作用，指出："人是语言的运用者、操作者，人类社会中不同的民族都有自己不同的语言，语言是民族的标志，也是民族的凝聚物。一个民族的语言如果在语言生态系统中失去了它应有的位置，它可能会消亡，可能会出现濒危等。这是语言生态系统中的一种常见现象，固然有其深刻的政治、社会、文化等原因，但起关键作用的是人。例如一个国家对自己的全民共同语的规范、对官方语言的选择、对记录语言的符号系统的选定等，都是人为的因素在起作用。"[②]

　　3. 语言和谐共存给少数民族语言生态研究提出了挑战

　　我国语言政策的目的是语言的统一性和多样性相结合，是我国各民族之间的语言和谐共存。国家在推广普通话的同时，允许地方方言的存在和发展；国家把汉语普通话作为全民共同语的同时，也鼓励少数民族使用和发展本民族的语言和文字。这种语言政策为我国的语言和谐共存提供了优

---

① [美] 萨利科科·萨夫温. 语言演化生态学 [M]. 北京：商务印书馆，2012（前言）：11，171，216.
② 冯广艺. 语言生态学引论 [M]. 北京：人民出版社，2013：139.

越的条件，也是我国建构良好的语言生态环境的肥田沃土。

　　少数民族语言之间的和谐关系是现阶段我们研究少数民族语言生态的一个重点。语言与语言之间，不论是强势语言还是弱势语言，不论是使用人数多的语言还是使用人数少的语言，不论是兴盛的语言还是衰变甚至濒危的语言，都应该是平等的，语言平等原则是我处理民族语言关系最重要的原则。在研究少数民族语言生态时，我们应该运用这条原则指导具体的语言现象的分析和评价，决不允许歧视弱势语言，歧视使用人数少的语言，歧视衰变语言和濒危语言。

　　少数民族语言之间的和谐共存关系是现阶段我们研究少数民族语言生态的一个难点。我们应该看到，我国有一些少数民族语言已经濒危，还有的语言处于衰变之中。"赫哲语、满语、普标语、义都语、苏龙语、仙岛语等，使用人数已不足百人。如今使用人口在千人以下的（上述六种以外）有15种。这些都是'濒危语言'。""在我们民族平等语言平等的社会主义国家，语言的消失不会是由于人为的压制。但是一种语言的消失，终归是一种社会文化形态的消失，抢救濒危语言也是当前我们能做和应该做的一项紧迫任务。"①

三、我国少数民族语言生态研究的路径

　　既关注语言本体的研究，也重视语言生态环境的研究。研究语言本体，注重揭示语言结构体系内部的语音、词汇、语法特征和规律，是我国少数民族语言研究的优良传统，也是我国少数民族语言研究的成就所在。从语言的发展上看，语言是随着社会的发展而发展的，社会生态环境的变化，必然会给语言带来变化。因此，弄清社会生态环境及其对语言的影响是非常必要的。21世纪以来，不少学者做过这方面的尝试。如周国炎先生的《仡佬族母语生态研究》一书研究已处于濒危状态的仡佬语的生态环境，提出保护仡佬语，维护民族语言文化多样性的主张。熊英的《土家语生态

---

① 孙宏开，胡增益，黄行.中国的语言 [M].北京：商务印书馆，2007：2–3.

研究》一书同样以濒危语言为研究对象，力图从土家语的语言生态方面探讨该民族语言的保护和发展等问题。濒危语言、衰变语言是世界语言发展演变中的一种易发现象，这些现象的产生虽然跟语言的内部结构有联系，然而更多的与语言的生态环境以及这种生态环境带来的语言功能的变化、语言活力的增减和语言使用者的语言态度及使用人数等有密切关系。

研究少数民族语言生态，要深入民族地区，做好田野调查工作。

20世纪50年代的语言大调查的经验告诉我们，做好田野调查工作是少数民族语言研究成功与否的关键。可以说，没有扎实的少数民族语言田野调查，就没有《中国少数民族语言简志丛书》，就没有学术精品。关在书斋里闭门造车，不做基本的田野调查工作，是无法取得少数民族语言生态研究成果的。戴庆厦先生指出："只有通过田野调查，才能真正体会语言是什么。语言在实际生活中发生变化，不到群众中接触语言，就不可能真正理解语言的存在和变化。一个有作为的语言学家，对语言要有感性和理性两方面的认识，如果缺少感性认识，理性认识就没有根基；如果只有感性认识而没有理性认识，认识的层次就得不到升华。田野调查是语言学家获得感性认识和理性认识取之不尽的源泉"。[①] 戴先生是这样说的，也是这样做的。几十年来，他深入少数民族地区，进行田野调查不少于五十次，成果丰硕，即使现在他80岁高龄，还常常奔波在田野调查的第一线，我们应该学习戴先生这种"活到老，学到老，工作到老"的精神。

研究少数民族语言生态，要了解民族语言生态的基本特征。不同的少数民族语言有着不同的语言生态特征，即使是同一种少数民族语言，内部也可能会有若干种方言，方言与方言之间也会有不同的语言生态特征。如黎语具有鲜明的语言生态特征，黎语内部的五个方言的生态特征也有差异。由于黎语主要分布在海南省，从宏观上看，海南岛四面环海，具有独特的地理环境，新中国成立前黎语受岛外语言的影响较小，这一方面有利于黎语的传承、保护，另一方面也使得黎语相对封闭，与岛外语言的接触相对少一些，由此引起的语言生态变化也相对小一些。从微观上看，黎语

---

① 戴庆厦．戴庆厦文集：第三卷 [M]．北京：中央民族大学出版社，2012：617．

内部的五个方言（哈、杞、美孚、本地、加茂）中，使用人数多少不等，与外界接触程度不同，语言内部系统也有差异（加茂方言与其他四种方言差异较大），各方言的语言活力、语言功能等也有强弱之分。了解了这些情况，我们研究黎语生态就可以根据其生态特征有的放矢，真正弄清黎语及其方言的语言生态面目，以免漫无边际，盲目行事。①

　　研究少数民族语言生态，要重点关注现阶段少数民族语言使用现状及其发展演变趋势。近年来，很多语言学家在研究语言本体的同时，把视野投向语言生态研究，他们特别重视对少数民族语言使用现状和发展演变等的研究并取得了丰硕的研究成果。戴庆厦先生和他带领的研究团队以少数民族语言的"点"为研究对象，在对"点"进行"融入式的田野调查"的基础上，采取"解剖麻雀"的方法，揭示现阶段少数民族语言使用中出现的新情况、新特点、新规律，可以看作研究少数民族语言生态的佳作。如《中国濒危语言个案研究》（民族出版社，2004）、《中国少数民族语言文字应用研究》（云南民族出版社，2000）、《基诺族语言使用现状及其发展演变》（商务印书馆，2007）、《阿昌族语言使用现状及其演变》（商务印书馆，2008）、《云南蒙古族喀卓人语言使用现状及其演变》（商务印书馆，2008）、《构建多语和谐的语言生活》（民族出版社，2009）《云南山乡彝族语言使用现状及其演变》（商务印书馆，2009）、《西摩洛语语言使用现状及其演变》（商务印书馆，2009）、《泰国清莱拉祜族及其语言使用现状》（民族出版社，2010）、《片马茶山人及其语言》（商务印书馆，2010）、《中国少数民族语言使用现状及其演变研究》（商务印书馆，2010）等。

　　研究少数民族语言生态，要准确把握少数民族语言的"生态位"，制定相应的语言生态对策。在语言生态系统中，不同的语言具有不同的生态位。我国是一个多民族多语言的国家，汉语既是汉族使用的语言，也是宪法明文规定的全民共同语，在语言生态系统中处于高端位置。少数民族语言，不论使用人口多少，都是语言生态系统中的成员，都是构建多样性与统一性相结合的和谐的语言生态系统的支撑柱。现阶段我国少数民族语言

---

① 冯爱琴. 用语言生态学的方法研究黎语的保护与传承——访中南民族大学教授冯广艺 [J]. 中国社会科学报，2013-07-19（6）.

中，有几种情形值得关注：一是处于濒危状态的少数民族语言的生态位即将丧失，二是处于接触性衰变中的少数民族语言的活力正在减弱，三是不少少数民族语言在语言竞争中都有不同程度的语言替换，四是少数民族地区的双语、多语现象更加复杂多样等。这些都是影响少数民族语言生态位的重要因素，亟须制定相应的语言生态对策。

研究少数民族语言生态，要真正弄清少数民族母语使用者的语言态度，尊重他们的语言权利。不同语言（或方言）的语言使用者的语言态度既包括对自己的语言（母语）的态度，也包括对其他语言的态度，在语言接触中，不同语言使用者的语言态度决定语言的发展走向，也直接影响着语言生态的演变。我们在调查研究海南黎语的过程中，对黎语不同方言区的黎语使用者做过一些问卷调查，发现不同方言区的黎族同胞对待自己的母语的态度有所不同，因而黎语在和汉语或海南话发生语言接触的过程中，有的地区发生了语言替换或语言转用，有的地区黎语语言保持较好，而有的地区则呈现出黎语、汉语双语兼用的情况，这是黎族同胞选择语言的权利，我们不能剥夺他们的语言权利，我们要做的工作是弄清形成这种状况的原因和语言生态变化的规律。

研究少数民族语言生态，要聚集一批敢于攻坚的学术队伍。20世纪50年代的少数民族语言大调查的经验告诉我们，只有汇集一大批既有献身于少数民族语言研究精神，又有过硬的少数民族语言研究本领的学者，才能取得辉煌的成果。应该认识到，我国少数民族语言生态研究是一项长时期的艰巨的任务，需要投入大量的人力物力，需要组织多个学术团队，像20世纪50年代的前辈学者那样，分赴少数民族地区，对我国境内的所有少数民族语言进行一次彻底的穷尽性的语言生态大调查，真正弄清我们少数民族语言生态的实际情况，研究我国少数民族语言生态发展演变中的一系列问题，为构建我国和谐共存的语言生态环境而努力奋斗。

附录一：关于语言生态研究的几点体会

关于语言生态研究，我的体会是四句话：

> 人生学问糊涂始，
> 置身田头眼望天，
> 转益多师是吾师，
> 不悔衣带渐渐宽。

一、人生学问糊涂始

著名语言学家邢福义先生在他的《汉语复句研究》一书的《序》中提到他跟他的学生、著名语言学家李宇明先生的一段对话，对话中邢先生说："宇明啊，我怎么越研究越糊涂哇？"李先生回答："邢老师，您这是高级的糊涂！"（邢福义《汉语复句研究》，序，第3页，商务印书馆，2003）"高级的糊涂"其实是一种学术境界，它意味着学问家又在思考新问题、梳理新思路、寻求新突破。我开始关注语言生态问题是在《语言和谐论》（人民出版社，2007年11月版）以后。在写作《语言和谐论》一书时，感觉到谈语言和谐离不开语言之间的关系，如汉语与外语的关系、汉语与民族语言之间的关系、民族语言与民族语言之间的关系、汉语普通话与方言的关系、方言与方言的关系等，而语言关系又涉及不同语言的不同环境和共处环境，这使我认识到，我有必要从语言及其所处环境这一角度进一步思考跟语言和谐相关的一系列问题，但我在这方面真的是"糊涂"，于是开始搜集资料，着手做一些准备工作。2008年初，我和一位研究生态学的学者闲谈，我说想从语言及其所处环境的角度研究语言，那位学者说："好！这是我们生态学的研究主题，生态学就是研究生物之间及生物与非生物环境之间的关系的学问。你的研究可以叫语言生态学。"他的话对我有很大鼓舞，其实那时我对"语言生态学"所知甚少（"语言生态学ecology of language"这一术语还是从《语言与语言学词典》和《英汉语言学词典》等辞书上查看到的），可以说是"糊里糊涂"地就想做这方面的研究了。我带着空白的大脑，开始阅读生态学方面的论著，搜集跟语言生态学（生态语言学）相关的资料，但当时这方面的文献不多（国内的著作仅看到李国正先生写的《生态汉语学》，吉林教育出版社，1991），一时很难找到更多可资借鉴的东西，我想还是边干边学、边学边干吧，赶鸭子上架写了一篇《生态文明建设中的语言生态问题》，文章以首篇位置发表在《贵州社会科学》2008（4期上。这对我鼓舞更大，接下来自然就把"语言生态学"当作一个课题"攻关"了，持续几年，也就有了后来的《语言生态学引论》（专著）、《黎语生态论稿》（与李庆福等合著）和《南方少数民族语言生态研究》（与李庆福等合著）等著作以及"语言生态学研究"和"黎语生态研究"等研究项目了。

二、置身田头眼望天

过去人们常用"面朝黄土背朝天"描述人们在田间地头辛勤劳作的情景，我把这句话改为"置身田头眼望天"，特指研究语言生态的基本方式。这里的"置身田头"是指研究语言生态必须做田野调查工作，必须有丰富、鲜活、权威的语料，"眼望天"是强调研究语言生态要有大视野，要有顶层设计，也就是邢福义先生所说的做学问要"顶天立地"。先说"眼望天"，研究语言生态必然涉及语言政策、语言规划、语言谱系、语言关系、语言生态环境、社会的语言对策等一系列重要问题，因而必须具有广阔的研究视野和坚定的全局观念，如果不了解国家相关政策、法律、语言文字规划等，很难把握语言生态的整体研究格局。例如研究少数民族双语或多语地区的语言生态环境时，首先应该考虑的是国家的语言文字政策，遵守民族区域自治法中相关的条文规定，尊重民族地区少数民族同胞的语言态度、语言选择，强调不同语言的分工合作，和谐相处，从而构建良好的语言生态环境。决不允许不顾国家的语言文字政策、不顾不同民族的团结和谐、不顾少数民族有使用和发展自己的语言文字的自由等现象发生。因此，研究语言生态是一项政策性、规范性很强的工作。再说"置身田头"，"置身田头"就是脚踏实地，做好田野调查工作。为了做好田野调查工作，我们组建了语言学及濒危语言研究团队，每年利用寒暑假时间，深入田野，尤其是南方少数民族地区，调查语言，特别关注语言生态环境问题。例如为了弄清海南黎语的语言生态环境，我们先后十二次赴海南，走遍了海南黎族的主要聚居区，考察了20个语言点，有时还住在黎族同胞家里，跟黎族同胞建立了深厚的友谊，真正是"融入式田野调查（immersion field work）"，确保了我们调研任务的完成。

　　《语言生态学引论》一书主要是想做一点"学科"建设上的探讨，基本上是宏观的写法，算是按"眼望天"的思路写的，该书的第一章（绪论）主要讨论六个问题：1.生态、语言生态、语言生态学；2.语言生态学的研究现状和问题；3.语言生态学与相关学科；4.语言生态学的学科设立问题；5语言生态学的性质和任务；6.语言生态学的研究方法。第二章到第八章分别写语言生态系统、语言生态学视野中的语言接触、语言人和语言生态对策、语言生态与语言国策、语言生态与语言态度、语言生态与语言运用、语言生态与生态文明建设等问题，第九章是个案分析举例。总的看来，这种写法有点像写学位论文，虽然是想把书写得"高大上"一点儿，但水平所限，没有如愿，书的所谓"体系"有很多缺陷。这也提示我们："眼望天"只是我们做学问的方向和追求的目标，很难做到尽善尽美。《黎语生态论稿》则是按"置身田头"的思路写的。该书选取黎语做个案研究，基本做法就是以田野调查为出发点和归宿点，也就是研究黎语生态的一切都依赖田野调查的事实，田野调查的事实必须反映黎语生态的本来面目。这项研究有一定的基础、特色和价值。黎语是黎族同胞使用的语言，主要分布在海南省，20世纪50年代的语言大调查的第一工作队就开展了黎语调查，后来欧阳觉亚和郑怡青先生出版了《黎语简志》和《黎语调查研究》等著作，对黎语的语音、词汇、语法等进行了系统的描写，给我们做黎语生态调查提供了参考材料。从语言生态的角度看，海南自然环境特殊，"环岛皆海也"，海南黎语具有"得天独厚"的生态特征，就像美国著名社会语言学家拉波夫当年对马萨葡萄园岛的语言调查研究一样，我们觉得海南黎语生态研究很有意义。《黎语生态论稿》的基本框架是：绪论；第一至第七章分别是黎语的历史文化、黎语的结构特征、黎语谱系、黎语与汉语苗语及其他语言的关系、黎语生态系统、影响黎语发展的因素、黎语及其生态环境保护问题，外加与调查相关的几个附录。大家看到这个框架后就知道，我们跟过去的"语言简志"的写法是完全不一样的，"语言简志"的基本写法是从"语音、词汇、语法"三个方面描写语言的内部结构，我们重在论述语言的外部生态环境和"导致系统内部的语言相互适应性"或"内部生态关系"（萨利科科·S.穆夫温《语言演化生态学》，第36页，商务印书馆，2012）。例如，从内部生态关系看，黎语有五个方言（哈方言、杞方言、美孚方言、本地方言、加茂方言），方言之间的关系也是不一样的，如加茂方言跟其他四个方言在语音上差别很大，很多会黎语其他方言的黎族人都不会说加茂方言，有的甚至听不懂。这说明，一种语言的系统内部有着十分复杂的生态关系（如方言之间的亲疏关系不同等）。

三、转益多师是吾师

杜甫《戏为六绝句》最后一首云："未及前贤更勿疑，递相祖述复先谁。别裁伪体亲风雅，转益多师是汝师。"杜甫讲的是学诗写诗的问题，学术研究何尝不是这样呢？我把这首诗的最后一句改了一个字，特指我们做语言生态研究需要虚心学习、不耻下问的精神。李宇明先生曾说："为学万端，莫如善求师。"（《20世纪现代汉语八大家＜邢福义选集＞

跋》，第598页，东北师范大学出版社，2001）研究语言生态问题，需要学习的东西太多了。在词典里"语言生态学"的定义是："在人种语言学（Ethnolinguistics）、人类语言学（Anthropological linguistics）和社会语言学（Sociolinguistics）这些领域中，对语言和环境之间相互作用的研究。这种相互作用是语言集团使用的交际手段之一。"（R.R，K.哈特曼 F.C.斯托克《语言与语言学词典》第113页，上海辞书出版社，1981）因此，研究语言生态，应广泛涉猎人种语言学、人类语言学、民族语言学、社会语言学等学科的相关理论和研究方法。著名社会学家、人类学家费孝通先生十分注重社会调查研究，他的著作如《江村经济》《禄村农田》《乡土中国》等都是田野调查的成果。他为了了解真实的社会面貌，常常不辞劳苦，甚至冒着生命危险奔走于山村、田野，当年"六进大瑶山"，留下了很多可歌可泣的故事。在《乡土中国》的《后记》中，费老记下了令他终生难忘的一件事："二十四年的夏天，我和前妻王同惠女士一同到广西瑶山去研究当地瑶民的生活。那年冬天在山里遭遇到了不幸，前妻未获生还，我亦负伤，一直在广州医院度过了春天才北返。在养病期间，我整理了前妻的遗稿，写成了《花篮瑶社会组织》……"（费孝通《乡村中国》，第111页，人民出版社，2012）前辈学者献身学术、矢志不渝的精神值得我们永远学习。我攻读博士学位时，有幸师从著名语言学家戴庆厦先生，他是民族语言学研究的典范，几十年如一日，坚持田野调查，坚持科学研究，笔耕不辍，著作等身。我从他身上学到了很多东西。他说："中国的语言，处在各民族语言相互接触、相互影响的生态环境中，其发展既有语言的分化，又有语言的融合，两者交融一起难以分清。"（戴庆厦《中国少数民族语言文字研究·导言》，第5页，民族出版社，2012）戴先生主编的《新时期中国少数民族语言使用情况研究丛书》是我们研究语言生态问题时必备的参考书，戴先生研究民族语言的理论和方法也值得我们借鉴和学习。（参阅冯广艺等《田野调查的典范，语言研究的硕果——<戴庆厦文集>1至5卷读后》，载《戴庆厦文集》第6卷，第454-468页，中国社会科学出版社，2015）我们在黎语生态研究中就是按照戴先生提出的正确处理"共时描写和历时比较、单一语言研究与不同语言比较研究、语言本体研究与非语言本体研究、借鉴与创新"等四个关系的路子走的。（戴庆厦《正确处理民族语言研究中的四个关系》，《河北师范大学学报》，2006（2期）拉波夫是美国著名社会语言学家，他的社会语言学理论和研究方法，也是我们应该"洋为中用"的。众所周知，拉波夫社会语言学研究中最著名的三项田野调查工作，即马萨葡萄岛调查、纽约市调查和黑人土语调查。我们认识到，拉波夫的每一项调查都有创新，他会根据调查的目的、要求、重点等的不同，有针对性地采用不同的调查理论和方法。这正是我们在研究语言生态应该学习的地方。做语言生态研究，还需从不同学科中汲取营养，语言学的、非语言学的、社会科学的、自然科学的，都有可能涉猎。在语言调查中，还应该虚心向调查对象（包括合作人）学习。

四、不悔衣带渐渐宽

我曾经跟学生讲，做学问太难了，若选择走做学问这条路，没有坐冷板凳、不计名利、克难攻坚、吃苦奉献的精神是不行的，你钟爱学问这个"伊"，情愿"衣带渐宽终不悔，为伊消得人憔悴"，那说明你已经有一定的境界了。研究语言生态问题，要做好长期吃苦、长期努力的准备。我们的研究分三个阶段：第一阶段：研究语言生态的一般问题，《语言生态学引论》是这方面工作的体现。第二阶段：研究黎语生态问题，《黎语生态论稿》是这方面的体现。第三阶段：研究黎语内部各方言的生态问题和南方其他少数民族语言生态问题。黎语有五大方言，我们拟逐一进行研究，目前正在做黎语哈方言的调查研究。南方少数民族语言生态问题研究，主要是研究瑶语等语言和文字方面的问题，已出版《南方少数民族语言生态研究》一书。第三阶段的工作刚刚起步，困难很多，延续时间可能会很长，需要投入的人力和财力会更多。尤其是黎语方言的调查，距离远、成本高、条件差、任务重。总之，要想完成计划，需要调研团队齐心协力，前赴后继。

以上讲的只是几点体会，不当之处，敬请批评指正！

（这是作者2018年5月14日在浙江师范大学人文学院的演讲稿）

附录二：语言生态研究与语言生态学
——《语言生态学引论》的价值和启示

段曹林

（海南师范大学文学院 海南海口 571158）

语言生态研究是一个当今世界日趋受到关注的重大课题，而语言生态学则不但在中国，即便是在世界范围内也可以认为尚处于草创阶段。冯广艺先生新著《语言生态学引论》的问世（人民出版社 2013 年 5 月出版发行，以下简称《引论》），可谓应运而生，生逢其时，不但对于语言生态学的构建具有筚路蓝缕的开创之功，而且在语言生态问题研究中彰显了这一领域突出的实用价值，印证了语言生态学科建设的必要性和紧迫性，对于当今中国而言，尤其具有很强的现实意义。同时，该著作为作者矢志不渝长期坚持语言研究的一项阶段性成果，呈现给了我们一种语言学研究路径，其中的奋斗目标、努力方向、治学轨迹等，也颇多值得重视、研究和借鉴之处。

一、语言生态研究的价值

《引论》首先是一部普通语言学意义的语言生态学论著，视野广袤，旁征博引，语言材料遍及不同语言类型的诸多外语、少数民族语言、汉语普通话和方言，理论源泉出自人文学科的几乎所有领域和部分自然科学领域，论域侧重语言生态和语言生态学的一般理论和共性问题。

《引论》同时又是一部汉语的或中国语言的语言生态学，作者既放眼世界，又胸怀祖国，始终不忘对中国境内语言和汉语生态现状及其前景的关注和忧虑，不忘对相关语言规划和语言政策的考量和建言，并且专门做过黎语生态、网络语言生态、部分农村和开放型大城市人口异动导致语言生态环境变异等多项调查，两个语言生态个案的分析以及著中大量语言事实的引证也都立足于汉语或中国境内的语言。

《引论》对生态问题的关注和讨论，既让人看到了语言生态研究的学术意义，更让人感受到了这一研究突出的社会价值，并且很好地诠释和印证了这一价值。

《引论》明确主张单独设立语言生态学以研究语言生态问题，其理由有四：一、顺应社会发展对学术研究提出的新要求；二、符合语言学科自身发展的趋势和走向；三、体现了中外学者的共同愿望；四、有利于促进语言的良性发展。其中，有学术自身角度的考量，那就是建议新的交叉学科，能够与时俱进，彰显当代语言研究的特色，开拓语言研究的新疆域，更有社会需求的反映，以及学术研究对社会发展的主动回应。语言生态研究可以"直接服务于经济社会"，"可以解决构建良好的语言生态中的各种理论问题和实际问题，可以直接为构建和谐社会、建设生态文明服务"（《引论》，p43-44）。语言生态研究关注语言生态系统保护、语言资源开发利用等各类现实语言生态问题，其核心内容是探讨协调语言与语言、语言与环境的关系，构建良好语言生态环境的规律。

从世界范围看，人类社会现已跨入生态文明建设的新时代，大量的数据和事实告诫人们，拯救濒危语言，保护语言多样性，开发利用语言资源，建设生态文明社会，已经到了"非关注语言生态不可"的地步了！语言生态环境是整个生态环境不可或缺的有机组成部分，同时，由于语言与社会之间水乳交融的共变关系，语言生态环境的好坏决定着语言社会功能的发挥，直接影响到生态文明的建设。

二、语言生态学科的构建

"作为一门新兴的语言学和生态学的交叉学科，语言生态学或生态语言学诞生的时间还不长，学科的基本体系还没有完全形成，学科的基础理论、性质、内容和方法等还处在不断地探索中"（《引论》，p14）。《引论》在语言生态学学科创建上承前启后，推陈出新，具有开创性。这种开创意义突出体现在三个方面：观念的创新、体系的创新、理论的创新。

观念创新的起点自然是从生态学角度对语言的重新认识。在引入了豪根提出的这一新术语之后，《引论》专门就借自生态学的语言生态与自然生态做了比较，指出了二者的四点相通之处和四个不同之点。二者在本质上的相通和现状上的相似，决定了关注、研究语言生态问题的必要性和紧迫性，以及在研究目标和路径上的相通；语言生态归属人文生态，因而与自然生态相比又有着重要的差异性和自身的特殊性，这又决定了我们在认识、把握、应对语言生态问题时需要探寻其间的独特规律和策略。语言生态观念的倡导和阐发，对于语言生态问题丛生、危机四伏的今天，唤醒人们的语言生态意识，在自然生态日渐受到重视的同时重视语言生态，有着非常积极的作用。

与语言生态观紧密相连的是"语言人"观。这是现代语言学中经常提到的一个术语，这个概念代表和强调的是语言与人之间难以分割的整体关系，但这种观念事实上并未得到普遍的了解、认同和看重。《引论》立足于人与语言生态的关系，引述了10余位中外学者的相关论断，特别强调他们关于"语言人"的共性认识，即语言和人的整合关系，以此凸显"语言人"对于语言生态的主宰作用。

由此自然演绎而来的其他观念更新，还包括语用、语言系统、语言政策、语言接触、语言规范、语言变异等人们耳熟能详的诸多概念或课题，在语言生态学的全新视角观照下，传递出更多的生态意义和独特内涵。

《引论》的体系创新则表现在它创建了一个由基本术语、一般理论、语言生态内系统、语言生态外系统构成的语言生态研究宏观体系。基本术语有生态、语言生态、语言生态学、语言生态系统、语用生态、语言生